DER SPIEGEL

Aktuelle Themen in der Bundesrepublik Deutschland

Texte ausgewählt und bearbeitet
von Helene Zimmer-Loew und
Anne Moss

Unter Mitarbeit
von Christoph Hauptmann

Oxford University Press   1994

QUELLENANGABE

Größere Sprünge (35/1988) • „Eine Sturzflut über Westeuropa" (50/1990) • Funke erloschen (24/1989) • Silberner Schatten (29/1989) • Idealer Rahmen (37/1988) • „Ihr könnt uns kreuzweise" (45/1990) • Invasion der Plebse (30/1989) • Gucken und jubeln (26/1989) • Natur übertroffen (50/1989) • Wanken im Kopf (39/1988) • Kimm auf d' Nacht (40/1988) • Menschenmist durchduften (43/1990) • „Junge, was schreibst du da?" (1/1991) • Nicht nur Firlefanz (47/1990) • Geschenk des Himmels (43/1990) • Aus der Heimat (2/1991) • Ein Rudel Hasen (39/1990) • „In Kreuzberg kommandieren wir" (47/1990) • „Ein paar Zähne gehen drauf" (46/1990) • Auf Null gebracht (15. August 1988) • Unzüchtige Welt (16/1990) • Projekte am Teich (35/1990) • „Angst vor starken Gefühlen" (35/1990) • Geschäft verbaut (41/1988) • Potenz in Form (16/1990) • Im Namen Jacobs' (41/1988) • Sand im Getriebe (43/1988) • Wrommm, wrommm! (31/1989) • Rassig und cool (41/1988) • Spürt man kaum (45/1990) • Zu intelligent (14/1990) • Besser als bei Aids (26/1989) • Auf der Wurstbrühe (44/1990) • Gute Gaben (10. Okt. 1988) • Schlauch im Ohr (14/1990) • Der reine Wahnsinn (39/1978) • Eleganter Hals (12/1990) • Auspuff Europas (24/1989) • Dämme eingerissen (16/1990) • Flatternde Pumphosen (31/1989)

ABBILDUNGSNACHWEIS

Umschlag: German Information Center • S. 2: *oben:* Linda Schum, *unten:* Manfred Vollmer. • S. 5: Eichborn Verlag, Krysztof Wójcik. • S. 9: *oben und unten:* Der Spiegel. • S. 12: J. H. Darchinger. • S. 15: *oben und Eckeinsatz:* Switzerland Embassy. • S. 19: Heiner Wessel. • S. 22: Argus, Reinhard Janke. • S. 26: *oben:* German Information Center, *unten:* Wide World Photos, Inc. • S. 29: *oben:* Der Spiegel, *unten:* Hoechst Celanese. • S. 34: *oben:* Der Spiegel, *unten:* Zenit Bildagentur. • S. 38: Wolfgang Weber. • S. 41: Wide World Photos, Inc. • S. 45: Stefan Moses. • S. 50: *links und rechts:* Susanne Feyll. • S. 51: *links und rechts:* Susanne Feyll. • S. 55: Wolfgang Weber. • S. 59: Der Spiegel. • S. 64: *oben:* Action Press, *unten:* Jean-Louis Cholet. • S. 65: Hans-Georg Gaul. • S. 70: Theo Heiman/G.A.F.F. • S. 74: Black Star, Rüdiger Schilicht. • S. 75: *oben:* German Tourist Office, *unten:* Lichtblick Fotografie, Detlev Konnerth. • S. 80: Stefan Kresin. • S. 84: Bielefelder Fotobüro, Veit Mette. • S. 88: Zeitenspeigel, Rainer Bernhardt. • S. 93: Der Spiegel. • S. 98: Heiner Wessel. • S. 101: Design Central Team. • S. 104: Der Spiegel. • S. 107: Jörg-Peter Maucher. • S. 110: Wolfgang Weber. • S. 114: *oben, unten links* und *unten rechts:* SAT 1. • S. 118: Fotoagentur Novum. • S. 122: Teutopress. • S. 128: Transglobe Agency. • S. 132: *oben:* Action Press, *unten:* Lichtblick Fotografie, Detlev Konnerth. • S. 136: Heiner Wessel. • S. 139: *oben:* German Information Center, *unten:* Gröninger, Achim Duwentäster. • S. 143: Jörg-Peter Maucher. • S. 147: Zeitenspeigel, Jochen Strobel. • S. 150: German Information Center. • S. 154: Deutsche Presse-Agentur. • S. 157: Top Press.

1994 edition published by Oxford University Press, Walton Street, Oxford OX2 6DP, Great Britain.

ISBN 0 19 912203 2

Artikel aus dem SPIEGEL wiederherausgegeben mit der Erlaubnis des SPIEGEL-Verlags.

Herausgegeben von National Textbook Company, eine Filiale von NTC Publishing Group.
© 1993 von NTC Publishing Group, 4255 West Touhy Avenue, Lincolnwood (Chicago), Illinois 60646-1975 USA
Alle Rechte vorbehalten. Nachdruck, auch auszugsweise, verboten. Kein Teil dieses Werkes darf ohne schriftliche Einwilligung des Verlages in irgendeiner Form (Fotokopie, Mikrofilm, Tonband, oder ein anderes Verfahren), auch nicht für Zwecke der Unterrichtsgestaltung, reproduziert oder unter Verwendung elektronischer Systeme verarbeitet, vervielfältigt oder verbreitet werden.
Printed in the USA.

3 4 5 6 7 8 9 0 VP 9 8 7 6 5 4 3 2 1

Inhaltsverzeichnis

Lebensstil 1

Größere Sprünge	2
„Eine Sturzflut über Westeuropa"	5
Funke erloschen	9
Silberner Schatten	12
Idealer Rahmen	15
„Ihr könnt uns kreuzweise"	19
Invasion der Plebse	22
Gucken und jubeln	26
Natur übertroffen	29

Kultur/Geschichte 33

Wanken im Kopf	34
Kimm auf d'Nacht	38
Menschenmist durchduften	41
„Junge, was schreibst du da?"	45
Nicht nur Firlefanz	50
Geschenk des Himmels	55
Aus der Heimat	59
Ein Rudel Hasen	64

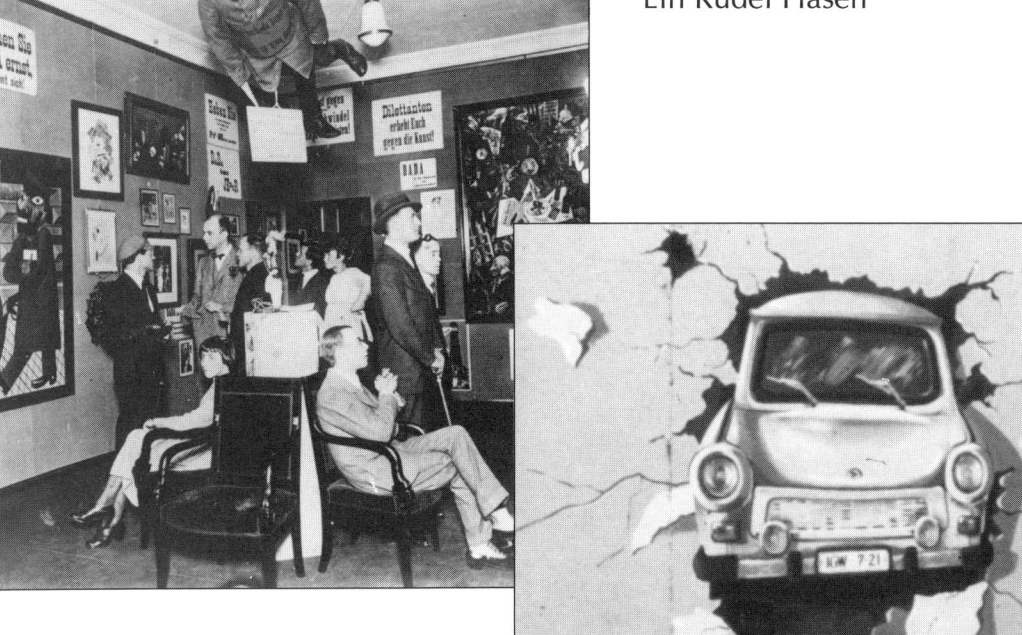

Jugend und Ausbildung   69

„In Kreuzberg kommandieren wir"   70
„Ein paar Zähne gehen drauf"   74
Auf Null gebracht   80
Unzüchtige Welt   84
Projekte am Teich   88
„Angst vor starken Gefühlen"   93

Wirtschaft 97	
Geschäft verbaut	98
Potenz in Form	101
Im Namen Jacobs'	104
Sand im Getriebe	107
Wrommm, wrommm!	110
Rassig und cool	114
Spürt man kaum	118
Zu intelligent	122

Gesundheit/Umwelt 127	
Besser als bei Aids	128
Auf der Wurstbrühe	132
Gute Gaben	136
Schlauch im Ohr	139
Der reine Wahnsinn	143
Eleganter Hals	147
Auspuff Europas	150
Dämme eingerissen	154
Flatternde Pumphosen	157

Vorwort

Der SPIEGEL, das bekannteste und einflußreichste deutschsprachige Nachrichtenmagazin, wird Woche für Woche von fast sechs Millionen Bundesbürgern gelesen und ist in mehr als 160 Ländern der Welt erhältlich.

Vierzig ausgewählte und didaktisch bearbeitete Artikel sind unter den folgenden fünf Themenbereichen zusammengefasst, die das tägliche Leben in den deutschsprachigen Ländern und speziell auch im wiedervereinigten Deutschland aufzeigen: • Lebensstil • Kultur und Geschichte • Jugend und Ausbildung • Wirtschaft • Gesundheit und Umwelt. Behandelt werden sowohl Themen des täglichen Lebens als auch Spannungen und ernste Probleme, mit denen man sich heute im vereinigten Deutschland, in Österreich und in der deutschsprachigen Schweiz beschäftigt. Jedes Kapitel erhält eine Einführung *Vor dem Lesen,* in der — das Thema vorbereitend und ebenfalls die Fotos und Grafiken einbeziehend — gezielte Fragen gestellt und schwierige Begriffe in einfaches und verständliches Deutsch gebracht werden. Unter *Nach dem Lesen* wird im ersten Abschnitt *Fragen zum Text* der Artikel inhaltlich gezielt aufbereitet; dadurch wird das Verstehen des Textes wesentlich erleichtert. Die Abschnitte *Sprechen, Gruppenarbeit* und *Schreiben* tragen dazu bei, sowohl die Kommunikationsfähigkeit als auch die Schreibfertigkeit zu fördern und zu verbessern. Dabei soll auch angeregt werden, interkulturelle Unterschiede wahrzunehmen.

DER SPIEGEL: AKTUELLE THEMEN IN DER BUNDESREPUBLIK DEUTSCHLAND hilft, Nichtmuttersprachlern den Zugang zu deutschen Pressetexten zu erleichtern. Auf eine "spiegelspezifische" Art und Weise sollen Übungen humorvoll durchgeführt werden, um gleichzeitig das kritische und selbständige Denken dabei zu fördern.

Wir hoffen, daß wir die geeigneten Texte ausgewählt haben. Sie sollen zur intensiven gedanklichen Beschäftigung anregen, aber auch eine Distanz bewahren und eine humorvolle Betrachtung zulassen.

Helene Zimmer-Loew
Anne Moss

Lebensstil

BABYS
Größere Sprünge

Ein neuer Baby-Boom? Letztes Jahr gab es mehr Neugeborene als in der gleichen Zeit des Vorjahres.

Sterben die Deutschen, wie gerade noch prophezeit, doch nicht aus?

„Menschenskind", staunt die „Bild"-Zeitung, in den Geburtskliniken „sind die Betten ausgebucht". Es „werden immer mehr", kommentierte die „Hamburger Morgenpost" fassungslos die Konterfeis von drei Nachwuchs-Hanseaten und jubelte: „Auf den Entbindungsstationen tobt das Leben."

Tatsächlich wurden in den ersten zwölf Wochen dieses Jahres bundesweit über 10 000 Kinder mehr geboren als im Vergleichszeitraum des Vorjahres. Bis zum Juni wuchs die Kinderschar in Berlin gegenüber letztem Jahr um neun Prozent, vor Baden-Württemberg (8,6 Prozent) und Hamburg (8,2 Prozent).

In Bremen – dem Krisenland, wo die Werften platt und die Schulden besonders hoch sind – scheint die schiere Lust am Leben ausgebrochen: Die Hansestädter wickelten Anfang des Jahres 16 Prozent mehr Sprößlinge als vor einem Jahr.

Verglichen mit 1985 trugen deutsche Frauen in den ersten drei Monaten sogar zwischen 12 Prozent (Berlin) und 22,5 Prozent (Hessen) mehr Kinder aus.

Doch Norbert Blüm und seine Rentenreformer, die sich um den Nachwuchs sorgen, können nicht aufatmen: Der Kinderzuwachs ist nicht die große Wende und auch „keine Hexerei", wie Helmut Pröbsting vom Wiesbadener Statistikamt sagt. Vielmehr beginne sich auszuwirken, daß die Bundesbürger in den sechziger Jahren pro Familie zwei bis drei Nachkömmlinge in die vergleichsweise heile Welt schickten. Dieser Geburtenberg sorgt derzeit noch für steigende Kinderzahlen. Er wird genauso abrupt (siehe Graphik) enden, wie dann die dürre Zeit des Pillenknicks beginnt.

Da die meisten Bundesbürger sich ihren Kinderwunsch im Alter zwischen 22 und 26 Jahren erfüllen, sind die Millionen-Jahrgänge aus den sechziger Jahren noch bis Anfang der neunziger Jahre in den fruchtbaren Jahren. Ein stetiger Anstieg der Zahlen ist also vorhersehbar.

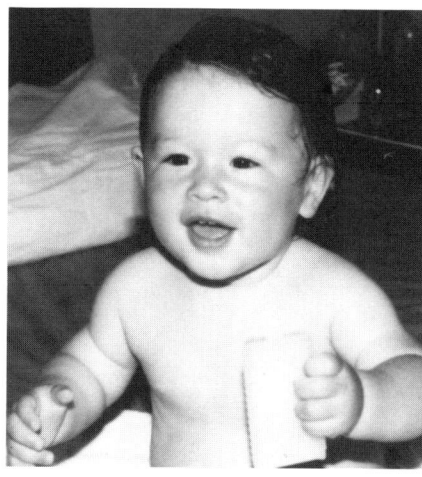

Ein neuer Baby-Boom?

Auch größere Aufwärtssprünge in der Statistik beurteilen Langzeitbeobachter wie Charlotte Höhn vom Bundesinstitut für Bevölkerungsforschung nicht als Indiz für einen Wertewandel zurück zum Kind, sondern als pragmatische Entscheidung. Der Ausreißer des Jahres 1980 folgte unmittelbar auf den 1979 eingeführten Mutterschaftsurlaub. 1985 rückten die Geburtenzahlen nach der Ankündigung des Erziehungsgeldes nach oben. In diesem Jahr wirkt sich offenbar die Verlängerung dieser Beihilfe von zehn auf zwölf Monate aus.

Die guten Jahrgänge ragen freilich wie Zacken aus den allgemein müden Geburtenraten hinaus. Denn solche Zeugungs-Prämien, sagt Charlotte Höhn, „können keinen beeindrucken, der partout kein Kind will". Wer jedoch

Kinder, Neugeborenes: „Auf den Entbindungsstationen tobt das Leben"

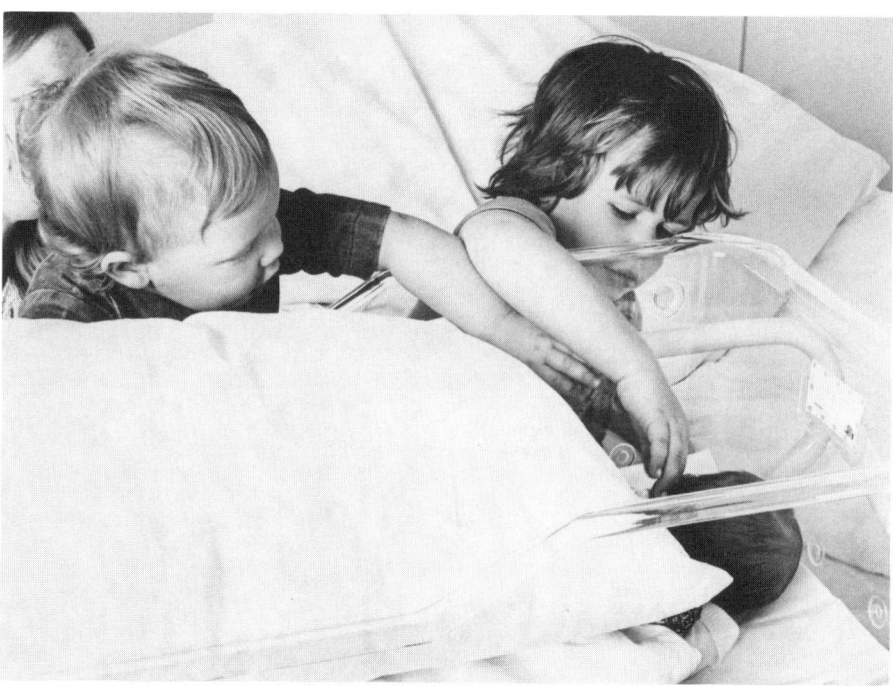

latent auf Nachwuchs Lust habe, werde sich dann schneller entschließen, was etwa auf viele ausländische Familien zutreffe, für die 600 Mark Babylohn monatlich oft „ein echter Faktor" seien. Im vergangenen Jahr wurden 1,3 Prozent mehr deutsche, aber 14,6 Prozent mehr ausländische Kinder geboren.

„Absolut keinen Hinweis" findet Statistiker Pröbsting dafür, daß die Lust der Deutschen auf ein Leben in der Großfamilie wieder stärker geworden sei. Die Anzahl der Babys pro Mutter, vor 25 Jahren stetig bei 2,3, fiel bis 1970 auf 1,5 und liegt seit drei Jahren bei 1,3. Um die Bevölkerungszahl auf dem Stand von heute zu halten – Wunschziel von Patrioten und Rentenpolitikern –, fehlen derzeit Jahr für Jahr rund 200.000 Babys in den Wiegen. ◆

Vor dem Lesen

Fragen

1. Lesen Sie den Untertitel des Artikels: „*Ein neuer Baby-Boom? Letztes Jahr gab es mehr Neugeborene als in der gleichen Zeit des Vorjahres.*" Worum geht es in dem Artikel?

2. Wie ist die Geburtenentwicklung in Ihrem Land? Nimmt die Zahl der Geburten zu oder ab? Wissen Sie warum?

3. Schauen Sie sich die Graphik an. Was sagt sie über die Geburtenentwicklung in der Bundesrepublik Deutschland von 1965 bis 1990? Welche Entwicklung wird für das Jahr 2000 erwartet?

Kulturelles

der Hansestädter, der Hanseat	*hier:* jemand, der in der Hansestadt Hamburg wohnt
der Pillenknick	*hier:* der Geburtenrückgang in der Bundesrepublik in den sechziger Jahren, wegen der vermehrten Einnahme der Anti-Baby-Pille
der Mutterschaftsurlaub	die Zeit, die Frauen nach der Geburt eines Kindes nicht arbeiten müssen, aber weiterhin ihren Lohn bekommen
das Erziehungsgeld	eine finanzielle Unterstützung vom Staat für Mütter oder Väter, die ihr Kind oder ihre Kinder alleine erziehen
die Beihilfe	*hier:* das Erziehungsgeld

Vokabeln

der Sprung	*hier:* der Zuwachs
„Menschenskind"	(*umg.*) das hätte ich nicht gedacht
staunt (staunen)	ist überrascht
fassungslos	erstaunt
das Konterfei	des Abbild, das Bild
der Nachwuchs	die Nachkommen
jubeln	freuen sich laut
die Kinderschar	*hier:* die Anzahl der Kinder
die Werft	eine Anlage am Wasser, wo Schiffe gebaut oder repariert werden
schier	rein, pur

wickelten (wickeln)	*hier:* legten den Babys Windeln an
der Sprößling	*hier:* das Kind
trugen mehr Kinder aus (austragen)	haben mehr Kinder geboren
die Wende	die Veränderung
die Hexerei	die Zauberei
dürr	unfruchtbar, karg
stetig	ständig, unaufhörlich
der Anstieg	der Zuwachs
beurteilen	bewerten
das Indiz	das Zeichen, der Hinweis
der Wertewandel	*hier:* wenn sich in einer Gesellschaft wichtige Werte verändern
der Ausreißer	*hier:* der Aufwärtssprung
ragen wie Zacken hinaus (hinausragen)	*hier:* zeigen sich sehr deutlich
partout	durchaus, ohnehin, sowieso
auf sie zutreffe (zutreffen)	für sie richtig ist
der Babylohn	eine Belohnung dafür, daß man ein Kind bekommen hat
die Wiege	ein Bett für Babys

Nach dem Lesen

Fragen zum Text

1. Welche anderen Ausdrücke für „Baby" und „Babyboom" finden Sie im Text?
2. Es gibt mehrere Gründe für die ungewöhnliche Geburtenentwicklung in der Bundesrepublik. Welche sind die wichtigsten?
3. Um die Bevölkerung der Bundesrepublik Deutschland auf dem Stand von heute zu halten, fehlen im Jahr rund 200.000 Babys. Wer ist darüber besonders besorgt? Warum? Welche Folgen kann eine solche Kinderlosigkeit für die Gesellschaft haben?

Sprechen

„Die Deutschen sterben aus", wurde vor kurzem noch prophezeit. Jetzt hat sich die Situation geändert. Interpretieren Sie die abgebildete Statistik und diskutieren Sie den neuen Trend.

Gruppenarbeit

Sie sind eine Gruppe von Zukunftsforschern. Sie sollen herausfinden, wie sich die Bevölkerung in Deutschland in den nächsten Jahren entwickelt. Erstellen Sie eine Statistik und begründen Sie Ihre Prognose.

Schreiben

In den westlichen Industrienationen werden immer weniger Kinder geboren. Sie sind eine Mutter oder ein Vater mit vier Kindern. Schreiben Sie dem Bundesminister für Familie und Jugend, welche Probleme eine Familie mit vielen Kindern in der Bundesrepublik Deutschland hat.

INTERVIEW

„Eine Sturzflut über Westeuropa"

SPIEGEL-Interview mit dem polnischen Schriftsteller Kapuściński über die Fluchtwelle aus Osteuropa

Ryszard Kapuściński, geboren 1932 in Pinsk, damals Ostpolen, dann Sowjetunion, schrieb zahlreiche Bücher, vor allem über die totalitäre Macht in der Dritten Welt.

SPIEGEL: Herr Kapuściński, Sie sind ein Jahr lang kreuz und quer durch die Sowjetunion gereist. Glauben Sie, daß der Koloß zerfällt?

KAPUŚCIŃSKI: Alle Anzeichen deuten darauf hin, daß dieser Prozeß nicht mehr aufzuhalten ist. Die Frage ist nur noch, ob das Riesenreich mit einem Schlag zusammenkracht oder ob es in einem schrittweisen, einigermaßen kontrollierten Auflösungsprozeß zerfällt.

SPIEGEL: Und wie sehen Sie das?

KAPUŚCIŃSKI: Ich bin pessimistisch. Ich fürchte, daß in dem zentralgelenkten Staat mit seinem riesigen Gebiet der Zusammenbruch ein Dauerzustand wird, der jeder Kontrolle entgleitet. Das würde eine gefährliche Situation auch für das übrige Europa schaffen, denn ein Kollaps des Imperiums würde riesige Menschenmassen in Richtung Westen in Bewegung setzen.

SPIEGEL: Mit wie vielen rechnen Sie?

KAPUŚCIŃSKI: Mit Millionen. Es sind Menschen, die bislang nie die Möglichkeit hatten, ihre Heimat zu verlassen, und die nun versuchen werden, vor dem Hunger, der Verelendung und der Trostlosigkeit in ihrer Heimat, die der Dritten Welt gleicht, in den Westen zu flüchten.

SPIEGEL: Solche Flüchtlingswellen gab es früher auch schon.

KAPUŚCIŃSKI: Die gewaltige Welle, die auf uns zurollt, läßt sich nicht mit den bisherigen Emigrationsbewegungen etwa aus Jugoslawien oder aus der Türkei nach Westeuropa vergleichen. Denn diese liefen einigermaßen geregelt ab und waren vor allem über viele Jahre verteilt. Die Emigrationswelle aus der Sowjetunion könnte gleichsam wie eine Sturzflut über Westeuropa hereinbrechen.

SPIEGEL: Als erstes Land würde Polen von dieser Welle überspült.

Schriftsteller Kapuściński Emigranten aus der dritten Welt: „Traum vom Dollarregen"

KAPUŚCIŃSKI: Natürlich wird Polen nicht verschont. Die ersten Ausläufer dieser modernen Völkerwanderung sind ja schon zu sehen, man braucht nur durch die Basare der polnischen Städte zu gehen, etwa vor dem Kulturpalast in Warschau. Da gibt es Russen und Ukrainer, Belorussen, Litauer, Kirgisen und Walachen, aber auch Vietnamesen und Mongolen, die alles verkaufen, was sie in ihrer Heimat auftreiben können, um ein paar Zloty zu verdienen. Gar nicht zu reden von den rumänischen Bettlern, die an allen Straßenecken anzutreffen sind. Doch Polen ist nur eine Zwischenstation, eine Etappe, denn diese Leute kehren ja ihrer Heimat nicht den Rücken, um sich in Polen niederzulassen, wo sie mit ganz ähnlichen Problemen zu kämpfen haben wie zu Hause.

SPIEGEL: Ihr eigentliches Ziel ...

KAPUŚCIŃSKI: ... ist der magische goldene Westen. Alle Wünsche konzentrieren sich auf Westeuropa und Nordamerika, wo diese von Hunger und Elend getriebenen Menschen Wohlstand und Sicherheit zu finden hoffen. Damit aber wird Westeuropa vor ein großes Problem gestellt. Jahrzehntelang haben die westlichen Regierungen die Einhaltung der Menschenrechte in Osteuropa angemahnt, voran das Recht auf Reisefreiheit. Nun aber, da diese Menschen tatsächlich reisen können, beginnt man das im Westen mit anderen Augen zu sehen. Viele Leute im Westen sind überrascht, was da auf sie zukommt.

SPIEGEL: Ist das ein Wunder?

KAPUŚCIŃSKI: Nein, der Westen hat den plötzlichen Zusammenbruch der kommunistischen Regime in Ost- und Ostmitteleuropa mit naiver Begeisterung begrüßt. Man meinte, es genüge, daß diese verschwinden, und schon sei eine neue politische und gesellschaftliche Ordnung da. Mit einem Schlag wäre die ganze triste Wirklichkeit weg, die Osteuropa so unerträglich gemacht hat: der Schmutz, die Korruption, die schlechte Arbeitsmoral, die Schlampigkeit und Ineffizienz in allen Lebensbereichen. Dabei wurden die Folgen dieser tiefen gesellschaftlichen Zerstörung übersehen, die der Kommunismus in den letzten 45 Jahren angerichtet hat. In der Sowjetunion aber war dieser Prozeß noch viel länger wirksam, das hat die Menschen nachhaltig geprägt.

SPIEGEL: Der Kommunismus ist zusammengebrochen, der Homo sovieticus aber hat überlebt?

KAPUŚCIŃSKI: So könnte man das ausdrücken. In dieser Hälfte Europas hat sich eine andere Gesellschaft entwickelt, mit einer anderen Einstellung zur Arbeit, anderen Verhaltensmustern, einem anderen Denken.

SPIEGEL: Und nun, da die beiden Hälften Europas zusammenwachsen, stellt sich die große Enttäuschung ein?

KAPUŚCIŃSKI: Ja, vor allem im Osten. Die Menschen dort haben damit gerechnet, daß in dem Augenblick, da sie das kommunistische System abschütteln, ein Dollarregen auf sie niederprasselt und eine riesige Hilfswelle einsetzt, die ihnen erlaubt, innerhalb kürzester Zeit genauso zu leben wie die Menschen im Westen, ohne daß sie selber viel dazu beitragen müßten. Das habe ich besonders während meiner langen Reise durch die Sowjetunion gespürt.

SPIEGEL: Wenn nun die Menschen erst einmal erkennen, daß der Westen keineswegs bereit ist, sie mit offenen Armen aufzunehmen, daß es ganz im Gegenteil sogar Tendenzen gibt, sich gegen den Ansturm aus dem Osten abzuschotten, was geschieht dann?

KAPUŚCIŃSKI: Dann wird das große Verbitterung auslösen. Der Nationalismus ist ohnehin schon wieder gefährlich lebendig. Die alten Gegensätze, die zum Ersten Weltkrieg und zum Zusammenbruch der österreichisch-ungarischen Monarchie führten, werden nun wieder wach. Die Konflikte zwischen Serben und Kroaten, Bulgaren und Türken, Rumänen und Ungarn, Ungarn und Slowaken, Polen und Ukrainern sowie Polen und Litauern flammen wieder auf, um nur ein paar Beispiele zu nennen. Diese Konflikte werden durch den Wettlauf um die Hilfe aus dem Westen noch verschärft. Es gibt immer weniger Platz an dem Tisch, an dem der Wohlstandskuchen verteilt wird. Ein wildes Rennen der unterentwickelten Länder zu diesem Tisch hin hat eingesetzt, vorneweg die ehemals sozialistischen Staaten und an deren Spitze wiederum die Sowjetunion ...

SPIEGEL: ... die man bisher als die „Zweite Welt" bezeichnet hatte.

KAPUŚCIŃSKI: Diese Zweite Welt verschwindet. Es gibt keine ideologische Teilung der Welt mehr, sondern nur mehr eine Teilung nach wirtschaftlichen Kriterien, in entwickelte und unterentwickelte, satte und hungrige Länder. ♦

Vor dem Lesen

Fragen

1. Lesen Sie den Untertitel des Artikels: *„SPIEGEL-Interview mit dem polnischen Schriftsteller Kapuściński über die Fluchtwelle aus Osteuropa"*. Lesen Sie dann die biographischen Informationen über Kapuściński, die am Anfang des Interviews stehen. Worum geht es in dem Interview?

2. Gibt es viele Emigranten, die in Ihr Land einreisen? Aus welchen Ländern kommen sie? Warum?

Kulturelles

die Fluchtwelle	*hier:* sehr viele Menschen in Osteuropa, die ihre Heimat verlassen
der zentralgelenkte Staat	ein Staat mit zentralisierter Führung; *hier:* die Staaten in Osteuropa
die Völkerwanderung	die Bewegung ganzer Völker in Europa bereits drei Jahrhunderte vor Christus, die ihre Heimat wegen Klimawechsel, Landnot oder unter dem Druck anderer Völker verließen
die Einhaltung der Menschenrechte	die Anerkennung und Befolgung grundlegender Rechte des Menschen, die in demokratischen Staaten durch die Gesetze garantiert werden, wie etwa das Recht auf freie Meinungsäußerung oder auf freie Wahl des Aufenthaltsortes
Homo sovieticus	der sowjetische Mensch

Vokabeln

die Sturzflut	*hier:* eine plötzliche, unerwartete Fluchtwelle
kreuz und quer	hin und her

der Koloß	ein riesiges Gebilde; *hier:* die Sowjetunion
zerfällt (zerfallen)	auseinanderfällt, kaputtgeht, sich in viele kleine Teile auflöst
mit einem Schlag	plötzlich, auf einmal
schrittweise	Schritt für Schritt
einigermaßen kontrollierten	*hier:* wenigstens ein bißchen geregelt
jeder Kontrolle entgleitet (entgleiten)	überhaupt nicht mehr beherrschbar ist
die Verelendung	die völlige Verarmung
läßt sich nicht vergleichen	ist ganz anders
liefen geregelt ab (ablaufen)	waren kontrolliert
der Ausläufer	*hier:* die ersten Menschen
auftreiben	*(umg.)* finden
kehren ihrer Heimat nicht den Rücken	wenden sich nicht von ihrer Heimat ab
angemahnt (anmahnen)	*hier:* gefordert
was auf sie zukommt (zukommen)	was ihnen bevorsteht
Ist das ein Wunder?	*hier:* Ist das schwer zu verstehen?
die Schlampigkeit	die Unordnung, die Nachlässigkeit
nachhaltig	lange nachwirkend, dauernd
geprägt (prägen)	gestaltet, geformt
haben damit gerechnet (rechnen)	haben das erwartet
abschütteln	*hier:* abschaffen
niederprasselt (niederprasseln)	herunterfällt
dazu beitragen	dafür etwas tun
keineswegs	überhaupt nicht
sich abzuschotten (abschotten)	sich zu schützen
ohnehin	sowieso
der Wettlauf	*hier:* die Konkurrenz
der Wohlstandskuchen	*hier:* Symbol für den hohen Lebensstandard in Westeuropa
vorneweg	ganz vorne, zuerst, als erste

Nach dem Lesen

Fragen zum Text

1. Im Text gibt es mindestens fünf weitere Ausdrücke für „die Sowjetunion" und ebensoviele verschiedene Begriffe für „die Sturzflut", von der Kapuściński spricht. Wieviele dieser Synonyme können Sie finden?

2. Aus welchen Gründen wollen die Osteuropäer im Westen leben?

3. Kapuściński spricht in dem Interview vom Nationalismus, der wieder lebendig wird. Zwischen welchen Volksgruppen flammen solche Konflikte auf? Wie heißen die Länder, aus denen diese Volksgruppen stammen und wo liegen sie?

Sprechen   Eine gewaltige Emigrationswelle aus den osteuropäischen Staaten kommt auf Westeuropa zu. Diskutieren Sie die Ursachen für diese moderne Völkerwanderung. Glauben Sie, daß die Flucht aus der Heimat für die meisten dieser Menschen eine Lösung ihrer Probleme bedeutet? Mit welchen Schwierigkeiten müssen sie in ihrer neuen Heimat rechnen?

Gruppenarbeit   Stellen Sie eine Liste zusammen mit Vorurteilen und Vorwürfen gegen Ausländer. Überlegen Sie sich, woher diese Vorurteile kommen und welche Ängste der Einheimischen sich hinter diesen Vorwürfen verbergen. Wie berechtigt oder unberechtigt sind diese Ängste?

Schreiben   Sie haben einen Brieffreund in Osteuropa, der in den Westen auswandern möchte. Versuchen Sie ihm in einem Brief möglichst realistisch zu beschreiben, was ihn im Westen erwarten wird. Schreiben Sie auch über die Tendenz in Westeuropa und besonders in Deutschland, sich gegen den Ansturm aus Osteuropa abzuschotten.

VERKEHR
Funke erloschen

Wirbel um einen Uno-Vorschlag: Müssen Autofahrer auf deutschen Straßen künftig auch tagsüber Abblendlicht einschalten?

Die Tickermeldung aus Göteborg ließ westdeutsche Hörfunk-Moderatoren aufgeregt in Schweden nachfragen, und mancher Tageszeitung war die Neuheit einen Vierspalter wert: „In spätestens drei Jahren", so der Tenor der Berichte, „werden die Autofahrer in ganz Europa auch tagsüber mit eingeschalteten Scheinwerfern fahren müssen."

Das sei „der Durchbruch", meinte Lennart Fremling vom Schwedischen Verkehrssicherheitsbüro. Er sei „außerordentlich erfreut", daß nach etlichen vergeblichen Vorstößen der Nordländer nun offensichtlich auch einer Expertengruppe bei den Vereinten Nationen in Genf ein Licht aufgegangen sei: Demnächst will die Uno-Kommission den europäischen Verkehrsministern empfehlen, mit neuen nationalen Vorschriften für permanente Automobil-Beleuchtung zu sorgen.

Mit der angestrebten Lichtpflicht rund um die Uhr werde „viel für die Sicherheit im Verkehr getan", meint Fremling, „speziell für Fußgänger und Radfahrer in den Städten". Solcher Optimismus gründet auf langjährige positive Erfahrungen im eigenen Land.

Nachdem im Oktober 1977 allen Auto- und Motorradfahrern in Schweden vorgeschrieben wurde, auch tagsüber mit Abblendlicht zu fahren, ging die Zahl bestimmter Unfälle, vor allem der Karambolagen im sogenannten Begegnungsverkehr, um rund elf Prozent zurück. Unfallexperten wissen, daß bei dieser Unfallart das zu späte Erkennen entgegenkommender Fahrzeuge eine der Hauptursachen ist.

Ähnliche Erfahrungen wurden auch in anderen Ländern nach Einführung der ständigen Lichtpflicht gemacht. So sank beispielsweise in den ländlichen Regionen Finnlands, wo die Zwangsbeleuchtung seit 1982 gilt, die Zahl der Kollisionen mit mehreren Beteiligten bei Tageslicht um rund 27 Prozent, während die Zahl der sonstigen Unfälle – etwa durch Vorfahrtsfehler oder zu schnelles Fahren in scharfen

Tagfahrt ohne Licht (oben), mit Licht (unten):
„Gesehenwerden verhütet Unfälle"

Kurven verursacht – im gleichen Zeitraum noch deutlich zunahm.

Auch beim Nachbarn Norwegen bewährte sich das Lichtgebot als unfallverhütende Vorsorgemaßnahme schon nach wenigen Monaten. Die Regierung dort zeigte sich von der Effektivität der Maßnahme sogar so überzeugt, daß sie in diesem Frühjahr die Geldbußen für Lichtmuffel drastisch erhöhte. Wer den Griff zum Lichtschalter vergißt, muß in Norwegen jetzt umgerechnet 280 Mark Strafe zahlen.

Kanada schrieb Anfang des Jahres eine automatische Tageslicht-Schaltung für Neuwagen vor. Bei verschiedenen örtlich begrenzten Tests in den USA registrierten Sicherheitsexperten eine Abnahme der Tagesunfälle um bis zu 22 Prozent.

„Fahrlicht auch am Tag – denn Gesehenwerden verhütet Unfälle", fordert die deutsche Verwaltungs-Berufsgenossenschaft. Die Hamburger Assekuranz („Wir betreuen mehr als 13 Millionen Versicherungsverhältnisse") will mit der Aktion ihrem „gesetzlichen Auftrag nachkommen, Unfälle mit allen Mitteln zu verhüten".

Bislang war der Kampagne hierzulande nur ein Teilerfolg beschieden: Seit dem 1. Oktober letzten Jahres müssen Motorradfahrer in der Bundesrepublik „auch am Tage mit Abblendlicht fahren", heißt es nun in der Straßenverkehrsordnung. Seither verunglückten weniger Motorradfahrer als im Vergleichszeitraum der Vorjahre.

Wer dagegen auf deutschen Straßen im Auto unterwegs ist, darf seine Lichtanlage weiter schonen. Nur wenn tagsüber „Nebel, Schneefall oder Regen die Sicht erheblich behindern", müssen die Scheinwerfer eingeschaltet werden.

Befürworter des Dauerlichts empfinden die Regelung als halbherzig. Nach wie vor würden Verkehrspolizisten und Sanitäter als erste Reaktion von Unfallopfern häufig Erklärungen hören wie: „Ich habe den anderen zu spät gesehen" oder „Wo kam der denn plötzlich her?"

Gerade in der dichtbesiedelten Bundesrepublik, behaupten Kritiker der

Straßenverkehrsordnung, sei ein Gesetz zur Zwangsbeleuchtung dringend erforderlich: Die allgemein steigende Verkehrsdichte und die zunehmende Zahl spurtschneller Kleinwagen, deren Leistungsfähigkeit von vielen Fußgängern und Radfahrern unterschätzt wird, verlange nach einer Einführung der Lichtpflicht.

Nur so, glauben die Befürworter, könnte das Risiko vornehmlich für Kinder und ältere Verkehrsteilnehmer, die Geschwindigkeiten schlecht abschätzen können oder deren Reaktionszeiten überdurchschnittlich lang sind, erheblich gesenkt werden.

Doch der von den Schweden gezündete Funke, den die Uno-Experten mit ihrer Empfehlung weiter anfachen wollen, ist schon fast wieder erloschen – jedenfalls in der Bundesrepublik.

Während beispielsweise die Niederländer ernsthaft eine baldige Einführung der Lichtpflicht erwägen, während die Schweizer immerhin noch darüber grübeln und die Österreicher zumindest Versuche mit staatlichen Postfahrzeugen planen, wiegeln die Deutschen – wie beim Tempolimit auf Autobahnen – wieder einmal ab.

Trotz aller bislang ausschließlich positiver Erfahrungen wird der Uno-Vorschlag im Bonner Verkehrsministerium abgelehnt. „Auf deutschen Straßen", erklärte ein Sprecher des Ministers, „ist das nicht absehbar." ♦

Vor dem Lesen

Fragen

1. Lesen Sie den Untertitel des Artikels: „Wirbel um einen Uno-Vorschlag: Müssen Autofahrer auf deutschen Straßen künftig auch tagsüber Abblendlicht einschalten?" Worum geht es in dem Artikel?

2. Welche Vorschriften über das Autofahren mit und ohne Licht gibt es in Ihrem Land? Finden Sie sie vernünftig?

3. Schauen Sie sich die beiden Fotos an. Was sehen Sie?

Kulturelles

die Uno	*(Abk.)* die „United Nations Organization"; die Vereinten Nationen
Göteborg	eine Stadt in Schweden
Genf	eine Stadt in der Schweiz
die Hamburger Assekuranz	der Name einer deutschen Versicherungsgesellschaft

Vokabeln

der Funke	kleines, nur sehr kurz aufleuchtendes Licht; *hier:* die Hoffnung
erloschen (erlöschen)	hat aufgehört zu leuchten; *hier:* verschwunden
das Abblendlicht	Autolicht, das so eingestellt ist, daß es entgegenkommende Autofahrer nicht blendet
verhütet (verhüten)	verhindert
die Tickermeldung	eine Nachricht, die mit einem Fernschreiber übermittelt wird
der Vierspalter	großer, vier Spalten breiter Artikel in einer Zeitung
der Scheinwerfer	das Autolicht
vergeblich	erfolglos
der Vorstoß	*hier:* der energische Versuch
die Karambolage	der Zusammenstoß von Autos
der Unfall	das Mißgeschick oder Unglück, bei dem jemand verletzt oder etwas beschädigt wird

bewährte sich (sich bewähren)	war effektiv, erwies sich als zuverlässig
die Vorsorgemaßnahme	eine Maßnahme, die hilft, etwas zu verhindern
die Geldbuße	die Geldstrafe
der Lichtmuffel	*(umg.)* jemand, der die Autoscheinwerfer nicht benutzt
darf die Lichtanlage schonen	muß das Licht nicht einschalten
erforderlich	notwendig
die Verkehrsdichte	die Zahl der Autos, die am Verkehr teilnehmen
der Befürworter	jemand, der einen Vorschlag unterstützt
der gezündete Funke	*hier:* die Idee oder der Vorschlag, mit dem alles angefangen hat
anfachen	*hier:* verbreiten
erwägen	überlegen, prüfen
grübeln	nachdenken
wiegeln die Deutschen ab (abwiegeln)	*hier:* verharmlosen die Deutschen

Nach dem Lesen

Fragen zum Text

1. Woher kommt das Interesse für unfallverhütende Vorsorgemaßnahmen in Europa?
2. Was ist eine der Hauptursachen bei Karambolagen im Begegnungsverkehr? Woher weiß man das?
3. In welchen Ländern wird die Lichtpflicht diskutiert? In welchen Ländern ist sie schon Gesetz?
4. Was meint das deutsche Verkehrsministerium dazu? Die deutschen Versicherungsgesellschaften?

Sprechen

Im Bonner Verkehrsministerium wird der Uno-Vorschlag abgelehnt. Warum? Diskutieren Sie die Einstellung der Deutschen, die das Abblendlicht am Tag für unnötig halten.

Gruppenarbeit

Sie gehören zur Delegation einer Versicherungsgesellschaft, die ein Treffen mit dem deutschen Bundesverkehrsminister hat. Bereiten Sie sich auf dieses Treffen vor. Mit welchen Argumenten können Sie den Minister davon überzeugen, daß die Einführung der Lichtpflicht dringend erforderlich ist.

Schreiben

Sie hatten einen Autounfall, weil Sie ein entgegenkommendes Fahrzeug, das ohne Licht gefahren ist, zu spät gesehen haben. Schreiben Sie ein Unfallprotokoll.

FAHRSCHULEN
Silberner Schatten

Ein eigenwilliger Fahrlehrer und Porsche-Besitzer bringt Jugendlichen bei, auf Autobahnen Tempo 200 zu fahren.

Über die sanfte Gefällstrecke auf der A 445 zwischen Werl und Neheim-Hüsten zischt ein silberner Schatten. Nur die Reaktionsschnellen unter den überholten Autofahrern können an dem Magnetschild am Heck des Silberpfeils erkennen, was da mit mehr als 200 Sachen an ihnen vorüberrauscht – ein Fahrschul-Wagen aus dem nahen Soest.

Am Steuer des allradgetriebenen Porsche Carrera sitzen meist 17- oder 18jährige Fahrschüler. Fahrzeugführer im Sinne der Straßenverkehrsordnung ist der Beifahrer: Friedrich Bullert, 45, Inhaber einer Fahrschule mit einem pädagogischen Ansatz, der auch in der Bonner Republik der unbegrenzten Geschwindigkeiten ohne Beispiel ist.

„Während der Fahrstunden", rechtfertigt der passionierte Rallye-Fahrer Bullert seine Tempo-200-Touren, „kann man den jungen Leuten viel von Verantwortung und Anpassung an die Verkehrsverhältnisse erzählen. Die lächeln verständnisvoll, aber noch an dem Tag, an dem sie ihren Führerschein bekommen, setzen sie sich in Vatis Kiste und brettern, was das Zeug hält."

Deshalb hält es Bullert geradezu für „lebenswichtig", seinen Fahrschülern gegen einen Aufpreis von zehn Mark pro Stunde ein „Gefühl für höhere Geschwindigkeiten" zu vermitteln.

Damit bewegt sich der Soester Fahr-Unternehmer, der früher fast 20 Jahre lang als Polizeibeamter im Streifenwagen unterwegs war, rasant gegen den Trend. Zwar fordert der Bundesverkehrsminister nach wie vor freie Fahrt für freie Bürger, doch beim jüngsten Treffen seiner Ressort-Kollegen aus den Ländern sprach sich eine Mehrheit für ein Autobahn-Tempolimit von 130 Stundenkilometern aus.

Die Minister befinden sich in guter Gesellschaft: Rund zwei Drittel der Bevölkerung, ergab jetzt eine Umfrage des nordrhein-westfälischen Verkehrsministeriums, würden eine Geschwindigkeitsbegrenzung auf Autobahnen begrüßen.

Schnellfahr-Lehrer Bullert vermittelt seinen Fahrschülern das Gefühl für höhere Geschwindigkeiten: „Brettern, was das Zeug hält"

Daß ein Fahrlehrer seinen Schülern gleichwohl das Rasen beibringt, hält der Münchner Unfallforscher Professor Max Danner, 59, für „geradezu hirnrissig": „Die 18- bis 24jährigen machen elf Prozent der Bevölkerung aus", doziert Danner, „stellen aber 30 Prozent der Verkehrstoten."

Der Wissenschaftler, Chef des Allianz-Zentrums für Technik in Ismaning bei München, glaubt belegen zu können, daß ein Autofahrer mindestens zwei Jahre Praxis braucht, um sein Gefährt im Griff zu haben. Ein 250-PS-Bolide wie der Porsche Carrera sei, so Danner, „nach 30 Fahrstunden nicht beherrschbar". Zu einem solchen „Unfug", wettert der Unfallforscher, „fällt mir nichts mehr ein".

„Statt junge Leute an so hohe Geschwindigkeiten heranzuführen, sollte man lieber versuchen, ihren Charakter zu schulen", fordert auch der mehrmalige Formel-1-Champion Niki Lauda, der als Chef der „Lauda Air" mittlerweile Fliegen viel schöner findet. Wie schwer es sei, den Kids auch nur den „vernünftigen Umgang mit einem Golf beizubringen, sieht man schon daran, wie viele sich jedes Jahr um einen Baum wickeln", sagt Lauda.

Solche Argumente können Fahrlehrer Bullert nicht umstimmen – zumal er erkannt hat, daß von seinem 120 000-Mark-Gefährt eine beträchtliche Werbewirkung ausgeht.

Etwa ein Drittel seiner jährlich knapp 200 Schüler zahlt willig den Aufpreis für ein paar Fahrstunden im Traumwagen. Und weil Autonarr Bullert seinen Porsche auf diese Weise obendrein als Dienstwagen steuerlich absetzen kann, läßt ihn auch der wütende Protest der örtlichen Kollegen sowie der Verkehrserzieher von der Kreispolizeibehörde Soest ungerührt.

Eine gesetzliche Handhabe gegen Bullert, verlautbarte der Regierungspräsident in Arnsberg, gebe es nicht. Der Fahrlehrer-Verband Westfalen wettert zwar gegen die „unsinnige, nicht in unsere Zeit und auf unsere Straßen passende Werbeaussage" des Kollegen aus Soest, ist aber machtlos – Bullert ist nicht Mitglied des Verbandes.

Wirklich zu schaffen macht dem Tempo-Lehrer zur Zeit nur die Angst, die ihn mitunter befällt, wenn er bei Tempo 200 oder mehr neben einem Milchgesicht hockt. „Aber das", sagt Bullert, „ist halt Berufsrisiko." ♦

Vor dem Lesen

Fragen

1. Lesen Sie den Untertitel des Artikels: „Ein eigenwilliger Fahrlehrer und Porsche-Besitzer bringt Jugendlichen bei, auf Autobahnen Tempo 200 zu fahren." Worum geht es in dem Artikel?
2. Fahren Sie Auto? Motorrad? Welche Marke?
3. In Deutschland gibt es auf Autobahnen kein Tempolimit. Wie ist das in Ihrem Land? Haben Sie ein Tempolimit? Wie hoch ist es? Würden Sie gerne schneller fahren?
4. Schauen Sie sich das Foto an. Was für einen Eindruck macht Fahrlehrer Bullert auf Sie?

Kulturelles

die A 445	*(Abk.)* die „Autobahn 445"; eine Autobahn in Deutschland
Werl, Neheim-Hüsten	kleine Städte in Deutschland
der Silberpfeil	der Name eines berühmten Rennautos von Daimler Benz; *hier:* das schnelle Auto
Soest	eine Stadt in Deutschland
die Straßenverkehrsordnung	*hier:* das Gesetz
der Bundesverkehrsminister	der Minister der Bundesregierung, der für den Verkehr zuständig ist
der Ressortkollege	jemand, der im selben Ministerium arbeitet
Ismaning	eine kleine Stadt in Süddeutschland
der 250-PS-Bolide	*hier:* das 250 Pferdestärke schnelle Auto
Formel-1	die schnellste Wagenklasse im Autorennsport
Niki Lauda	ein österreichischer Formel-1 Rennfahrer
steuerlich absetzen	wenn man für etwas weniger Steuern zahlen muß, weil man es im Beruf braucht

Vokabeln

eigenwillig	wenn man nach eigenen Grundsätzen denkt und handelt
brettern, was das Zeug hält	*(umg.)* so schnell fahren, wie es nur geht
die Gefällstrecke	eine Straße, die steil bergauf oder bergab geht
200 Sachen	mit der Geschwindigkeit von 200 Stundenkilometern
allradgetrieben	wenn alle vier Räder eines Autos vom Motor angetrieben werden
die Kiste	*(umg.)* das Auto
rasant	*hier:* sehr stark
hirnrissig	*(umg.)* verrückt

doziert (dozieren)	lehrt
im Griff	unter Kontrolle
der Unfug	das dumme Zeug
wettert (wettern)	schimpft
um einen Baum wickeln	*hier:* gegen einen Baum fahren
umstimmen	dazu bringen, seine Meinung zu ändern
beträchtlich	beachtlich, ansehnlich
die Werbewirkung	*hier:* die Anziehungskraft
der Autonarr	jemand, der Autos leidenschaftlich gern hat
obendrein	noch dazu
wütend	*hier:* heftig, stark
die gesetzliche Handhabe	die gesetzliche Möglichkeit
verlautbarte (verlautbaren)	sagte
zu schaffen macht (machen)	Sorgen macht
das Milchgesicht	jemand, der noch jung und ohne Erfahrung ist
hockt (hocken)	sitzt

Nach dem Lesen

Fragen zum Text

1. Welche Ausdrücke finden Sie im Text, mit denen das schnelle Autofahren beschrieben wird?
2. Wer ist für und wer ist gegen eine Fahrschule mit Tempo-200-Touren? Fahrlehrer Bullert? Seine Fahrschüler? Professor Max Danner? Niki Lauda? Der Fahrlehrer-Verband Westfalen? Welche Argumente haben sie?
3. Es ist sehr umstritten, daß es auf deutschen Autobahnen kein Tempolimit gibt. Was meint der Bundesverkehrsminister dazu? Seine Ressort-Kollegen aus den Bundesländern? Die deutsche Bevölkerung?
4. Warum ist Fahrlehrer Bullert bei jungen Leuten so beliebt?

Sprechen

Fahrlehrer Bullert hält es für „lebenswichtig", seinen Fahrschülern ein „Gefühl für höhere Geschwindigkeiten" zu vermitteln. Der mehrmalige Formel-1-Champion Niki Lauda ist anderer Meinung. Er sagt: „Statt junge Leute an so hohe Geschwindigkeiten heranzuführen, sollte man lieber versuchen, ihren Charakter zu schulen". Diskutieren Sie diese beiden Auffassungen zu hohen Geschwindigkeiten beim Autofahren.

Gruppenarbeit

Sie sind ein Psychiater. Zu Ihren Patienten gehört ein Fahrlehrer, der sehr große Angst davor hat, zu langsam zu fahren. Sie besprechen den Fall mit einigen Kollegen. Wo liegen die Ursachen für diese Angst und welche Therapie erscheint Ihnen sinnvoll?

Schreiben

Schreiben Sie einen Brief an Fahrlehrer Bullert. Versuchen Sie ihn davon zu überzeugen, seine Fahrschule zu schließen.

SCHWEIZ
Idealer Rahmen

Die einzige Radfahr-Kampftruppe der Welt wird aufgerüstet – mit einem neuen Fahrrad.

„In der Nacht und bei Nebel", schwärmen Schweizer Militärs, „sind sie besonders gefährlich. Wegen ihrer Schnelligkeit und dank ihrer Lautlosigkeit eignen sie sich für Überraschungsangriffe – auch in unwegsamem Gelände."

Derart ernsthaft gerühmt, als seien sie eine kriegsentscheidende Geheimwaffe, werden die drei eidgenössischen Radfahr-Regimenter – je eines in jedem Feldarmee-Korps. Die (im Ernstfall) 3300 Velozipedisten, gerüstet mit panzerbrechenden Waffen und Maschinengewehren, gehören – wie Maultierkolonnen, Pferdewägelchen („Train") und Brieftauben – zu den extravaganten Erscheinungen der im übrigen hochtechnisierten Schweizer Streitmacht.

Heute werden Fahrräder noch in Vietnam zum Lastentransport benützt, in Finnland dienen sie den Grenzschutztruppen, in Schweden sollen sich notfalls Infanteristen hoch zu Rad von Lastwagen und Traktoren an die Front schleppen lassen. Die Bundeswehr stellt derzeit Versuche an, hinter Kriegsräder gar Raketenwägelchen zu hängen.

Aber nur in der Schweiz fahren Kampftruppen per Rad in die Schlacht – seit 1905 auf demselben Modell. Als Teil der persönlichen Ausrüstung der Wehrmänner werden die urtümlichen Stahlrösser – wie Gewehr und Rucksack, Uniform und Gasmaske – zu Hause aufbewahrt. Regelmäßiges ziviles Training auf dem 25 Kilo schweren Zweirad ohne Gangschaltung wird von den Miliz-Soldaten ausdrücklich verlangt. 50 000 Fahrräder des Typs 1905 rollen derzeit noch für die Sicherheit der Schweiz.

Als einzige Konzession an die moderne Zeit wurde das Armee-Rad nach dem Zweiten Weltkrieg mit einer Trommelbremse nachgerüstet. Und 1984 kam, zur Verbesserung der Verkehrssicherheit, eine feste Beleuchtung hinzu. Die eigentliche Konstruktion aber wurde in den letzten 83 Jahren nie geändert – zur Freude der Truppe, die

Die Schweizer Armee fährt per Rad in die Schlacht: Altes Modell (oben) „Ordonnanz-Rad 90" (groß, unten) - technisch kaum verändert

sich mit dem altmodischen Vehikel bestens bedient fühlt.

Trotzdem soll jetzt Schluß sein mit der Nostalgie. Denn das Unternehmen, das bisher jedes Jahr zum Stückpreis von rund 800 Franken 500 Armee-Velos nachbaute, kann etliche Einzelteile nicht mehr beschaffen. Und kürzlich hat auch der treue Lieferant der Rücktrittnabe, Fichtel & Sachs, das Ende der Produktionsreihe angekündigt.

Unter dem Druck der Herstellerin, nicht wie sonst üblich vom Modernisierungs-Ehrgeiz der Militärs getrieben, ließen die Berner Rüstungsbeschaffer Prototypen eines neuen „Ordonnanz-Fahrrades 90" entwickeln – als ob es um den Entwurf von Panzern ginge.

Ein Ingenieurbüro mußte dazu die Merkmale des alten Modells studieren und ein Pflichtenheft formulieren. Die Analyse ergab überraschend, daß sich das neue Gefährt von seinem Vorgänger äußerlich kaum unterscheiden wird.

Beladen mit bis zu 170 Kilo Mann, Gepäck, Waffen und Munition, müssen die Militärräder nämlich schnelle Fahrten über holprige Waldwege ebenso überstehen wie den ungebremsten freien Fall ins Gelände.

Denn die „Redlibüebe" (alemannisch für Radfahrer-Soldaten) sollen ihre Fahrzeuge in der Hitze des Gefechts im Sprung verlassen und schon schießen können, während das Rad noch herrenlos weiterrollt.

Solch roher Behandlung hält keine sensible Technik stand. Dennoch sollen die neuen Robust-Räder zwei Gänge haben und nur noch 22 Kilo wiegen. Bilder der – bislang geheimen – Prototypen zeigen auch neu geformte Lenker und reflektierende Reifen. Als technische Neuerung ist zudem eine Beleuchtung vorgesehen, die auch im Stillstand funktioniert.

Besonders wichtig erschien den Beschaffern, daß man Sattel und Lenker der Größe des Fahrers leicht anpassen kann, da die Schweizer Soldaten heute gegenüber denen von 1950 im Durchschnitt fünf Zentimeter größer sind.

Den umwerfenden Neuerungen konnten sich die „Redlibüebe" trotz ihrer Anhänglichkeit an das Rad der Vorväter nicht entziehen. Das „Ordonnanz-Fahrrad 90" wird voraussichtlich ab 1993 angeschafft, zunächst in 5500 Exemplaren, dann jährlich 800. Stückpreis: 1400 Franken.

Jedes Jahr werden 500 Rekruten an dem Kriegsfahrzeug ausgebildet – alles sportlich besonders gut trainierte junge Männer, die im Manöver bis zu 100 Kilometer am Tag radeln müssen.

Bei solchen Gewaltleistungen trägt der moderne Schweizer Wehrmann unter seinem Tarnkampfanzug allerdings gern eine – private – Rennfahrer-Hose mit feinstem Ziegenleder. ♦

Vor dem Lesen

Fragen

1. Lesen Sie den Untertitel des Artikels: *„Die einzige Radfahr-Kampftruppe der Welt wird aufgerüstet – mit einem neuen Fahrrad."* Worum geht es in dem Artikel?

2. Fahren Sie gerne mit dem Fahrrad? Was sind die Vorteile und was die Nachteile, wenn man mit dem Rad unterwegs ist?

3. Ist das Fahrrad in Ihrem Land ein populäres Verkehrsmittel? Wer benutzt in Ihrem Land Fahrräder? In der Freizeit? Im Beruf?

4. Schauen Sie sich die beiden Fotos an? Wie modern finden Sie das „Ordonnanz-Fahrrad 90"?

Kulturelles

die Schweizer Militärs	die Soldaten der Schweizer Armee
die Bundeswehr	die Armee der Bundesrepublik Deutschland
alemannisch	ein Dialekt, der in der Gegend gesprochen wird, wo die Bundesrepublik Deutschland, die Schweiz und Frankreich aneinander grenzen
eidgenössisch	*hier:* schweizerisch

Vokabeln

der Rahmen	das Fahrradgestell
aufgerüstet (aufrüsten)	modernisiert
die Ordonnanz	ein Soldat, der zum Überbringen von Befehlen abkommandiert ist
der Nebel	durch aufsteigenden Wasserdampf weiß getrübte Luft
der Überraschungsangriff	eine plötzliche Attacke
unwegsam	undurchdringlich

das Gelände	ein Stück Land
gerühmt	gelobt
die Geheimwaffe	neues, dem Gegner unbekanntes Gerät zum Kämpfen
der Velozipedist	der Radfahrer
das Maschinengewehr	eine schnellfeuernde Waffe
das Maultier	ein Tier, das gezüchtet wurde, indem man Esel mit Pferden kreuzte
die Kolonne	*hier:* ein militärischer Verband, der in einer Reihe marschiert
die Brieftaube	eine Taubenart, die man wegen ihres guten Ortssinns zur Nachrichtenübermittlung benutzt
extravagant	ungewöhnlich, ausgefallen
hochtechnisiert	*hier:* sehr modern
die Streitmacht	die Armee
schleppen	ziehen
die Schlacht	der Kampf
das Stahlroß	*hier:* das Fahrrad
aufbewahrt (aufbewahren)	gelagert, aufgehoben
die Gangschaltung	Vorrichtung zum Wechseln der Gänge
verlangt (verlangen)	gefordert
die Trommelbremse	Vorrichtung zum Verlangsamen der Geschwindigkeit
die Beleuchtung	das Licht
die Rücktrittnabe	der Teil vom Fahrrad (Innenteil des Rückrades) in dem die Bremse ist
der Ehrgeiz	das Streben, vorwärtszukommen und erfolgreich zu sein
das Pflichtenheft	*hier:* eine Sammlung von Anweisungen, Vorschriften, Grundsätzen
die Pflicht	eine dienstliche Aufgabe, die man erfüllen muß
holprig	uneben
das Gefecht	der Kampf
der Lenker	der Teil des Fahrrads, mit dem man steuert
der Sattel	der Teil des Fahrrads, auf dem man sitzt
die Gewaltleistung	*hier:* eine große Anstrengung
der Tarnkampfanzug	militärische Kleidung, die verhindern soll, daß man gesehen wird

Nach dem Lesen

Fragen zum Text

1. Das Schweizer Heer läßt sich mit einem neuen Fahrrad ausrüsten. Warum?
2. Was halten die meisten Schweizer Soldaten von dem Fahrrad-Modell, das 1905 entworfen wurde?
3. Wodurch unterscheidet sich das „Ordonnanz-Fahrrad 90" von dem Modell von 1905?

Sprechen Fahrräder gehören zu den extravaganten Erscheinungen in der hochtechnisierten Schweizer Armee. Diskutieren Sie, welche Aufgaben die Radfahr-Regimenter in der Schweiz haben. Was erhoffen sich die Schweizer Militärs von ihren „Redlibüebe"? Halten Sie das für realistisch?

Gruppenarbeit Sie sind eine Gruppe von Schweizern, die gegen Aufrüstung sind. Sie sind für Abrüstung und planen eine Aktion, die unter dem Motto steht „Fahrräder statt Panzer". Was fordern Sie noch? Sammeln Sie Ideen, wie man die Schweizer Armee noch friedlicher machen könnte.

Schreiben Sie haben der Schweizer Armee 50.000 Fahrräder des Modells von 1905 abgekauft. Jetzt wollen Sie diese Fahrräder an Zivilisten verkaufen. Schreiben Sie eine Anzeige für eine Zeitung. Was sind die Vorteile dieser Fahrräder, wozu kann man sie am besten gebrauchen?

INTERVIEW

„Ihr könnt uns kreuzweise"

Olympiasieger Roland Matthes über den Vereinigungsstreit der Schwimmer

Rückenschwimmer Roland Matthes, 39, gewann bei Olympischen Spielen vier Goldmedaillen für die DDR. Als nach der Wende 1989 die einst gehätschelten Spitzensportler in die Kritik gerieten, floh der Stationsarzt der Medizinischen Akademie Erfurt „aus Angst um die heile Haut" in den Westen. Matthes arbeitet heute als Sportarzt am Olympiastützpunkt Tauberbischofsheim.

SPIEGEL: Herr Matthes, die Vereinigung der beiden deutschen Schwimmverbände hat zu Streit geführt. Olympiasieger Michael Groß spricht von „traurigen Vorgängen", Sie empfinden „tiefe Scham" – warum?

MATTHES: Von westlicher Seite wird eine Kampagne gegen die ehemaligen DDR-Schwimmer geführt. Da wird beispielsweise vorgeschlagen, die DDR-Rekorde abzuerkennen oder zumindest in einer eigenen Liste zu führen ...

SPIEGEL: ... weil diese Rekorde durch Doping erreicht wurden.

MATTHES: Der Ruf der DDR-Schwimmer als schwimmende Apotheken ist doch absurd. Auch wenn es im SPIEGEL stand – man kann nicht davon ausgehen, daß immer und überall gedopt wird. Mit solchen Mitteln allein gewinnt niemand eine Goldmedaille, ohne Talent nützen auch Anabolika nichts. Und was die Westdeutschen angeht: Wer im Glashaus sitzt, sollte nicht mit so großen Steinen werfen.

SPIEGEL: Immerhin will Weltmeister Rainer Henkel mit „mehreren tausend Mark" aus eigener Tasche Trainingskontrollen finanzieren. Der westdeutsche Aktivensprecher Martin Herrmann empfindet gar „kalte Wut" bei dem Gedanken, jetzt im eigenen Land gegen Konkurrenten antreten zu müssen, die „bis vor kurzem noch gedopt haben".

MATTHES: Das ist wie beim alternden Cassius Clay, der seine Gegner vor dem Kampf angebrüllt hat, um sich selbst Mut zu machen. Henkel hat Probleme mit seiner Leistung und will jetzt seinen

Olympiasieger und Ostathlet Roland Matthes „Einfach jämmerliches Niveau"

direkten Konkurrenten Jörg Hoffmann in Mißkredit bringen. Wenn Henkel was weiß, warum schickt er nicht den Dopingfahnder Donike gezielt los?

SPIEGEL: Bei den ersten gesamtdeutschen Meisterschaften seit der Wende müssen die DDR-Schwimmer in dieser Woche also keinen Leistungsknick befürchten?

MATTHES: Jedenfalls nicht, weil sie plötzlich nicht mehr dopen. Aber sie haben einfach die Nase voll, weil das große Potential, das die DDR mitgebracht hat, verschwendet wird. Hier wird eine sporthistorische Chance vertan, weil die DDR-Schwimmer keine Lust haben, sich so behandeln zu lassen.

SPIEGEL: Der Schwimmwart des Deutschen Schwimm-Verbandes, Hans Hartogh, glaubt, daß die DDR-Schwimmer kuschen müssen, weil sie sich „freiwillig angeschlossen" haben.

MATTHES: Wer so etwas in der Öffentlichkeit sagt, ist doch auf seinem Posten eine Fehlbesetzung. Was hätte denn der westdeutsche Verband vorzuweisen, wenn er nicht einen Ausnahmekönner wie Michael Groß hätte? Nichts als große Sprüche. Und jetzt, wo die Chance besteht, von dem verrotteten Haufen der ehemaligen DDR doch noch ein bißchen zu lernen, da fehlt jegliche Kooperation. Jede Firma wäre mit einer solchen Politik schon längst bankrott.

SPIEGEL: Vielleicht haben die westdeutschen Funktionäre ganz einfach Angst vor einer Unterwanderung des Verbandes durch alte SED-Kader?

MATTHES: Da ist doch nichts politisch motiviert. Hier geht es nur um die Arroganz derjenigen, die glauben, sie säßen am längeren Hebel, weil sie über das nötige Geld verfügen. Das Niveau, auf dem die westdeutschen Funktionäre mit ihren ostdeutschen Kollegen diskutieren, ist einfach jämmerlich.

SPIEGEL: Was sollte denn aus dem alten DDR-System übernommen werden?

MATTHES: Die Kinder- und Jugendsportschulen ganz bestimmt, dazu auch die gezielte wissenschaftliche Begleitung des Leistungssports auf allen Ebenen.

SPIEGEL: Sie arbeiten jetzt an einem Olympiastützpunkt, können also den finanziellen Aufwand im bundesdeutschen Sport beurteilen. Wer soll denn eine noch intensivere Förderung bezahlen?

MATTHES: Es gibt genügend Modelle, für die sich die Industrie als Sponsor anbietet, wenn die Leistung stimmt. So könnten auch zusätzliche Trainer finanziert werden.

SPIEGEL: Pochen nicht die westdeutschen Bundestrainer zu Recht auf ihre Verträge?

MATTHES: Frauentrainer Hans-Joachim Jedamsky hat beispielsweise erklärt, er wolle sich nicht „einfach auf die Straße setzen", nur weil jetzt erfolgreiche DDR-Trainer auf seinen

Posten möchten. Damit ist doch alles gesagt. Es geht also nicht um fachliche Kompetenz, sondern nur um die Stabilität des Stuhles, auf dem man sitzt.
SPIEGEL: Aus diesem Grunde gehen auch die Athleten aufeinander los?

MATTHES: Die ehemaligen DDR-Schwimmer werden nur deshalb geschnitten und schief angeschaut, weil sie schneller sind. Kein Wunder, daß Stars wie Nils Rudolph frustriert aus Deutschland fliehen.
SPIEGEL: In den USA, wo er jetzt startet, verdient er womöglich mehr als im vereinten Deutschland.
MATTHES: Er wird dort nur besser behandelt. Deshalb haben die Schwimmer der früheren DDR gesagt: Ihr könnt uns mal kreuzweise. Ich wäre auch ins Ausland gegangen. ♦

Vor dem Lesen

Fragen

1. Lesen Sie den Untertitel des Artikels: *„Olympiasieger Roland Matthes über den Vereinigungsstreit der Schwimmer"*. Lesen Sie dann die biographischen Informationen. Worum geht es in dem Interview?
2. Kennen Sie außer Roland Matthes noch andere bekannte DDR-Sportler? Welche?
3. Ist Sport wichtig für Sie? Warum? Treiben Sie selber Sport? Welchen?
4. Was wissen Sie bereits über Doping? Kennen Sie bekannte Sportler, die Dopingmittel genommen haben? Welche?

Kulturelles

der Vereinigungsstreit	die Auseinandersetzungen um die Zusammenlegung des westdeutschen und des ostdeutschen Schwimmverbandes
die Wende	die sanfte Revolution in der ehemaligen DDR
Erfurt	eine Stadt in der ehemaligen DDR
der Olympiastützpunkt	Trainingsort in der Bundesrepublik Deutschland, wo sich Sportler auf die Olympischen Spiele vorbereiten
Tauberbischofsheim	Stadt in der Bundesrepublik Deutschland
Cassius Clay	ein amerikanischer Boxer
die SED-Kader	die politische Führungselite in der ehemaligen DDR

Vokabeln

„Ihr könnt uns kreuzweise" (können)	*(umg.)* Laßt uns in Ruhe
gehätschelten (hätscheln)	verwöhnten
das Anabolikum	ein Präparat zum Aufbau von Muskeln
der Aktive	ein Sportler, der an Wettkämpfen teilnimmt
kalte Wut	großer Ärger über etwas, was man nicht ändern kann
angebrüllt (anbrüllen)	angeschrien
die Leistung	*hier:* das Ergebnis der sportlichen Anstrengung

der Fahnder	jemand, der nach etwas sucht
der Leistungsknick	die Verschlechterung der sportlichen Leistung
verschwendet (verschwenden)	vergeuden, unnötig verbrauchen
kuschen	gehorchen
die Fehlbesetzung	jemand, der für seine Aufgabe oder Arbeit nicht geeignet ist
der Ausnahmekönner	jemand, der alles kann
die Unterwanderung	wenn man in etwas eindringt, um es politisch zu schwächen
der Funktionär	der Beauftragte eines Verbandes
säßen am längeren Hebel (sitzen)	hätten mehr Macht und Einfluß
verfügen	*hier:* haben
jämmerlich	verachtenswert
der Leistungssport	Wettkampfsport, bei dem die Ergebnisse wichtig sind und nicht der Spaß, den man dabei hat
der finanzielle Aufwand	das Geld, das für etwas ausgegeben wird
die Förderung	die Unterstützung, die Hilfe
pochen	*hier:* bestehen
die fachliche Kompetenz	die Befähigung; *hier:* was man als Trainer kann und weiß
aufeinander losgehen	streiten
geschnitten (schneiden)	*hier:* nicht mehr beachtet

Nach dem Lesen

Fragen zum Text

1. Welche Probleme gab es bei der Vereinigung der beiden deutschen Schwimmverbände?
2. Was wurde vielen DDR-Sportlern vorgeworfen? Wie reagierten sie auf diesen Vorwurf?
3. Wie wurden Sportler und Trainer der ehemaligen DDR nach der Wende von westdeutschen Funktionären behandelt?

Sprechen

Hatten die westdeutschen Funktionäre Angst vor einer Unterwanderung durch alte SED-Kader? Diskutieren Sie, warum die ostdeutschen Sportler und Trainer von westdeutschen Funktionären so schlecht behandelt wurden.

Gruppenarbeit

Sie sind eine Gruppe von westdeutschen und ostdeutschen Sportlern. Sammeln Sie Argumente und streiten Sie sich. Was gefällt Ihnen an der Vereinigung der beiden Schwimmverbände nicht?

Schreiben

Sie sind ein Sportler aus der ehemaligen DDR, der nach der Wende in die USA gegangen ist. Schreiben Sie eine Postkarte an einen westdeutschen Funktionär und begründen Sie Ihren Entschluß.

VEREINE
Invasion der Plebse

Sozialer Aufstieg schlägt sich im Sport nieder: Fußballer wechseln zum Tennis, Tennisspieler flüchten auf den Golfplatz.

Die Borgwards und Benz seiner Kunden erkannte der Pförtner des „Kölner Tennis- und Hockey-Club Stadion Rot-Weiß e.V." von weitem. Pflichterfüllt eilte er aus seiner Laube, grüßte korrekt, stemmte den Schlagbaum hoch und gab so in den sechziger Jahren der besseren Gesellschaft den Weg frei. Auf der Sonnenterrasse des Klubhauses plauderten Banker und Baulöwen, Rechtsanwälte und Richter, im Restaurant speiste Otto Wolff von Amerongen, am Kamin hockte der Adenauer-Clan.

Mitglieder, die Kölns Beletage im Grünen zum Tennisspielen aufgesucht hatten, bekamen vom gestrengen Klubdirektor – weiße Sportkleidung vorausgesetzt – einen Platz und auf Wunsch auch einen Partner zugeteilt („Dr. Schmitz, angenehm!"). Die Atmosphäre, erinnert sich ein Rot-Weißer, „war von Höflichkeit und Respekt gekennzeichnet".

25 Jahre später hat die Pförtnerloge dichtgemacht, die Terrasse ist leer, die Honoratioren sind weg, spoilerbewehrte GTIs säumen den Parkplatz. Alteingesessene Mitglieder mokieren sich über „Bum-Bum-Tennis statt Fair play" und daß „unverhohlen Kölsch" gesprochen werde: „Wir sind zum Klub für Krethi und Plethi verkommen." Mit einem resignierten Seufzer sagt einer der Gestrigen: „Über was soll ich mich mit einem Menschen unterhalten, der einen tiefer gelegten 190er fährt?"

Aus Klubs wurden Vereine. Die ehemals elitäre Sportart öffnete sich erst der Mittelklasse, „und heute sind wir Breitensport", bestätigt Jens-Peter Hecht vom Deutschen Tennis Bund (DTB). Innerhalb eines Jahrzehnts verdoppelte sich die Zahl der registrierten Tennisspieler auf zwei Millionen. Die einst vornehmen Biotope des Freizeitsports kippten um. Statt Champagner werden an den Klubtheken zunehmend isotonische Fitneßdrinks geschlürft.

Die veränderte Soziostruktur in den Tennisklubs ist nicht auf die Großstädte beschränkt. So warb der holsteinische TC Havighorst im vorigen Jahr Mitglieder ohne die sonst obligate Aufnahmegebühr an. Eine „fatale Entscheidung", wie Gründungsmitglied Peter Bielenberg klagt: Der Schub der 60 Neuen hatte für die Vereinsstruktur „katastrophale Folgen". Weil die Frischlinge „unverschämt auf den Putz hauen", suchen alte Havighorster inzwischen resigniert nach einem anderen, „manierlichen" Klub.

Die „Invasion der Plebse", wie ein Verbandsoberer etwas pikiert den Zustrom umschreibt, ist eine Wohlstandsfolge. Tennis ist die Aufsteigersportart schlechthin, und die Umsteiger kommen zumeist vom Fußball oder Handball.

Mit Großkopfschlägern („Bratpfannen") bewaffnet, erleben die Kämpfernaturen schon nach dem ersten Crash-Kurs auf Mallorca durchschlagende Erfolgserlebnisse. „Brutalo-Tennis mit Ballgefühl" nennt ein Tennislehrer den neuen Stil auf Bundesdeutschen Courts.

Die Wanderung vom Fußball- zum Tennisplatz ist besonders deutlich beim Nachwuchs abzulesen. Viele kleine Fußballvereine bekommen bereits in diversen Altersklassen keine Elf mehr zusammen. Die Statistik des Deutschen Fußball-Bundes meldet aus den letzten zwei Jahren bei den 14- bis 18jährigen einen Verlust von 60 000 Jugendlichen. Mit dem Pillenknick, urteilen die DFB-Jugendwächter besorgt, habe das nur sekundär zu tun: „Unsere Konkurrenz heißt Tennis."

Aufsteigersport Golf — Umgestiegen vom Tennis: Bei nachlassender Höflichkeit im Freizeitpark Drängelei auf engstem Raum

Alle Prognosen versprechen eine fortschreitende Vermassung des weißen Sports. Bis zur Jahrtausendwende erwartet DTB-Präsident Claus Stauder, Boris und Steffi sei Dank, 5 Millionen Aktive: „Der Boom vom Boom kommt erst noch." Auch wenn überall neue Tenniszentren entstehen – das Mißverhältnis zwischen Mitgliederbestand und Anzahl der Plätze wird künftig noch schlimmer. Schon heute balgen sich statistisch 51 Mitglieder um ein Tennisviereck.

Die Entwicklung zum Volkssport hat die Atmosphäre in den Klubs mit ihren oft mehr als 1000 Mitgliedern völlig verändert. Wer nicht, wie einige vornehme Klubs in München oder Düsseldorf, den Kreis per Gesichtskontrolle dichthält, erleidet die Erosion jeglichen Klublebens. In Köln schlug der Versuch des „Cologne Tennis Clubs" fehl, mit Freibierfesten und Juxturnieren die gemischte Klientel aufeinander einzuschwören. „Wenn die Leute von Interesse und Herkunft nicht homogen sind, resümiert ein „Cologne"-Mitglied, „läuft nichts zusammen."

Der verschwitzte Trendsetter von heute gibt nach erfolgreichem Tie-Break noch ein schnelles Bier aus, um dann „gleich zum nächsten Freizeittermin zu hasten", wie Hans Petersen, Präsident des Marienthaler THC in Hamburg, beobachtet hat: „Der Charakter eines feinen englischen Klubs ist total weg." In Marienthal wie anderswo haben viele Tennisspieler die Konsequenz gezogen – sie spielen neuerdings Golf.

Ehemalige Dauergäste des Kölner Rot-Weiß fahren 100 Kilometer, um im Eifelörtchen Hillesheim zu driven und zu putten – und um wieder unter sich zu sein. In Holm bei Wedel existieren bisher nur eine Abschlagwiese, einige Übungslöcher und ein provisorisches Klubhaus. Indes hat der Golfklub ohne Greens schon 350 Mitglieder, darunter zahlreiche Ex-Tennisspieler. Rund die Hälfte, schätzt ein Golf-Funktionär aus Bad Neuenahr, finde aus Image-Gründen zum Golf. Mit Tennis-Anekdoten könne man auf Feten nicht mehr reüssieren.

Jan Brügelmann, Präsident des Deutschen Golf-Verbandes, redet schon von einem „Golfstrom". Auf der Suche nach der exklusiven Freizeitbeschäftigung begegnet dem Menschen wieder sein ärgster Feind: der massenhafte Mensch. Die teuer erkauften Mitgliedschaften wollen abgespielt sein – häufiger denn je drängeln sich die Golfer am ersten Abschlag. Aus den Refugien betuchter Herrschaften sind sportliche Freizeitparks geworden.

Wo früher Schlips und ein zerschlissenes Sakko vorherrschen, hat der knallgelbe Pulli Einzug gehalten. Das „Golfmagazin" widmete der nachlassenden Etikette einen Leitartikel. Allen „Maspalomasern", jenen Urlaubsgolfern, die barfüßig oder im Bikini zum Putten schreiten, empfiehlt das offizielle Organ des Golfverbandes einen dreistündigen Benimm-Unterricht im britischen St. Andrews.

Daß auch der Golfsport zum Millionenvergnügen verkommen könnte, steht jedoch nicht zu befürchten. Allenthalben dienen Eintrittsgelder bis zu 25 000 Mark, als „Spenden" getarnt, zur Auslese der Anwärter. Auch wenn Funktionäre öffentliche Plätze fordern, die das Golfen zu gemäßigten Preisen ermöglichen – an der Ernsthaftigkeit gibt es Zweifel. Ein Sprecher des Deutschen Sportbundes: „Die wären doch blöd, wenn die das auch wirklich wollten." ♦

Vor dem Lesen

Fragen

1. Lesen Sie den Untertitel des Artikels: *„Sozialer Aufstieg schlägt sich im Sport nieder: Fußballer wechseln zum Tennis, Tennisspieler flüchten auf den Golfplatz."* Worum geht es in dem Artikel?
2. Spielen Sie Fußball? Tennis? Golf? Sind Sie Mitglied in einem Sportverein? Warum?
3. Schauen Sie sich das Foto an. Was sehen Sie?

Kulturelles

der Borgward, der Benz	Markennamen von teuren und exklusiven Autos
e. V.	(Abk.) „eingetragener Verein"; ein Verein, der steuerliche Vorteile genießt und von seinen Mitgliedern deshalb oft nur geringe Beiträge verlangt
Otto Wolff von Amerongen	Mitglied einer alten Adelsfamilie
der Adenauer Clan	die Familie, zu der Konrad Adenauer gehört, der erste Bundeskanzler der Bundesrepublik Deutschland
der GTI	(Abk.) der „Golf GTI"; ein schneller, sportlicher Kleinwagen, der nicht so teuer ist wie ein Benz oder ein Borgward
das Bum-Bum-Tennis	kraftvolles, nicht sehr elegantes Tennis, wie es zum Beispiel Boris Becker spielt
das Fair Play	die Fairneß
Kölsch	der Dialekt, den man in Köln spricht

190er	das billigste Automodell von Daimler Benz
Havighorst	eine Stadt in Norddeutschland
Mallorca	eine spanische Insel im Mittelmeer, die bei deutschen Touristen aus der Mittelklasse sehr beliebt ist
der Pillenknick	der Geburtenrückgang durch die verbreitete Einnahme der Antibabypille; *hier:* die geburtenschwachen Jahrgänge
Boris und Steffi	die deutschen Tennisspieler Boris Becker und Steffi Graf
Marienthal, Hillesheim, Holm bei Wedel, Bad Neuenahr	Städte in Deutschland
St. Andrews	eine Stadt in Schottland

Vokabeln

die Plebse	die Plebejer; *hier:* ungehobelte und ungebildete Menschen
flüchten	fliehen
die Drängelei	*hier:* zu viele Menschen
der Pförtner	ein Angestellter, der den Eingang zu einem Gebäude oder Platz bewacht
stemmte den Schlagbaum hoch (hochstemmen)	öffnete die Absperrung
plauderte (plaudern)	unterhielt sich, schwatzte
die Beletage	das erste Stockwerk; *hier:* die Terrasse
hat dichtgemacht (dichtmachen)	ist geschlossen
die Honoratioren	die angesehensten Einwohner einer kleinen Stadt
unverhohlen	offen, unverhüllt
Krethi und Plethi	jedermann, eine gemischte Gesellschaft
verkommen	*hier:* geworden
der Seufzer	einmaliges, tiefes Atmen
der Gestrige	*hier:* jemand, der damals dabei war
tiefer gelegt	*hier:* bei einem Auto die Federung verändert, um schneller fahren zu können
das Biotop	der Lebensraum
kippten um (umkippen)	*hier:* änderten sich
der Schub	*hier:* die Aufnahme
auf den Putz hauen	prahlen, übermütig sein
pikiert	verärgert
die Bratpfanne	*hier:* ein sehr großer Tennisschläger, mit dem man die Bälle leichter treffen kann
balgen sich (sich balgen)	streiten sich
das Tennisviereck	der Tennisplatz
das Juxturnier	ein Wettbewerb, bei dem der Spaß und nicht der Sieg am wichtigsten ist
reüssieren	erfolgreich sein
der „Golfstrom"	*hier:* die vielen Leute, die Golf spielen wollen
drängeln sich (sich drängeln)	sich in einer Menge ungeduldig vorschieben
allenthalben	überall

getarnt	unsichtbar gemacht
die Auslese	die Auswahl, das Aussuchen
der Anwärter	der Bewerber, der Kandidat
gemäßigt	niedrig

Nach dem Lesen

Fragen zum Text

1. Warum wechseln Fußballer zum Tennis und Tennisspieler zum Golf? Welchen Effekt hat das für die Fußballvereine?
2. Wie war die Atmosphäre in den Tennisklubs in den sechziger Jahren? Wie benehmen sich die Tennisspieler heute?
3. Wie versuchen die Golfklubs in der Zeit des „Golfstroms" ihre Mitgliederzahlen niedrig zu halten?

Sprechen Finden Sie es gut oder schlecht, daß aus den Klubs Vereine werden? Diskutieren Sie die Vor- und Nachteile, die die große Popularität einer Sportart wie etwa Tennis mit sich bringt.

Gruppenarbeit Sie sind der Vorsitzende eines vornehmen Golfklubs in Ihrer Stadt. Sie haben viele Bewerber für Ihren Klub, aber Sie wollen nicht zu einem Klub für Krethi und Plethi verkommen. Gemeinsam mit Ihren Kollegen aus dem Vorstand des Klubs überlegen Sie sich ein Aufnahmeverfahren, mit dem Sie die Manieren und Umgangsformen Ihrer Bewerber testen können.

Schreiben Sie sind 80 Jahre alt und seit mehr als sechzig Jahren Mitglied des „Kölner Tennis- und Hockey-Clubs Stadion Rot-Weiß e.V.". Sie haben sich entschieden, aus dem Verein auszutreten. Begründen Sie Ihren Entschluß in einem Brief an den Vereinsvorstand.

TOURISMUS
Gucken und jubeln

Die Reiseveranstalter haben eine neue Klientel entdeckt: Bundesbürger, die bei internationalen Sportwettkämpfen live dabeisein wollen.

Unten auf dem penibel kurz geschorenen Rasen hämmerten junge Männer in langen weißen Hosen einen kleinen, weißen Filzball über das Netz. Oben auf den engen Zuschauertribünen begleiteten meist fachkundige Briten die Bemühungen der Spieler mit wohlwollendem Applaus – so manierlich ging es lange Jahre zu beim internationalen Tennis-Festival in Wimbledon.

Doch inzwischen, mit dem vom Fernsehen erzwungenen Wechsel der Ballfarbe zu Gelb, hat sich auch die einst so moderate Tonlage gewandelt. Und seit deutsche Tennis-Cracks nicht mehr nur zum Verlieren anreisen, mischen auch deutsche Schlachtenbummler gern mit im Kampf um die besten Plätze. Nach Boris Beckers Hechtrollen oder Steffi Grafs Vorhand ertönen auf dem Centre Court immer häufiger Kostproben saftiger deutscher Dialekte („Wecklisch subbäh!") oder brachiale Schlachtrufe wie im Catcher-Zelt: „Mach ihn alle, Boris."

Gleich in mehreren Hundertschaften rücken diese Woche Tennis-Fans aus der Bundesrepublik in Wimbledon an, um ihre Lieblinge zum Sieg zu brüllen oder mit schwarz-rot-goldenen Fähnchen und Transparenten zu wedeln. 550 Tennis-Touristen werden allein vom Deutschen Reisebüro (DER) in Frankfurt, dem größten Sportreisen-Veranstalter in der Bundesrepublik, in den südwestlichen Vorort Londons eingeflogen. „Wir hätten auch 3000 Buchungen kriegen können", bedauert DER-Sportchef Ulrich Wiesner, „aber leider bekommen wir nicht genügend Eintrittskarten."

Für den viertägigen Abstecher in Englands bekanntestes Tennisstadion kassiert die Firma bis zu 6600 Mark. „Der deutsche Fan", analysiert Wiesner, sei – trotz stundenlanger Übertragungen im Fernsehen – bereit, „viel Geld auszugeben, um live dabei zu sein".

Der Reiseboom zu Sportereignissen hat der Touristikbranche ein willkommenes Zusatzgeschäft beschert.

Deutsche Tennis-Touristen im Ausland: „Mach ihn alle, Boris"

Rund zwei Dutzend deutsche Sportreisen-Veranstalter schicken Zuschauer in Arenen auf der ganzen Welt. Von der Bahnfahrt für Anhänger des Bundesliga-Klubs FC St. Pauli zum Auswärtsspiel in Köln „für nur 49 Mark" bis zur Fernreise zu den World Veteran Games in Neuseeland bleibt kaum noch ein Fan-Wunsch unerfüllt.

Ob Beckenbauers Nationalkicker demnächst in Dublin gegen Irland antreten oder Jochen Behle auf finnischen Langlaufloipen gesucht wird, ob Judoka in Belgrad kämpfen oder Formel-1-Rennfahrer bei Budapest Vollgas geben – die deutschen Fans sind immer dabei. Sogar die Liebhaber von Randsportarten werden bedient. Freunde der Rhythmischen Sportgymnastik können die Weltmeisterschaften in Sarajevo wahrnehmen, Badminton-Anhänger ihre Welttitelkämpfe in Indonesien.

Mehrere Firmen offerieren auch Flüge zu Marathon-Läufen in aller Welt, von New York und Moskau über Kuba oder Israel bis zum Silvesterlauf im brasilianischen São Paulo. Echte Marathon-Fans wollen dabei nicht nur zugucken und jubeln, sondern selbst

New York Marathon: der deutsche Drang zum Mitrennen

mitrennen. Über Agenten im Ausland beschaffen die Veranstalter auch Teilnahmeberechtigungen, zahlen erforderliche Gebühren und besorgen sogar die Startnummern.

Der Drang vieler Hobby-Jogger, wenigstens einmal an einem Rennen über die klassische Distanz von 42,195 Kilometern teilzunehmen, habe „unheimlich zugenommen", berichtet Hartmut Eumann vom Frankfurter Marathon-Spezialisten InterSpiridon. In diesem Jahr rechnet der Reisemanager „schon mit fast 1000 Buchungen".

In der nächsten Saison soll das Angebot nochmals erweitert werden, damit die treue Lauf-Kundschaft sich wieder auf neuen Strecken erproben kann. ♦

Vor dem Lesen

Fragen

1. Lesen Sie den Untertitel des Artikels: *„Die Reiseveranstalter haben eine neue Klientel entdeckt: Bundesbürger, die bei internationalen Sportwettkämpfen live dabeisein wollen."* Worum geht es in dem Artikel?

2. Interessieren Sie sich für Sport? Für welche Sportarten? Treiben Sie selber Sport? Welchen?

3. Nehmen Sie lieber teil oder schauen Sie lieber zu? Schauen Sie sich die beiden Fotos an. Wenn Sie eine der beiden Situationen wählen müßten, für welche würden Sie sich entscheiden? Warum?

4. Was war Ihre weiteste Reise, um eine Sportveranstaltung zu besuchen? Hat sich die Reise gelohnt? Würden Sie diese Reise noch einmal machen?

Kulturelles

Wimbledon	ein Vorort von London, in dem jedes Jahr das bekannteste englische Tennisturnier gespielt wird
Boris Becker	ein deutscher Tennisspieler
Steffi Graf	eine deutsche Tennisspielerin
„wecklisch subbäh"	*(hessisch)* wirklich super
Franz Beckenbauer	ein deutscher Fußballspieler und Trainer
der FC St. Pauli	der populärste Fußballverein in Hamburg
die Nationalkicker	*hier:* die deutsche Fußball-Nationalmannschaft
Jochen Behle	ein deutscher Langläufer
der Silvesterlauf	*hier:* der Marathon, der jedes Jahr um die Jahreswende in São Paulo stattfindet
InterSpiridon	ein deutsches Reisebüro, das Reisen zu bekannten Marathonläufen verkauft

Vokabeln

Mach' ihn alle	*hier:* Mach' ihn fertig
penibel	peinlich genau, sehr sorgfältig
erzwungenen (erzwingen)	durch Zwang erreichen

der Crack	*(umg.)* der Spitzensportler
der Schlachtenbummler	der Fan einer Sportmannschaft oder eines Sportlers, der diese auch zu Auswärtsspielen begleitet
die Hechtrolle	*hier:* ein Sprung nach dem Ball
die Vorhand	eine Schlagtechnik beim Tennis
brachiale Schlachtrufe	*hier:* brutale Zurufe, um einen Sportler anzufeuern, anzutreiben
das Catcher-Zelt	ein Zelt in dem Freistilringer miteinander kämpfen
das Transparent	das Spruchband
wedeln	*hier:* winken
der Abstecher	der kleine Ausflug
beschert (bescheren)	*hier:* bringt
die Langlaufloipe	die Spur für die Langläufer
die Randsportart	eine seltene Sportart
die Teilnahmeberechtigung	die Starterlaubnis
erforderlich	notwendig
sich erproben	seine Kräfte messen, testen

Nach dem Lesen

Fragen zum Text

1. Die Deutschen wollen heutzutage bei internationalen Sportwettkämpfen dabei sein. Welche Sportveranstaltungen werden besucht? Welche sind am beliebtesten?
2. Wie benehmen sich die deutschen Fans im Ausland?
3. Wie reagiert die Touristikbranche auf diesen Reiseboom?

Sprechen

Die deutschen Sportfans sind bereit, viel Geld auszugeben, um live dabei zu sein – trotz stundenlanger Übertragungen im Fernsehen. Diskutieren Sie, wo die Ursachen für diesen Reiseboom liegen.

Gruppenarbeit

Sie haben ein Reisebüro eröffnet, das sich darauf spezialisiert hat, Reisen zu Sportveranstaltungen zu verkaufen. Stellen Sie für die kommende Sommer- und Wintersaison ein Programm zusammen.

Schreiben

Sie sind eigentlich ein Catch-Fan. Aber dieses Jahr sind Sie mit dem Deutschen Reisebüro zum Tennisturnier nach Wimbledon geflogen. Boris Becker war im Finale und Sie waren live dabei. Schreiben Sie dieses Erlebnis in Ihr Reisetagebuch.

FASERN
Natur übertroffen

Synthetische Fasern, dünner als Spinnwebfäden, revolutionieren die Bekleidungsindustrie

Wenn er seinen neuen Trenchcoat trage, erklärt Kraftfahrer Klaus Wimmer, 39, werde er „häufig befummelt". Wunderbar weich und samtig sei der Mantel, „man fühlt sich an wie ein Pfirsich". Richtig verblüfft ist der Modefan aber erst seit dem letzten Wolkenbruch. „Der Stoff ist wasserdicht. Regentropfen perlen einfach ab."

Das erstaunliche Gewebe, aus extrem feinen Kunstfasern hergestellt, erobert derzeit den Kleidermarkt und wird von Experten als „Textil der neunziger Jahre" gehandelt. Modeausstatter wie Aigner und Bogner werben mit Mode aus Mikromaterial, Couturiers in Paris und Rom schneidern teure Parkas und Boleros aus dem Spezialgewebe. Selbst die Massenkonfektionäre, so ein Textilfachmann, „machen jetzt in Mikro".

Mikrofasern können so fein verarbeitet werden, daß sie wie Membranen wirken: Die einzelnen Stoffporen, bis zu 3000mal kleiner als ein Regentropfen, weisen Nässe und Nieselregen ab, während der Körperschweiß aus dem Gewebe herausdampfen kann. Die Zeit, als sich Joggern das Schwitzwasser im Socken staute, scheint endgültig vorbei. Die neuen Stoffe, versprechen die Modemacher, seien „atmungsaktiv" und sorgten für „optimales Körperklima".

Fast alle großen Hersteller von Kunstfasern bieten schon eigene Varianten der Dünnst-Fäden an. Die Wundergarne tragen Namen wie Setila, Tactel oder Belima-X und sind dabei, Loden und Leder zu verdrängen. Die Fachzeitschrift *Textil-Wirtschaft* spricht vom „Siegeszug einer neuen Fasergeneration". Bislang galt bei Tuchfabrikanten die Seide als Maß aller Dinge. Der Faden der Seidenraupe wiegt bei 10 000 Metern Länge etwa 1,3 Gramm und wird von den Fachleuten mit dem Textilmaß 1,3 Dezitex angegeben. Unter diese hauchdünne Garnstärke zu kommen, war lange Zeit technisch unmöglich.

Doch nun, so ein Hoechst-Manager, habe man „die Natur übertroffen".

Mikrofaser: „Neue Erlebniswelt"— Fasern, die die Natur übertreffen

Belseta PS etwa, ein synthetischer Flaumstoff der japanischen Firma Kanebo, ist zehnmal feiner als Naturseide und hält dennoch den Druck einer meterhohen Wassersäule aus, ohne durchzunässen. Vertriebsleiter Gunther Berger, der das luftige Japan-Tuch europaweit vertreibt: „Von außen können Sie da einen Wasserwerfer draufhalten."

Zugleich sind die bauschigen Gewebe extrem leicht und lassen sich zu einem äußerst, engmaschigen Netz verweben. Die High-Tech-Faser Belima-X zum Beispiel ist viermal so dünn wie ein Spinnenfaden. Würde man die filigrane Mikro-Schnur von der Erde bis zum Mond spannen, wöge die ganze Leine gerade fünf Kilogramm. Normales Nähgarn, zum Vergleich, käme bei gleicher Länge auf ein Gewicht von rund zehn Tonnen.

Neu an den Mikrofäden ist die molekulare Struktur. Spezialverfahren ermöglichen es, die aufgeknackten Ringe wie verklebte Spaghetti zu bündeln und zu strecken. Das Ergebnis sind kristalline Fasern, die hauchdünn und zugleich ungewöhnlich reißfest sind.

Bei speziellen Sportkleidern werden die Mikrogewebe schon seit einigen Jahren eingesetzt und zu Skianzügen, Thermo-Hosen oder Rennfahrertrikots verarbeitet. Der Einbruch in die „Street- und Fashion-Wear", so das Branchenlatein, blieb ihnen jedoch verwehrt. Die Stoffe waren glatt und kalt wie Plastiktüten. Neue Veredelungstechniken haben Mikrofasern nun auch für Modedesigner und Luxus-Schneider interessant gemacht. Mit Geschwindigkeiten von rund 300 Stundenkilometern rasen die Endlosfäden von den Maschinen der Hersteller und werden dann zum Feinschliff in die Webereien geschickt.

Um die samtigen oder irisierenden Oberflächeneffekte zu erreichen, arbeiten die Betriebe mit großen Schmirgelmaschinen. Die glatten Stoffplanen werden geschrubbt, gesandet oder geknittert und erhalten so das jeweils gewünschte Aussehen. Sie schillern oder glitzern, fühlen sich seidig oder pelzig an – je nach Reibeisen und Webart.

Für Wolfgang Luft vom Faser-Hersteller Akzo in Wuppertal eröffnen die Mikrofasern eine „ganz neue textile Erlebniswelt". Das Modehaus Jil Sander etwa schneidert Damenjacken aus Mikrozwirn und kombiniert sie mit edlen Pelzen. Die Hucke-Gruppe, einer der größten Konfektionäre der Republik, versucht sich in „sportiven" Blousons und „softigen" Hosen. Sogar in Schlüpfern und Unterhemden sind die Retortenfäden mittlerweile vertreten.

Den Kunstfaserkonzernen bietet sich endlich die Gelegenheit, ihr Minus-Image aufzupolieren und das alte Trauma Nyltesthemd zu überwinden. Ob Du Pont (USA), ICI (Großbritannien) oder die Rhône-Poulenc-Gruppe (Frankreich) – weltweit strickt die Branche jetzt an der Mikromasche. Die Firma Hoechst, nach Du Pont größter Chemiefaser-Hersteller der Welt, hat ihren Dauerbrenner Trevira um zwei Mikro-Varianten erweitert und den Austoß um 60 Prozent hochgefahren.

Acht Millionen Quadratmeter Feinstfasergewebe spult der Konzern derzeit pro Monat vom Band. Mit einer Jahresproduktion könnte man die Insel

Sylt zudecken. Dennoch klagen Konfektionäre über Lieferengpässe. „Die Chemiefaserhersteller", so das Fachblatt *Textiles Suisses,* seien „von der schnellen Entwicklung überrollt" worden.

Der Mikro-Trend könnte den ohnehin übermächtigen Einsatz von Chemie-Fäden im Textilgeschäft noch weiter ausdehnen. Schon heute wird weltweit die Hälfte aller Tuche und Gewebe synthetisch hergestellt und zu Kleidung, aber auch Zelten, Gardinen oder Teppichböden verarbeitet. In den Industrienationen liegt der Anteil gar bei 70 Prozent.

Die Naturfasern haben dem Boom der luftigen Spezialgewebe wenig entgegenzusetzen. Theoretisch ließe sich zwar auch ein Baumwollfaden auf Faserstärken unter 1 Dezitex bringen, doch das wäre horrend teuer und wenig sinnvoll. Textilexperte Lothar Cromm weiß, warum: „Wenn Sie sich da in die Brust werfen, reißt das Hemd." ◆

Vor dem Lesen

Fragen

1. Lesen Sie den Untertitel des Artikels: „*Synthetische Fasern, dünner als Spinnwebfäden, revolutionieren die Bekleidungsindustrie.*" Worum geht es in dem Artikel?

2. Auf den Fotos sehen Sie zwei Produkte, die aus dem neuen Kunstgewebe gemacht sind. Wie würden Sie sie beschreiben?

3. Sind Ihnen diese Kleider aus Mikrofasern selbst schon irgendwo aufgefallen? Wie sehen sie aus? Wie fühlen sie sich an?

Vokabeln

die Faser	ein feiner, dünner Faden
übertroffen (übertreffen)	noch besser als
die Spinnwebe	der Faden oder das Netz der Spinne
befummelt (befummeln)	befühlt
verblüfft (verblüffen)	erstaunt, überrascht
der Wolkenbruch	ein kurzer, aber heftiger Regenfall
abperlen	abgleiten; *hier:* nicht in den Stoff eindringen
das Gewebe	der Stoff
der Modeausstatter	eine Person oder Firma, die modische Kleidung entwickelt und herstellt
der Massenkonfektionär	eine Person oder Firma, die billige Kleidung entwickelt und in großen Mengen herstellt
abweisen	nicht durchlassen
herausdampfen	verdunsten
sich staute (stauen)	sich ansammelte
der Dünnst-Faden	ein sehr dünner Faden
der Siegeszug	eine Parade, mit der ein gewonnener Kampf gefeiert wird
das Maß aller Dinge	der Standard, an dem alles gemessen wird
vertreibt (vertreiben)	verkauft

bauschig	weit, gebläht
äußerst engmaschig	sehr fein, sehr eng geknüpft
die Masche	eine Schlinge, die von einem Faden gebildet wird
spannen	straff aufziehen, strecken
der aufgeknackte Ring	*hier:* die aufgebrochene Molekülstruktur
verklebt	zusammenhaftend, miteinander verbunden
zu bündeln	zusammenzubinden
ungewöhnlich reißfest	so stark, daß es nicht kaputt geht, nicht reißt
eingesetzt (einsetzen)	benutzt
der Einbruch	*hier:* das Erkämpfen von Marktanteilen
blieb verwehrt (verwehrt bleiben)	war nicht möglich
die Veredelungstechnik	ein Verfahren, um etwas feiner und besser zu produzieren
rasen	schnell laufen
irisierend	in verschiedenen Farben schillernd
die Schmirgelmaschine	eine Maschine, die etwas sehr fein poliert
geschrubbt (schrubben)	gekratzt
geknittert (knittern)	zerdrückt
schillern	glänzen
der Mikrozwirn	die feine Schnur, das Mikrogarn, das aus mehreren Fäden zusammengedreht ist
der Schlüpfer	die Damenunterhose
der Retortenfaden	ein künstlich gemachter Faden
ihr Minus-Image aufzupolieren (aufpolieren)	ihr schlechtes Image zu verbessern
der Dauerbrenner	ein Produkt, das sich über eine lange Zeit gut verkaufen läßt
den Ausstoß hochgefahren	die Produktion erhöht
der Leiferengpaß	wenn man nicht soviel liefern kann, wie bestellt wurde
den Einsatz ausdehnen	die Verwendung erweitern
wenig entgegenzusetzen (entgegensetzen)	*hier:* nichts Gleichwertiges vorweisen können
sich in die Brust werfen	*hier:* tief Luft holen

Nach dem Lesen

Fragen zum Text

1. In dem Artikel geht es um die Vorteile einer neuen synthetischen Faser. Mit welchen Ausdrücken werden die Besonderheiten dieser Kunstfaser beschrieben?

2. Wieviele Synonyme für die Begriffe „Faser" und „Stoff" finden Sie im Text?

3. Die Fachzeitschrift *Textilwirtschaft* spricht von den „Fasern der neuen Fasergeneration", und Textilexperten behaupten, daß Naturfasern mit diesem neuen Produkt nicht mithalten können. Wodurch unterscheidet sich zum Beispiel die Naturfaser Baumwolle von der Kunstfaser?

Sprechen Die Fachzeitschrift *Textil-Wirtschaft* spricht vom „Siegeszug einer neuen Fasergeneration". Diskutieren Sie die Zukunft der Sportbekleidungsindustrie. Wie könnte sie durch die Mikrofaser revolutioniert werden?

Gruppenarbeit Sie gehören zu einer kleinen Gruppe von Modeausstattern und Designern und sammeln Ideen für neue Verwendungsmöglichkeiten der synthetischen Mikrofaser. Berücksichtigen Sie bei einem Brainstorming über Design, Produktentwicklung und Verkaufsstrategien die besonderen Eigenschaften des Materials.

Schreiben Sie sind ein Umweltfreund. Sie sind für den Umweltschutz und für das Natürliche. Deshalb tragen Sie keine Kunstfasern und möchten auch nicht, daß synthetische Stoffe produziert werden. Für die nächste Modemesse sind Sie als Redner eingeladen. Schreiben Sie eine Rede, in der Sie gegen Chemiefasern argumentieren.

Kultur/Geschichte

KUNST
Wanken im Kopf

20 deutsche Kunstausstellungen seit 1910 werden in Berlin als markante „Stationen der Moderne" wieder anschaulich gemacht.

Ein bißchen guter Wille gehörte damals schon dazu, die Ausstellung für einen Erfolg zu halten.

In der Presse wurde das Ereignis kaum erwähnt, die acht verkauften Bilder blieben im engeren Freundes- und Kollegenkreis der teilnehmenden Künstler, und das Publikum kam zwar zahlreich, aber auch sehr gemischt. Als die Malerin Gabriele Münter, die dort sechs Werke hängen hatte, in der Galerie vorbeischaute, sah sie „ernste interessierte, meistens jüngere Gesichter" ebenso wie „dumme Lacher". Sie staunte wieder einmal, „in welchen Massen der Stumpfsinn auftritt".

Trotzdem ließ die Enthusiastin sich die Zuversicht nicht nehmen, die Ausstellung habe „viel erreicht – in vielen Köpfen ist was ins Wanken geraten".

Ob das so rasch ging, läßt sich 77 Jahre später nicht mehr recht überprüfen. Doch Langzeiteffekt oder kunsthistorischer Mythos: Retrospektiv erscheint die Ausstellung „Der Blaue Reiter", die Ende 1911 in München gezeigt wurde, als eine der entscheidenden Etappen in der Begegnung zwischen Avantgardekunst und Öffentlichkeit.

Ereignisse solchen Kalibers mögen zum Skandal geraten oder zur Offenbarung für ein Massenpublikum, zur Chance für die beteiligten Künstler, ihren Standpunkt zu klären, und zur Inspiration für andere – lauter mögliche „Stationen der Moderne". 20 davon werden, unter diesem Titel und mit Eingrenzung auf die deutsche Szene, jetzt durch eine originelle Groß-„Ausstellung über Austellungen" im Berliner Martin-GropiusBau noch einmal Gegenwart*.

Ein kurvenreicher Parcours durch die Jahrzehnte führt den Besucher vom Auftritt der expressionistischen Künstlergemeinschaft „Brücke" 1910 in Dresden und der Münchner Präsentation des „Blauen Reiters" über Dada und Neue Sachlichkeit, über „Entartete Kunst" und die Documenta von 1959 bis zu

Erste Internationale Dada-Messe, Berlin, Juni 1920: Dada-Künstler:
„Sperren Sie endlich Ihren Kopf auf!"

Rekonstruierte Dada-Messe 1988; Austellungsmacher:
Zurück ins Gesamtkunstwerk durch „Stationen der Moderne"

Schau-Experimenten der sechziger Jahre. Der Marsch demonstriert Fort- und Rückschritte, man kommt an Meisterwerken wie an Strandgut der Kunstgeschichte vorbei und sieht politische Konditionen nicht weniger prägnant gespiegelt als autonome Künstler-Ideen.

Mit Detektiv-Ehrgeiz haben Jörn Merkert, Direktor der veranstaltenden

Berlinischen Galerie, und seine Mitarbeiter die Schau-Objekte aller „Stationen" möglichst lückenlos identifiziert und in großer Zahl herangeschafft. Aber schon Platzgründe hätten eine komplette Rekonstruktion aller 20 Ausstellungen verhindert – von verlorenen Kunstwerken, leihunwilligen Sammlern und unerschwinglichen Versicherungsprämien zu schweigen. So fiel die epochale Kölner „Sonderbund"-Ausstellung von 1912 (allein 108 Van-Gogh-Gemälde) ganz aus dem Programm; einzelne Fehlstellen werden sinnreich überspielt.

Daß etwa bei der „Brücke" Graphik überwiegt und auch für verlorene Malerei einspringen muß, läßt sich sogar aus dem Geist der Künstler rechtfertigen. Die hatten schon für den Ausstellungskatalog ihre Bilder als Holzschnitte reproduziert – oft übrigens durch Kollegenhand, was Gruppengesinnung und -stil unterstrich. Das außergewöhnliche Heft ist denn auch der Clou einer brillanten, termingerecht erschienenen Faksimile-Edition von zehn historischen „Stationen der Moderne" – Katalogen**.

Kein Gemälde von Wassily Kandinsky bekommen zu haben, das 1911 beim „Blauen Reiter" hing, tut dem „Stationen"-Vorsteher Merkert besonders weh. Er holt diese Leitfigur dennoch herein: per Durchblick in den Nebenraum, den Schau-Platz des „Ersten Deutschen Herbstsalons" (1913 in Berlin).

So offenbart sich viel vom wechselhaften, auch widersprüchlichen Geist der Zeiten. Und an einer Stelle jedenfalls wird der Besucher dann vollends in eine historische Schau-Situation zurückversetzt: Die „Erste Internationale Dada-Messe", 1920 in Berlin zelebriert, umfängt ihn als pandämonisches Gesamtkunstwerk.

Ausgerüstet mit Dokumentarphotos und mit den Grundrissen der damaligen Galerieräume, haben die „Stationen"-Macher jenes Ambiente nachgebaut, in dem die Dadaisten gegen Philistertum, Militarismus und Kunstkonventionen zu Felde zogen.

Gerettete Dada-„Erzeugnisse", wie die Künstler ihre Werke prosaisch nannten, wurden in erstaunlicher Fülle eingesammelt, verlorene Schriftplakate („Sperren Sie endlich Ihren Kopf auf!") nachgedruckt und Schneiderpuppen-Montagen wie ein von der Decke hängender „preußischer Erzengel" oder ein „wildgewordener Spießer" mit allem Zubehör, Schwarzer Adlerorden inklusive, liebevoll rekonstruiert. Lücken in der Wanddekoration zeichnen sich nun schattenhaft, in der Gestalt dunkler Rechtecke, auf der Tapete ab.

Notgedrungen reproduziert zeigen sich auch die beiden großen Bilder (von George Grosz und Otto Dix); die Originale fielen Hitlers Bildersturm zum Opfer.

Dieser fatale Einschnitt ist auf vielen „Stationen" bemerkbar – auf den früheren Etappen als Mangel an Material, dann direkt bei der Pranger-Schau „Entartete Kunst" 1937 und ihrem offiziellen Gegenstück aus dem Haus der Deutschen Kunst.

Unmittelbare Reflexe auf die Kunstverfolgung daheim bieten noch zwei Exilanten-Ausstellungen 1938 in London und in Paris, die nicht ohne Mühe die verfemte deutsche Avantgarde zu repräsentieren suchten. Und die „Allgemeine Deutsche Kunstausstellung", zu der sich 1946 Künstler aus drei Besatzungszonen in Dresden zusammenfanden, war auch eine Rehabilitierung der Verfemten.

Freierer Ausblick danach: Die (zweite) Kasseler Documenta, die im Lichthof des Gropius-Baus mit Anklängen an die originale Ausstellungsarchitektur erfolgreich simuliert wird, stellt internationale Zusammenhänge her und ruft den (in Wahrheit kurzlebigen) Sieg der Abstraktion aus. Mit „Zero"-Kinetik, „Fluxus"-Konzerten und „Land Art"-Fernsehsendungen scheint sich dann die Kunst mehr und mehr aus dem herkömmlichen Ausstellungsbetrieb zu verabschieden.

Das scheint nur so. In Großveranstaltungen wie den „Stationen der Moderne" wird sie immer wieder verläßlich eingefangen.

„Zero"-Künstler Heinz Mack war Mitte letzter Woche bemüht, eine schimmernde Relief-Wand, die er 1963 in der Berliner Galerie Diogenes gezeigt und seither in Einzelteilen bei sich gelagert hatte, genauso wieder hinzukriegen. Das Aufpolieren und Rekonstruieren, fand er, sei fast mehr Arbeit als damals die Produktion. ♦

---

* 2. v. l.: Merkert.
** Zehn Katalog-Reprints und ein Kommentarband. Verlag der Buchhandlung Walther König. Köln.

Vor dem Lesen

Fragen

1. Lesen Sie den Untertitel des Artikels: *"20 deutsche Kunstausstellungen seit 1910 werden in Berlin als markante ‚Stationen der Moderne' wieder anschaulich gemacht."* Worum geht es in dem Artikel?

2. Interessieren Sie sich für Kunst? Was gefällt Ihnen besonders gut? Was gefällt Ihnen überhaupt nicht?

3. Was wissen Sie bereits über moderne Kunst? Haben Sie zum Beispiel schon einmal von ‚Dada' gehört? Was stellen Sie sich darunter vor?

4. Schauen Sie sich die beiden Fotos von der Dada-Messe 1920 und von der rekonstruierten Dada-Messe 1988 an. Wodurch unterscheiden sich Original und Rekonstruktion?

Kulturelles

Dada	eine Kunstrichtung, die sich 1916 formierte und gegen die konventionelle Lebensweise und den Militarismus protestieren wollte
„Der Blaue Reiter"	eine Vereinigung von expressionistischen Malern, die 1912 in München gegründet wurde
die Neue Sachlichkeit	eine Kunstrichtung um 1925, die im Gegensatz zum Expressionismus versuchte, das Dasein objektiv darzustellen
die „Entartete Kunst"	Kunst, die vom Naziregime als degeneriert und gefährlich bezeichnet wurde
die Kunstverfolgung	*hier:* das Verbot während der Nazizeit, Kunstwerke von nicht systemkonformen Künstlern auszustellen oder zu verkaufen
der Bildersturm	die Jagd der Nazis auf „entartete Kunst" in Galerien und Museen
die Besatzungszone	eines der vier Gebiete, in die Deutschland nach dem Zweiten Weltkrieg von den Alliierten eingeteilt wurde
die Documenta	große, internationale Kunstausstellung, die alle vier Jahre in Kassel stattfindet

Vokabeln

das Wanken	das Schwanken; *hier:* die Unsicherheit
markant	auffallend
anschaulich	bildhaft, verständlich
das Ereignis	ein großes, eindrucksvolles Erlebnis oder Geschehnis
erwähnt (erwähnen)	angedeutet
der Stumpfsinn	die Verblödung, der Schwachsinn
die Zuversicht	das Vertrauen in die Zukunft
die Etappe	der Abschnitt, die Stufe
die Öffentlichkeit	*hier:* das Publikum
die Offenbarung	die plötzliche Erkenntnis
die Gegenwart	die Zeit, in der man gerade lebt
der Parcours	*hier:* der Weg
das Strandgut	*hier:* Bilder, die aus der Vergangenheit übriggeblieben sind.
der Ehrgeiz	das Streben, vorwärts zu kommen und erfolgreich zu sein
von dem ganz zu schweigen	von dem will man gar nicht reden
leihunwillig	etwas nicht ausborgen wollen
unerschwinglich	zu teuer
die Fehlstelle	die Lücke
sinnreich	klug
rechtfertigen	erklären
unterstrich (unterstreichen)	betonte
der Clou	der Höhepunkt
wechselhaft	veränderlich
widersprüchlich	gegensätzlich
vollends	ganz, völlig

umfängt (umfangen)	umgibt
ausgerüstet (ausrüsten)	ausgestattet
der Grundriß	der Übersichtsplan
das Ambiente	die Umgebung, das Milieu
das Erzeugnis	das Ergebnis einer Tätigkeit
zu Felde zogen (ziehen)	kämpften
der Spießer	engstirniger, kleinlich denkender Mensch
mit allem Zubehör	Dinge, die zu etwas gehören, Teil von etwas sind
notgedrungen	weil es nicht anders geht
die Prangerschau	*hier:* etwas zur Schau stellen, um jemanden vor allen Leuten zu demütigen
verfemt (verfemen)	geächtet
ruft aus (ausrufen)	verkündet
verläßlich	zuverlässig

Nach dem Lesen

Fragen zum Text

1. Welche „Stationen der Kunst" werden im Text genannt?
2. Wie wurden diese Ausstellungen zu ihrer Zeit vom Publikum aufgenommen? Wie war etwa das Verhältnis der Künstler zur Gesellschaft? Wogegen haben zum Beispiel die Dada-Künstler protestiert?
3. Warum war es für Jörn Merkert so schwer, diese Ausstellungs-Retrospektive zusammenzustellen?

Sprechen

Können Sie sich vorstellen, wie das Leben 1916 in Deutschland war? Wie sah die konventionelle Lebensweise aus, gegen die Dada protestieren wollte?

Gruppenarbeit

Sie sind eine Gruppe von jungen Künstlern und wollen gegen die konventionelle Lebensweise in Ihrem Land protestieren. Entwickeln Sie ein Konzept für eine Ausstellung, die die Köpfe Ihrer Mitmenschen ins Wanken bringen soll.

Schreiben

Sie leben im Jahr 2100. Vor einigen Tagen haben Sie die Ausstellungs-Retrospektive ‚100 Jahre Postmoderne' besucht. Sie waren begeistert. Schreiben Sie in einem Brief an einen Freund, was Sie gesehen haben. Schreiben Sie auch, was auf der Ausstellung gefehlt hat und erklären Sie warum.

JODELN
Kimm auf d'Nacht

In Bayerns Bergen soll nicht mehr gejodelt werden. Das Münchner Umweltministerium will mit dem Lärmschutz für die Alpen ausgerechnet beim heimischen Brauchtum anfangen.

Der Text ist stets kinderleicht und lautet etwa so: „Hol-la-lä-ui-di-ri, hol-la-lä-i-dui-di, ri-di-dui-hoh." Oder so: „Jo-i-di, ridl-du-i-du-i, ri-ti-di-o-i, i-di-a-ho, ridl-didl-di."

Weil's oft so schaurig gellt, wenn Hobby-Jodler den Urschrei in freier Natur rauslassen, soll nach dem Willen des Münchner Umweltministeriums in Bayerns Bergen künftig nicht mehr gejodelt werden. Minister Alfred Dick (CSU) ermahnte die Bergwanderer zu Beginn der Alpen-Herbstsaison öffentlich: „Schreien Sie Ihr Hochgefühl nicht ins Tal hinunter, auch nicht durch Jodelversuche!"

Es scheint, als wolle der Minister mit dem Lärmschutz für die Alpen ausgerechnet beim heimischen Brauchtum anfangen – nicht ohne Grund. Der Natur kommt es sicher zugute, wenn der „Andachtsjodler" („Tjo-tjo-i-ri") oder der „Kuckucksjodler" („Hol-la-lo-i-ri-di-ho") Bauernbühnen und Bräuhäusern vorbehalten bleibt.

Denn jedwedes Gejohle im Gebirge engt den Lebensraum der ohnehin bedrängten Alpenfauna ein. Lärm beeinträchtigt vor allem die Überlebenschancen seltener Vogelarten wie Steinadler, Birkhahn oder Rauhfußhuhn.

Indes: Selbst dem bayrischen Bund-Naturschutz-Vorsitzenden Hubert Weinzierl „ist ein Jodler auf der Alm allemal lieber" als ein Mountain-Biker oder ein Gleitschirmpilot. Weinzierl hält Dicks Jodelverbot für überzogen: „Ein Juchzer ist die relativ geringste Art der Umweltbelastung."

Für Profis wie den oberbayrischen Jodelkaiser Gustl Thoma, Mitverfasser einer „Alpenländischen Jodelschule", ist ohnehin unvorstellbar, daß der Jodler – österreichisch auch: „Ludler" oder „Dudler", schweizerisch: „Johezer" oder „Hallezer" – als „Ausdruck der Lebensfreude" aus den Bergen verbannt werden könnte. Thoma vergleicht die Dick-Empfehlung mit einem etwaigen Ansinnen, den Freudentaumel von Fußballspielern nach einem Torschuß zu verbieten: „Ein ausgemachter Schmarrn."

Die Ursprünge des vokalischen Silbensingsangs gehen vermutlich „auf vorkeltische Zeiten" (Thoma) zurück: Jodelnd oder johlend verständigten sich Hirten und Sammler, Waldarbeiter und Köhler. Wissenschaftler lokalisierten Jodel-Kommunikationsformen bei den afrikanischen Pygmäen wie bei den Eskimos, im Kaukasus und in Melanesien. In den Alpenländern ist daraus im letzten Jahrhundert Volksmusik geworden: Senner und Sennerinnen besangen und besuchten sich fortan – typische Jodler-Botschaft: „I kimm heut' auf d'Nacht."

Bei den Schweizern gewann die „Lustäußerung", die „aus den Tiefen der menschlichen Seele hervorquillt" (Jodler Franz Stadelmann), gar „staatsbürgerliche Bedeutung" (Ex-Bundesrat Leon Schlumpf): Da johezern 21.500 Eidgenossen – weit mehr als in der Bundesrepublik, wo die Zahl der Aktiven auf 1000 geschätzt wird.

Ein Züricher hält den Weltrekord im Dauerjodeln mit 29 Stunden und 28 Minuten. Nur aus der renommierten Schweizer Jodelschule konnte auch ein Japaner, Takeo Ishii aus Tokio, als Perfektionist hervorgehen, der das „r" wie ein waschechter Appenzeller rollt.

Aus deutschen Landen stammt dagegen eine Mittelgebirgsvariante des Jodelns, der „Harzer Roller", der in Lehrgängen an der Musikschule Wernigerode gepflegt wird. Die Deutschen können sich auch berühmen, daß kein Geringerer als Johann Wolfgang von Goethe den Kehlkopfschnackler literaturfähig gemacht hat. Der Dichter fand das „beliebte Jodeln", wie er 1828 schrieb, allerdings „nur im Freyen oder in großen Räumen erträglich".

Das hört sich heute bei der Vielzahl von Gelegenheitsjodlern, aber auch im Freien schon anders an als zu Goethes Zeit. Amateure jedenfalls trainieren in der Tat umweltfreundlicher im Keller als im Klettersteig. Denn Jodelübungen sind qualvoll und langwierig.

Daraus macht die „Alpenländische Jodelschule" kein Hehl: „Der Mut zur akustischen Häßlichkeit ist eine der wichtigsten Tugenden des Jodelschülers." ♦

Jodelkaiser Thoma: „Hol-la-lä-ui-di-ri, hol-la-lä-i-dui-di, ri-di-dui-hoh"
Verbannung des Jodelns aus den Bergen: „Ein ausgemachter Schmarrn"

Vor dem Lesen

Fragen

1. Lesen Sie den Untertitel des Artikels: „*In Bayerns Bergen soll nicht mehr gejodelt werden. Das Münchner Umweltministerium will mit dem Lärmschutz für die Alpen ausgerechnet beim heimischen Brauchtum anfangen.*" Worum geht es in dem Artikel?
2. Welche Musik ist für Ihr Land typisch? Gefällt sie Ihnen? Wie würden Sie das Publikum beschreiben, das diese Musik hört?
3. Schauen Sie sich das Foto an. Haben Sie schon einmal jemanden jodeln gehört? Wo? Können Sie mal vormachen, wie das ungefähr klingt?

Kulturelles

„kimm auf d'Nacht"	*(bayrisch)* komme in der Nacht
die Alpen	ein Hochgebirge in Europa
die Bauernbühne	*hier:* derbes, volkstümliches Theater
die Alpenfauna	die Tierwelt der Alpen
der Bund-Naturschutz	eine deutsche Organisation, die sich für den Schutz der Natur einsetzt
die Alm	eine Bergweide in den Alpen
der Schmarrn	*(bayrisch)* der Unsinn, das dumme Zeug
der Senner und die Sennerin	der Hirt und die Hirtin auf einer Alm
die Eidgenossen	die Schweizer

Vokabeln

das heimische Brauchtum	die Sitten und traditionellen Gewohnheiten in einer Region
schaurig	unheimlich, angstmachend
gellt (gellen)	tönt
der Urschrei	*hier:* ein unbefangener, urwüchsiger Schrei
Bräuhäusern vorbehalten bleibt	nur in Bräuhäusern erlaubt ist
jedwedes	jedes
beeinträchtigt (beeinträchtigen)	*hier:* verringert
überzogen	übertrieben
unvorstellbar	unwahrscheinlich
etwaig	möglich
das Ansinnen	die Absicht, die Forderung
sich berühmen	*hier:* stolz von sich sagen, sich selbst loben

39

der Kehlkopfschnackler	*hier:* der Jodler
aus etwas keinen Hehl machen	aus etwas kein Geheimnis machen
die Häßlichkeit	das Unschöne, Abstoßende
die Tugend	eine vorbildliche, sittlich einwandfreie Eigenschaft

Nach dem Lesen

Fragen zum Text

1. Beschreiben Sie die Ursprünge und die Geschichte des Jodelns. Warum ist das Jodeln in den Alpenregionen in Deutschland, Österreich und in der Schweiz so populär?
2. Was hat das Jodeln mit dem Lärmschutz zu tun?
3. Welche anderen Wörter für „Jodler" und „Jodeln" finden Sie im Text?

Sprechen

Kann man mit einem Jodelverbot bedrohte Vogelarten vor dem Aussterben retten? Oder ist das ein „ausgemachter Schmarrn"? Diskutieren Sie die Lärmschutz-Initiative von Umweltminister Alfred Dick, der die Bergwanderer ermahnt: „Schreien Sie Ihr Hochgefühl nicht ins Tal hinunter, auch nicht durch Jodelversuche".

Gruppenarbeit

Sie gehören zum bayrischen „Bund Naturschutz". Auch Sie wollen die Tier- und Pflanzenwelt der Alpen erhalten. Umweltminister Dick fordert ein Jodelverbot. Was fordern Sie zum Schutz der Alpen?

Schreiben

Schreiben Sie für Gustl Thoma den Text für einen Jodler – und für alle, die nicht in Österreich, in der Schweiz oder in Bayern geboren sind, dazu eine Übersetzung.

Bücher

Menschenmist durchduften

Erdrückende Beweise: Lenin war Dadaist, die Oktoberrevolution eine dadaistische Aktion.

Der eine hat im Herzen eine Mördergrube, der andere ein Kabarett. Hatte Lenin beides?

Im Kriegsjahr 1916 war in der Zürcher Spiegelgasse Absonderliches zu sehen. In einem 50-Plätze-Etablissement, das sich „Cabaret Voltaire" nannte, stammeln grotesk verkleidete Herren wüste Laut- und Lärmgedichte, eine Dame geht in die Grätsche, ein Geselle fiedelt auf einer unsichtbaren Violine, betäubend wummert die Kesselpauke.

Erfolg beim Publikum: Frauen sinken in Ohnmacht, alte Männer blasen auf Schlüsseln, Rufe nach dem Irrenarzt. Einem freilich, einem russischen Emigranten, der gegenüber dem „Cabaret" wohnt, hat es gefallen. „Da!da!" (ja!ja!) ruft er in seiner Landessprache; hat Wladimir Iljitsch Lenin so dem wilden Kind den Namen gegeben: DADA?

Zu solch erhellender These kommt jetzt, nach Jahrzehnten des Dunkels, ein französischer Ästhetikprofessor: Dominique Noguez, 48. Und in seiner tiefschürfenden Studie „Lenin dada" * geht er noch weiter; nach Noguez' stringenter Beweiskette war der Bolschewiken-Chef, bislang nur als „Cabaret"-Gast verbürgt, praktizierender Dadaist, und die Große Oktoberrevolution ein Akt von angewandtem Dadaismus.

Rufe nach dem Irrenarzt? Wissenschaft, vor allem fröhliche, hat immer wieder Tore aufgestoßen, hinter denen die Welt ganz anders aussah; und just der Dadaismus, der den Nonsens („Ohnesinn") so lieb und teuer hielt, verdient es, in seinen globalhistorischen Implikationen neu gedeutet zu werden. Hatte nicht Lenin die berühmten Worte geschrieben, man solle „Was tun"?

Noguez erwirbt sich mit der Studie Doppelverdienst. Denn zum einen wird, auf der Dada-Folie, Lenins Kunst-Sinn und sein Hang zu Massenerschießungen plausibel; zum anderen gewinnen Dada-Worte, durch Lenin zu Fleisch geworden, ihre ganze Bedeutungstiefe.

---

* Dominique Noguez: „Lenin dada". Aus dem Französischen von Jan Morgenthaler. Limmat Verlag, Zürich; 212 Seiten.

Revolutionär Lenin

Dadas gehaßter Vater war der Erste Weltkrieg, der, je nach Entfernung zur Front, von Beteiligten als „Blutmühle" oder „Stahlbad" empfunden wurde. Den abendländischen Werten, durch das Gemetzel hohl geworden, widmeten die Dadaisten ihren grellen Hohn; zynisch, nihilistisch, chaotisch, infantil, eben dadaistisch. Manifeste zuhauf.

Im Zürcher „Cabaret Voltaire" erblickte der Wechselbalg das Licht der Rampe, produziert von einer Emigranten-Riege im Twen-Alter; unter ihnen der Rumäne Tristan Tzara, die Deutschen Richard Huelsenbeck und Hugo Ball und, nach Professor Noguez, der damals 46jährige Lenin.

Die Beweislast, die Noguez auffährt, ist erdrückend, und wo Fakten fehlen, kombiniert er scharfsinnig. Besonders faszinierend: Noguez führt aus, daß Lenin schon Dadaist war, bevor es das „Cabaret Voltaire" gab, und damit wird das Dada-Credo belegt: „Bevor Dada da war, war Dada da."

Mit Dokumenten, von den Memoiren der Lenin-Gattin Krupskaja bis zu den umstrittenen Erinnerungen der Lenin-Mätresse „Lise de K.", zeichnet Noguez ein Persönlichkeitsprofil, das den Berufsrevolutionär als profunden Verächter der abendländischen Hochkultur ausweist; den Pariser Louvre mied er zugunsten von Varietés, Beethoven „langweilte ihn schrecklich", er pfiff lieber „dämliche Melodien".

Lenin zur legendären Mätresse: Der „große revolutionäre Sturm" werde die schönen Künste und die guten Umgangsformen „wie ein Büschel von Unkraut hinwegfegen". Wieder ganz im Sinne des Dada-Credos: „Die Anfänge Dadas waren nicht die Anfänge der Kunst, sondern die eines Ekels", nämlich „eines Ekels vor der Kunst".

Wobei Lenin, dokumentiert Noguez, gegen die schöne Kunst der guten Manieren schon vor Zürich-Dada verstieß. Ein Pariser Maler über Freund Lenin: „Wir teilten unsere Mädchen. Lenin war in der Liebe sehr schamlos (très cochon)". Daß der ambulante Revoluzzer dann 1916 in der Zürcher Spiegelgasse auftauchte, sieht Noguez als „ganz und gar gewollten Akt". Und als Lenin bald darauf in Rußland den „großen revolutionären Sturm" anblies, setzte er in Taten um, was seine Dada-Kollegen in Manifesten gefordert hatten; so wenigstens deutet es Professor Noguez.

Tatsächlich hatten die Herren weitreichende Visionen. Beispiele: „Wir spucken auf die Menschheit"; „es gibt eine große, destruktive Arbeit zu verrichten", „kein Mitleid. Nach dem Gemetzel bleibt uns die Hoffnung auf eine gereinigte Menschheit", „den Menschenmist ordnend durchduften"; „hier hilft nur Zwangsarbeit mit Peitschenhieben".

Und als Arbeitsanleitung: „Jede Maske ist dem Dadaisten willkommen", er „liebt das Absurde", er macht „das Gegenteil von dem", was er anderen vorschlägt. Im „Roten Terror", den Lenin entfacht, sieht Professor Noguez folgerichtig einen „zutiefst dadaistischen Geist" am Werk, der „auch noch die verrücktesten Erwartungen der Zürcher Helfershelfer übertrifft".

Denn Lenin hält sich streng an seine, an dieser Stelle erstmals richtig überlieferte Losung: Vertrauen ist gut, erschießen ist besser. Allein im September 1918, recherchierte Noguez, „ließ Lenin mit Leichtigkeit 50 000 Tote hinter sich", wobei auch in seinen Bulletins zuweilen jener zutiefst dadaistische Geist aufflackert. Beispiel:

Um Nischni Nowgorod zu reinigen, befiehlt er, „die nach Hunderten zählenden Prostituierten, die die Soldaten betrunken machen, zu erschießen bzw. aus der Stadt zu transportieren". Und als Exempel für die ganze Abgründigkeit des „Dada-Humors" („Närrisch gegen alles und vor allem gegen sich selbst") führt Noguez folgende Begebenheit an:

Lenin hatte sich eine Liste der im Lubjanka-Gefängnis Inhaftierten vorlegen lassen und drei Namen rot unterstrichen. Ein Adlatus fand die Liste, gab Order, die drei zu erschießen und meldete dem Chef Vollzug. Der „brach in ein tolles Gelächter aus", denn er hatte die drei nur unterstrichen, weil es möglicherweise Bekannte von ihm waren.

Ein „verrücktes Lachen", referiert Noguez, war auch Lenins letzte politische Äußerung, als ihn der Schlag gerührt hatte: ein Gelächter des Triumphes, nach Noguez, denn Lenin hatte die „größte dadaistische Tat" vollbracht, indem er „Stalin zu seinem Nachfolger und damit zu einem der größten Helden unserer Zeit" machte.

Ein tiefer Sinn liegt oft im kindschen Spiel – Professor Noguez' Studie beweist es. Sie sollte anspornen, auch Hitler neu zu deuten; als gescheiterten Maler etwa, der folgerichtig Englands Städte „ausradieren" wollte, oder als zwanghaften Nichtraucher, der Rauch und Asche hinterließ. ♦

Vor dem Lesen

Fragen

1. Lesen Sie den Untertitel des Artikels: *„Erdrückende Beweise: Lenin war Dadaist, die Oktoberrevolution eine dadaistische Aktion."* Worum geht es in dem Artikel?
2. Was wissen Sie bereits über Lenin und die russische Oktoberrevolution?

Kulturelles

der Dadaist	ein Anhänger des Dadaismus
der Dadaismus	eine literarisch-künstlerische Bewegung nach dem Ersten Weltkrieg, die gegen die Hochkultur, gegen den Militarismus und für das Absurde war
die Oktoberrevolution	eine Revolution in Rußland, die im Oktober 1917 begann
die Zürcher Spiegelgasse	eine Gasse in Zürich
das „Cabaret Voltaire"	ein Aufführungsort der Dadaisten in Zürich
das Laut- und Lärmgedicht	ein Gedicht, bei dem nicht der Sinn der Wörter wichtig ist sondern ihr Klang und die Art und Weise, wie sie vorgetragen werden
die „Blutmühle", das „Stahlbad"	poetische Ausdrücke, mit denen andere deutsche Dichter den Ersten Weltkrieg beschrieben haben und mit denen sie den Kampf und die Schlachten verherrlichen wollten

Vokabeln

den Menschenmist durchduften	*hier:* aus den vielen Toten des Ersten Weltkrieges den Nährboden für etwas Neues machen
erdrückend	*hier:* sehr überzeugend
im Herzen eine Mördergrube	*hier:* wenn jemand so skrupellos ist, daß er auch tötet, um ans Ziel zu kommen
das Absonderliche	das Absurde, das Bizarre
stammeln	gehemmt, abgerissen sprechen
geht in die Grätsche	spreizt die Beine
der Geselle	*hier:* der Mann
wummert (wummern)	donnert, dröhnt
die Kesselpauke	eine große, tiefklingende Trommel
zu solch erhellender These	zu dieser aufklärenden, wissenschaftlichen Ansicht
tiefschürfend	profund, nicht oberflächlich
die stringente Beweiskette	eine Reihe von logischen Argumenten
verbürgt (verbürgen)	*hier:* bekannt
Tore aufgestoßen (aufstoßen)	Türen geöffnet
erwirbt sich Doppelverdienst (erwerben)	zeichnet sich zweimal aus
abendländisch	westlich, okzidental
das Gemetzel	die Abschlachtung
hohl	leer
der grelle Hohn	die Verspottung
der Wechselbalg	ein mißgestaltetes, von Hexen oder bösen Geistern gebrachtes Kind
das „Licht der Rampe"	*hier:* das Bühnenlicht
die Riege	die Mannschaft, die Truppe
die Beweislast	*hier:* die große Zahl der überzeugenden Argumente
auffährt (auffahren)	*hier:* bringt, präsentiert
der Verächter	jemand, der vor nichts Respekt hat und alles verachtet
mied er (meiden)	wich er aus, ging er aus dem Weg
dämlich	dumm
der Ekel	der Abscheu
verstieß (verstoßen)	*hier:* rebellierte
der ambulante Revoluzzer	*hier:* der reisende Revolutionär, der bei einem Aufruhr immer zur Stelle ist
auftauchte (auftauchen)	erschien
anblies (anblasen)	entfachte
die Zwangsarbeit	die erzwungene Arbeit
der Peitschenhieb	der Schlag mit einer Peitsche
folgerichtig	logischerweise, folglich
der Helfershelfer	der Unterstützer; *hier:* die Dadaisten
die Losung	das Motto
recherchierte (recherchieren)	erforschte
aufflackert (aufflackern)	aufleuchtet
die Abgründigkeit	die Tiefe, die Bodenlosigkeit

der Inhaftierte	der Gefangene
der Adlatus	der Helfer, der Beistand
der Vollzug	die Ausführung
referiert (referieren)	berichtet
ihn der Schlag gerührt hat (rühren)	er einen Schlaganfall, einen Herzinfarkt hatte
anspornen	ermutigen
gescheitert (scheitern)	erfolglos

Nach dem Lesen

Fragen zum Text

1. Waren die Dadaisten, die um 1916 im Züricher „Cabaret Voltaire" auftraten, Revolutionäre, Idealisten oder Verrückte? Welche Visionen hatten sie? Wie sahen ihre Manifeste aus?

2. Warum glaubt Professor Noguez, daß Lenin ein praktizierender Dadaist war? Wie kommt er zu dieser These? Wie deutet er das Dada-Manifest: „Bevor Dada da war, war Dada da"?

3. Noguez sagt, daß Lenin ein profunder Verächter der abendländischen Hochkultur war. Wie hat Lenin seiner Meinung nach gegen diese Kultur agiert und was bedeutet das Motto „Vertrauen ist gut, erschießen ist besser"?

Sprechen

War Lenin ein Dadaist? Würden Sie seine Aktionen als dadaistisch bezeichnen? Welche historischen Ereignisse wären dann ebenfalls Beispiele für praktizierten Dadaismus? Diskutieren Sie, was an der Geschichte und was am Dada-Humor grotesk und absurd ist.

Gruppenarbeit

Denken Sie sich ein Dada-Manifest aus, das zu unserer heutigen Weltsituation paßt. Überlegen Sie sich, wie Sie dieses Manifest in die Tat umsetzen könnten.

Schreiben

In dem Artikel, den Sie gelesen haben, wird sehr ironisch über die Thesen von Professor Noguez berichtet. Sie arbeiten für eine konservative Zeitung und sollen einen Artikel zum selben Thema schreiben. Greifen Sie Noguez an. Widerlegen Sie seine Thesen sachlich und ernst – ohne Ironie.

AUTOREN

„Junge, was schreibst du da?"

SPIEGEL-Interview mit Heinz G. Konsalik über seine Bestseller und die Methode des Trivialromans

SPIEGEL: Sie haben mehr Leser erreicht als Heinrich Böll, Günter Graß und selbst Johannes Mario Simmel. 75 Millionen verkaufte Konsalik-Bücher, 139 Romane insgesamt. Im Frühjahr werden der Goldmann- und der Heyne-Verlag eine Auswahl von insgesamt 37 Titeln auf den Markt werfen. Kann sich Konsalik Konsaliks Erfolg erklären?

KONSALIK: Ich glaube, eines der Erfolgsgeheimnisse meiner Bücher ist, daß der Leser keine Rätsel aufbekommt und sich nicht selbst beantworten muß, was in den Hauptpersonen vorgeht. Ich erfahre es ja aus vielen Leserbriefen. Da schreiben mir die Menschen: „Ich hätte genauso gehandelt und genauso gesprochen." Das ist das, was den Leser fesselt. Ich schreibe eine volksnahe, keine Kunstsprache.

SPIEGEL: „Ich hätte genauso gehandelt" – Sie halten einer wenig selbstbewußten Leserschicht ihr Idealbild vor. So clever, liebeserfahren und weltmännisch wäre der Konsalik-Konsument wohl gern.

KONSALIK: Er kommt ja selten in dieselbe Lage wie eine meiner Roman-Personen. Ich zeige dem Leser Situationen, die möglich sind. Sehen Sie, man spricht im Zusammenhang mit meinen Büchern von Kitsch. Haben Sie mal einen Sonnenuntergang im Pazifik oder im Chinesischen Meer erlebt?

SPIEGEL: Sollten wir?

KONSALIK: Ich sage Ihnen, die Natur ist ja noch viel kitschiger, als Sie glauben.

SPIEGEL: Das klingt ja, als sei das, worauf Sie mit volkstümlicher Sprache und exotischem Flair hinauswollen, Realismus. Nicht Sie beschreiben eine Wirklichkeit, sondern umgekehrt: Die Wirklichkeit beschreibt sich selbst, Sie helfen nur ein wenig.

KONSALIK: Ein bißchen geht auch wirklich alles von alleine. Meine Verleger können es bezeugen. Bei mir ent-

Bestseller-Autor Heinz G. Konsalik:
„Die Natur ist viel kitschiger"

steht alles erst während des Schreibens. Meine Exposés sind höchstens eineinhalb Seiten lang und enthalten nur einen rohen Inhaltsaufriß. Aus einem Dialog

Heinz G. Konsalik

heißt eigentlich Heinz Günther und schreibt unter dem Mädchennamen seiner Mutter – durchschnittlich drei Bücher pro Jahr. Die Fließbandprodukte des ehemaligen Ostfront-Berichterstatters, oft eine Mischung aus Landserheft und Arztroman, wurden in 29 Sprachen übersetzt. Der gebürtige Kölner, 69, gibt sich nicht nur in seinen Romanen populistisch. Der Buchtitel „Ich beantrage Todesstrafe" deckt sich auch mit seinem privaten Rechtsempfinden: „Wer aus niedrigen Motiven tötet, paßt nicht in unsere Gesellschaft."

entstehen dann während der Niederschrift oft zwangsläufig neue Handlungsstränge, an die ich vorher gar nicht gedacht habe. Ich kann nicht verstehen, daß meine Kollegen mit Zettelkästen arbeiten oder mit großen graphischen Bögen, auf denen die Personen und die Handlungsorte aufgezeichnet sind. Meine Figuren machen sich einfach selbständig. Am Schluß geht in meinen Büchern alles zusammen, aber was dazwischen liegt, weiß ich vorher manchmal selbst nicht.

SPIEGEL: Bei soviel dichterischer Großzügigkeit, die Sie Ihren Personen lassen, kann es dann passieren, daß eine Figur während des Romans unerklärt die Haar- oder Augenfarbe wechselt, wenn Ihr Lektor nicht aufpaßt?

KONSALIK: An meinen Manuskripten wird herzlich wenig verbessert. Und was glauben Sie, wie sehr der Leser aufpaßt ...

SPIEGEL: ... daß die Phantasie nicht zu sehr mit Ihnen durchgeht?

KONSALIK: In meinem Roman „Gestohlenes Glück" habe ich von einem „Pariser Philharmonischen Orchester" geschrieben, das von einem Herrn Donati dirigiert wird. Ich bekam einen bitterbösen Brief: Donati falsch, Orchester gibt's nicht. Meine Leser sind gewohnt, daß alles stimmt.

SPIEGEL: Und wurden enttäuscht.

KONSALIK: Sicher, in dieser Geschichte habe ich die Freiheit des Romanschriftstellers in Anspruch genommen. Aber in der Regel schreibe ich nur gut recherchierte Geschichten. Der Reiseschriftsteller Hans-Otto Meissner hat mein Buch „Transsibirien Expreß" in die Hand genommen und ist ihm Station für Station nachgereist. Hinterher gab er zu, es habe alles gestimmt, einschließlich der Huren im Zug.

SPIEGEL: Das mit den Huren mag gestimmt haben – wir kennen uns da nicht so aus. Aber in Ihren älteren

Geschichten, in denen Sie Ihre Kriegserlebnisse als Frontberichterstatter in Rußland während des Zweiten Weltkrieges verabeitet haben, dominiert ein unangenehm-prahlerischer und die Schrecken des Rußlandüberfalls verdrängender Landserton. Im „Frauenbataillon" erscheinen russische Scharfschützinnen, die deutsche Soldaten „abknipsen", als todbringende Jägerinnen und zugleich als geile Amazonen. Mit „Mandelaugen" und „kleinen harten Brüsten". So recht was für ausgehungerte Landserphantasien.

KONSALIK: Ja, bei manchem, was ich heute von mir lese, frage ich mich. Junge, was schreibst du da? Aber das war der Landserton, den wir damals hatten. Ich habe Jahre an der Geschichte der sowjetischen Frauenbataillone recherchiert, trotzdem würde man heute vielleicht sanfter über Frauen schreiben . . .

SPIEGEL: . . . und härter über die Rolle der Kriegsaggressoren, der Deutschen.

KONSALIK: Der Krieg ist grausam. Ich verstehe, daß die ältere Generation der Russen deutsche Greueltaten nicht vergißt. Ich muß aber auch sagen: bloß nicht aufrechnen. Es ist bekannt und dokumentiert, daß beim Einmarsch der Russen in Ostpreußen evangelische Pfarrer an die Kirchentür genagelt wurden.

SPIEGEL: Merken Sie, wie Sie gerade aufrechnen?

KONSALIK: Ich liebe die russischen Menschen. Sie haben eine ostische Seele.

SPIEGEL: Was soll das sein?

KONSALIK: Eine gespaltene Seele. Der Russe ist einerseits von einer unheimlichen Heimatliebe beseelt, besitzt eine große Liebesfähigkeit. Andererseits kann er auch unheimlich hassen.

SPIEGEL: Die Russen wollten von Ihrer Seelenkunde bisher wenig wissen. Der Autor des Erfolgsromans „Der Arzt von Stalingrad" durfte jahrelang nicht in die UdSSR. Erst vor drei Jahren erhielten Sie ein Visum, um Ihre Landser-Erinnerungen aufzufrischen.

KONSALIK: Vergessen Sie nicht, daß ich mich trotzdem lange Zeit über Rußland informiert, drei Zeitschriften gehalten habe. Seit der Perestroika ist alles anders.

SPIEGEL: Konsalik wird ins Russische übersetzt.

KONSALIK: Darauf habe ich 40 Jahre gewartet. Außerdem soll in einer deutsch-amerikanisch-sowjetischen Gemeinschaftsproduktion das „Bernsteinzimmer" als sechsteilige TV-Produktion an den russischen Originalschauplätzen verfilmt werden.

SPIEGEL: In der ehemaligen DDR gelang der Konsalik-Literatur die Eroberung des Ostens noch flotter, obwohl Ihre Bücher dort verboten waren.

KONSALIK: Ich war erschüttert. Als ich vor sechs Wochen auf dem Alexanderplatz meine Bücher signiert habe, kamen Leute auf mich zu, die zum Teil zwei Monate im Gefängnis gesessen hatten, bloß weil sie meine in die DDR geschmuggelten Bücher gelesen hatten. Die hatten Tränen in den Augen, ich auch.

SPIEGEL: Woran liegt es Ihrer Meinung nach, daß die Konsalik-Mischung aus Fiktion und Wirklichkeit vom Teutoburger Wald bis zum Ural ankommt?

KONSALIK: Was die fiktiven Momente anbelangt: Meine Bücher sind eine Flucht aus dem Alltag. Ein Arbeiter, der acht Stunden an einer Stanze malocht, will sich entführen lassen und nichts über Arbeiter an Stanzen lesen. Man interessiert sich eigentlich für das, was sozial über einem liegt. Ich will nicht wissen, wie die Putzfrau, sondern wie der Chefredakteur lebt.

SPIEGEL: Finden Sie Chefredakteure so spannend?

KONSALIK: Bei mir ist immer beides drin. Putzfrau und Chefredakteur müssen es sein. Die Mischung macht's.

SPIEGEL: Und die Mischung zwischen Realität und Fiktion. Wird die Recherche des Backgrounds, vor dem die Liebes- und sonstigen ewig menschlich, allzu menschlichen Geschichten spielen, wichtiger?

KONSALIK: Hier hat sich in der Tat in den letzten Jahren eine deutliche Wandlung vollzogen. Der Background rückt vor. Ich recherchiere für meine Bücher immer länger. Die sachlichen Hintergründe müssen stimmen, sonst legt der Leser ein Buch gleich weg.

SPIEGEL: Das verändert das Genre des Trivialromans . . .

KONSALIK: Trivial – was soll das sein?

SPIEGEL: Laut Lexikon bedeutet trivial die Stelle, an der drei Wege zusammentreffen, ein Ort also, der für sehr viele sehr leicht zugänglich ist.

KONSALIK: Wenn Sie damit erfolgreiche Literatur meinen, d'accord. Nur in Deutschland gibt es diese lächerliche Einteilung in höhere und niedere Schreibkunst. In angelsächsischen Ländern kümmert sich keiner um solche naserümpfenden Klasseneinteilungen. Da zählt nur der Erfolg.

SPIEGEL: In Holland – Spanien wird folgen – wurde Ihr Roman „Gefährliches Paradies" in einem Plastikbeutel angeboten, der an einem Zwei-Kilo-Paket Waschpulver hing. Slogan: „Während Ihre Waschmaschine wäscht, lassen Sie sich von Konsalik ins Paradies entführen."

KONSALIK: Na und? Nur in Deutschland geht das nicht.

SPIEGEL: Weil sich der Buchhandel gegen einen derartigen Ausverkauf zur Wehr setzt.

KONSALIK: Wieso „Ausverkauf"? Der Roman, der übrigens nicht einen einzigen Werbehinweis enthält, erreichte auf diese Weise neue Leserschichten. Diese werden künftig beim Buchhandel Konsalik-Bücher kaufen. Aber glauben Sie bloß nicht, daß ich sämtliche Marotten der Werbebranche mitmache.

SPIEGEL: Sie wären doch bereit gewesen, einem Angebot von *Bild am Sonntag* zu entsprechen und eine Fortsetzungsgeschichte mit bezahltem Product-Placement zu schreiben.

KONSALIK: Geplant waren 52 Folgen und pro Folge zehn Markenartikel-Namen – übrigens, wie ich meine, auch eine schriftstellerische Herausforderung. Die Zeitung hätte das gern gemacht, die Firmen auch – gescheitert ist die Idee an den großen Werbeagenturen. Die wollten, daß ich nicht nur Namen nenne, sondern diese Namen auch in dazugehörige Sätze kleide. So etwa: „Besinnungslos vor Angst nahm er einen Schluck Sonnasco. Bier, das nach alten Rezepten und den höchsten Ansprüchen der Braukunst hergestellt wird." Das war nicht drin. ♦

Vor dem Lesen

Fragen

1. Lesen Sie den Untertitel des Artikels: „*SPIEGEL-Interview mit Heinz G. Konsalik über seine Bestseller und die Methode des Trivialromans.*" Lesen Sie dann die biographischen Informationen über Heinz G. Konsalik. Worum geht es in dem Interview?
2. Haben sie schon einmal ein Buch von Konsalik gelesen? Oder einen Trivialroman von einem anderen Autor? Wie gefällt Ihnen diese Art von Literatur?
3. Haben Sie bereits eine Verfilmung von einem Konsalik-Roman gesehen? Welche anderen Verfilmungen von Trivialromanen kennen Sie?

Kulturelles

der Trivialroman	leicht zu lesende Literatur mit Happy End, in der klar zwischen ‚Gut' und ‚Böse' unterschieden wird
der Ostfront-Berichterstatter	ein Reporter, der während des Zweiten Weltkrieges von der Front zwischen Deutschland und Rußland berichtete
das Landserheft	ein wöchentlich erscheinendes Heft mit spannend geschriebenen Geschichten aus dem Zweiten Weltkrieg
der Arztroman	eine bestimmte Art des Trivialromans, in dem die Helden Ärzte sind
die Schrecken des Rußlandüberfalls	die schrecklichen Ereignisse, die 1941 durch den Überfall der deutschen Wehrmacht auf Rußland eintraten
der Teutoburger Wald	ein Gebirge in Mitteldeutschland
der Ural	ein Gebirge in der Sowjetunion

Vokabeln

das Fließbandprodukt	*hier:* in kurzem Abstand geschriebene Bücher, die sich sehr ähnlich sind
beantrage (beantragen)	*hier:* fordere
das private Rechtsempfinden	die persönliche Meinung, was Recht und was Unrecht ist
das Erfolgsgeheimnis	die Ursachen für den Erfolg
keine Rätsel aufbekommt (aufbekommen)	alles ist leicht zu vestehen
den Leser fesselt (fesseln)	für den Leser spannend ist
die Leserschicht	bestimmte (soziale) Gruppe von Lesern; *hier:* die einfachen Leser

halten einer Leserschicht ihr Idealbild vor	zeigen einer Leserschicht, wie sie gerne sein würde
volkstümlich	einfach, allgemein verständlich
worauf Sie ... hinauswollen	was Sie ... möchten
der Verleger	der Leiter eines Buchverlages
bezeugen	*hier:* bestätigen
während der Niederschrift	während des Schreibens
zwangsläufig	*hier:* unabsichtlich, ohne zu wollen
der Handlungsstrang	die Reihenfolge von Geschichten innerhalb des ganzen Romans
der Zettelkasten	eine Sammlung von vielen kleinen Notizen
die dichterische Großzügigkeit	*hier:* die Ungenauigkeit beim Schreiben
der Lektor	ein Angestellter im Verlag, der Manuskripte liest und prüft
mit Ihnen durchgeht (durchgehen)	zu stark wird
recherchierte (recherchieren)	auf Fakten nachgeprüfte, erforschte
die Hure	die Prostituierte
unangenehm-prahlerisch	aufdringlich und angeberisch
die Scharfschützin	*hier:* eine Frau in der Armee, die mit einer Waffe kämpft
„abknipsen"	*hier:* töten
geil	sexuell erregt
ausgehungerte Landserphantasien	*hier:* Soldaten, die nur noch an Sex denken
die Greueltat	abscheuliche, grauenerregende Tat
aufrechnen	*hier:* das eine mit dem anderen entschuldigen
die gespaltene Seele	*hier:* ein Mensch, der zwischen zwei gegensätzlichen Gefühlen schwankt
die Seelenkunde	die Psychologie
gelang (gelingen)	erreichte
die Eroberung des Ostens	*hier:* der erfolgreiche Verkauf von Büchern im Osten
flott	*hier:* schnell
anbelangt	betrifft
die Stanze	eine Maschine, die bestimmte Formen in Blech oder Eisen preßt
malocht (malochen)	*(umg.)* arbeitet
hat sich in den letzten Jahren vollzogen (vollziehen)	ist in den letzten Jahren passiert
rückt vor (vorrücken)	*hier:* wird wichtiger
die Einteilung	*hier:* die Unterscheidung
die naserümpfende Klasseneinteilung	*hier:* die arrogante Unterscheidung in eine wertvolle und eine wertlose Literatur
lassen Sie sich entführen	*hier:* lassen Sie sich bringen
zur Wehr setzt (setzen)	verteidigt
der Werbehinweis	*hier:* Werbung für bestimmte Produkte im Romantext
die Marotte	eine komische Idee, eine seltsame Eigenart
die Fortsetzungsgeschichte	die Serie, eine Geschichte, die in mehreren Folgen erscheint
in dazugehörige Sätze kleide (kleiden)	*hier:* zusammen mit einem Werbeslogan schreibe

Nach dem Lesen

Fragen zum Text

1. Wieviele Romane hat Heinz G. Konsalik geschrieben? In wieviele Sprachen wurden seine Bücher übersetzt? Wie hoch ist die Gesamtauflage seiner Bücher? Wie erklären Sie sich Konsaliks Erfolg?

2. Wie bereitet Herr Konsalik sich vor, wenn er einen neuen Roman schreibt? Wie arbeitet der Schriftsteller Konsalik? Warum muß er den Background seiner Geschichten immer genauer recherchieren? Was bedeutet der Satz: „Die Wirklichkeit beschreibt sich selbst"?

3. Welche Themen behandelt Konsalik in seinen Romanen? Wie schreibt er über diese Themen? Was ist daran „trivial"?

Sprechen

Was halten Sie von der Todesstrafe? Diskutieren Sie den Buchtitel „Ich beantrage Todesstrafe" und das Zitat von Konsalik „Wer aus niedrigen Motiven tötet, paßt nicht in unsere Gesellschaft". Glauben Sie, Konsaliks Leser lassen sich in ihrer Meinung von seinen Romanen beeinflussen?

Gruppenarbeit

Sie sind eine Gruppe von jungen aber erfolglosen Schriftstellern und haben ein paar Konsalik-Romane gelesen. Nun wollen Sie auch einen erfolgreichen Roman schreiben, den Sie unter einem Pseudonym einem Verleger anbieten wollen. Gemeinsam denken Sie sich Helden, Handlung, Ort und Zeit Ihres Romans aus.

Schreiben

Sie sind ein Fan von Heinz G. Konsalik und haben bereits fünfzig von seinen Romanen gelesen. In einem Brief an Konsalik beschreiben Sie ihm Ihr Leben und warum Sie seine Bücher so lieben.

Kabarett
Nicht nur Firlefanz

Ob als weiblicher Clown, Komikerin oder Kabarettistin — Frauen tummeln sich im komischen Fach und erproben die Lust der Narrenfreiheit.

Steif stiert die Frau mit dem roten Hut durch ihre schwarzgeränderte Brille. Dann holt sie Luft, Brust raus, Schultern hoch, atmet aus, läßt die Lippen schlottern und die Arme schlackern. Marlene Jaschke, stark in den Vierzigern und umhüllt von einem Kostüm aus den Fünfzigern, zeigt auf die Stelle ihres Rocks, wo die Hüfte sich verbirgt. „Hier, da steckt eine Geschichte drin. Die ist da vor vielen Jahren reingerutscht." Dann senkt sich ihre Stimme: „Das hab' ich gar nicht gemäärkt!" Ihre Zuhörer glucksen, und Marlene erzählt weiter von der Atemtherapiegruppe in der Volkshochschule: „Wir sind 25 Frauen", kurze Denkpause, „das ist vielleicht langwaailich." Ganz ohne Denkpause fängt das Publikum im Hamburger Kleinkunsttheater „Schmidt" zu prusten und zu brüllen an: Heute abend ist Lachen die einzige Therapie.

Marlene Jaschke ist keine modische, eher eine etwas unbeholfene Person, besonders schnell ist sie auch nicht – und doch steht sie an der Spitze einer Bewegung: Die Frauen kommen auf die Kleinkunstbühnen, das weibliche Geschlecht erobert das komische Fach.

Auf der Bühne der Hamburger Kampnagelfabrik, auf einem hohen Stapel schmutziger Wäsche hockt Hanna, die Waschfrau. Unter ihrem zotteligen Haarschopf grinsen zwei freche Augen an der Plastiknase vorbei. Hanna wäscht nicht, sie liest „Jeanne d'Arc und andere große Heldinnen". Und plötzlich wird Hanna selbst zur Heldin, kämpft gegen unsichtbare Feinde. Das Waschbrett wird zum Schild für ihren gewaltig wattierten Leib, die Zinkwanne wird als Helm gebraucht. Am Ende des Duells stürzt „Hanna d'Arc" in den Waschtrog. Die Komikerin ist tot, das Publikum kreischt vor Vergnügen.

„I wollt scho immer amal im Heimatfuim spuin, aber neamand hat mi g'fragt", klagt die „Ratschkattl" im Münchner Fraunhofer-Theater. Die kräftige Frau mit der verwaschenen Kittelschürze und dem runden Gesicht schiebt ihr Kinn energisch vor: „Mir ham nicht nur einen Firlefanz im Kopf, sondern auch Liebe, Lust und Leidenschaft."Zum Beweis kullert sie herzallerliebst mit den Augen, und das Publikum lacht – lustvoll und leidenschaftlich.

Szenen aus dem deutschen Kleinkunstmilieu. Die drei Frauen könnten verschiedener kaum sein – doch den Erfolg haben sie gemein: Wenn Marie Peschek, 37, als „Ratschkattl" bayerisch-verquere Geschichten aus dem

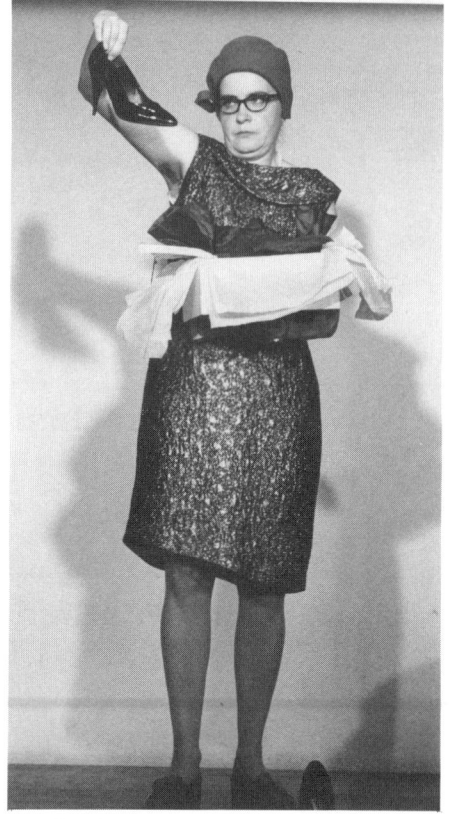

Komikerin Wübbe, Bürotrampel Jaschke: Raus aus dem bürgerlichen Idyll

Alltag erzählt; wenn Gardi Hutter, 37, als „tapfere Hanna" glucksend, kieksend und sehr ungeschickt den Kampf aller Clowns gegen die Tücken der Objekte und des Schicksals kämpft; wenn Jutta Wübbe, 35, sich als Marlene Jaschke verkleidet und hamburgisch näselnd vom Leben und den Träumen der Chefsekretärin berichtet – dann sind Kleinkunstbühnen und Kabarett-Theater ausverkauft. Gemeinsam lachen und jubeln dann alternative Mädchen im Secondhand-Look, schnieke Yuppie-Fräuleins und perlenbehängte Bildungsbürgerinnen.

„Im Moment möchte man gern starke Frauen" – so erklärt die Schweizerin Gardi Hutter das Geheimnis ihres Erfolgs, um den sie lange hat kämpfen müssen. Sie hat zwar den Beruf der Schauspielerin gelernt, aber „fremdbestimmt" im klassischen Theater zu spielen, das war ihr immer ein Graus. Sie wohnte kärglich in einem Wohnwagen und arbeitete an der Entwicklung jener Figur, die sie nun die „Clownerin" nennt. Mit der „Tapferen Hanna" kam endlich der Durchbruch.

„Große Tragödinnen hat es doch immer gegeben, aber komische Hauptrollen findet man im Theater nicht", resümiert Gardi Hutter die historische Sachlage. Für Clowns gelte das gleiche: Rivel, Grock und Dimitri sind berühmt geworden – von weiblichen Clowns weiß die Geschichte nichts. In den großen Komikerfilmen von Charlie Chaplin, Buster Keaton oder Woody Allen kommen Frauen zwar vor, doch sie sind vor allem schön und nur selten komisch. Eine Ausnahme war allenfalls Liesl Karlstadt. Doch sie war ausschließlich die Partnerin für Karl Valentin, so wie heute Gisela Schneeberger die unentbehrliche Ergänzung für Gerhard Polt ist.

Die Frauenfiguren, die Gardi Hutter sich aussucht, sind nicht schön, sondern garstig. Die „Tapfere Hanna" schwitzt, hat Schluckauf, sieht sehr dick und ungepflegt aus, gibt sich frech und manchmal auch brutal. Von ihrer Unansehnlichkeit aber scheint sie nichts zu wissen, zumindest kümmert sie sich nicht darum – und vielleicht verleiht sie gerade damit den uneingestandenen Sehnsüchten ihrer weiblichen Fans eine Gestalt.

Sehr nett, sehr höflich und ungeheuer verklemmt – so schickt Jutta Wübbe ihr Alter ego Marlene Jaschke auf die Bühne. „Die Jaschke spricht aus, was die Leute denken, deshalb mag man sie", glaubt ihre Schöpferin. Jene Jutta Wübbe jedenfalls, die auf hohen Hacken, mit langen Haaren, die über die Schulter fallen, und einem grellrot geschminkten Mund in die Garderobe stolziert – diese attraktive Frau hat wenig gemein mit dem tristen, schüchternen Bürofräulein, das dann auf der Bühne steht.

„Die Leute sind immer ganz erstaunt, welch anderer Mensch ich da oben bin", wundert sich die Komödiantin – und fügt verschmitzt hinzu: „Ob die Marlene so anders ist, das ist ja noch sehr die Frage." Tatsächlich muß Jutta Wübbe nicht sehr viel erfinden, um Stoff für ihre Pointen zu haben. Wenn Marlene, leicht verhuscht und etwas ängstlich, erzählt, daß ihrem Chef in der Firma schon aufgefallen sei, „wie sich doch meine Ausstrahlung verändert" habe, wegen der Atemtherapie und so – dann spricht Jutta Wübbe aus eigener Erfahrung.

Schuld hatte vor fünf Jahren kein Atem-, sondern ein Clownskursus. Jutta

Clownerin Hutter, Waschfrau Hanna: Kampf gegen den unsichtbaren Feind

Wübbe war damals Bürokauffrau und wohnte mit Freund und Antiquitäten im bürgerlichen Hamburger Stadtteil Ohlsdorf. Weil sie im Urlaub mal etwas anderes machen wollte, meldete sie sich bei einem Clowns-Workshop an. Nach zehn Tagen saß sie „wie verwandelt" wieder an ihrem Büroschreibtisch bei den Hamburgischen Elekztrikzitäts-Werken. Ein halbes Jahr später servierte sie ihrem Chef die Kündigung, verließ ihr gutbürgerliches Idyll und zog in ein billiges Wohngemeinschaftszimmer.

Anfängliche „fürchterliche Ängste" vor den Leuten das Gesicht zu verziehen, hat sie längst abgelegt, ebenso die Clownsnase. „So, wie ich in der Rolle der Jaschke aussehe, fühle ich mich dem Publikum einfach näher."

Wie nahe sich ihr die Zuschauer fühlen, scheint der „Ratschkattl" Maria Peschek ziemlich egal zu sein, und auf dem Land müssen die Leute manchmal auch ganz schön schlucken. Denn die Peschek ist nicht nett, und ihre Komik lebt von böser, bayerischer Hinterfotzigkeit. Sie fegt auf die Bühne, stützt die Hände in die Hüfte, und dann ratscht sie los, schimpft, grantelt, mault, und jeder Widerspruch wäre zwecklos.

„Bayern ist ein guter Humus für Komödiantik", meint Maria Peschek. Doch manchmal plagen sie die Zweifel, ob das gesellschaftliche Anliegen, welches hinter ihrer Bösartigkeit steckt, auch verstanden werde. „Das Lachen ist ja Erkenntnis. Doch das Gedächtnis der Leute hält nicht lange. Hinterher wissen sie nur noch, daß sie sich amüsiert haben."

Maria Pescheks komisches Talent hat einst sogar Claus Peymann erkannt. „Der meinte, ich hätte solch eine tragische Ausstrahlung und müßte deshalb etwas Komisches machen." Was das genau sein sollte, war der Schauspielerin mit klassischer Ausbildung lange ein Rätsel. „Ich erinnere mich nur, daß die Leute gelacht haben, wenn ich Hamlets Mutter ernst und tragisch gespielt habe." Doch niemand gab ihr eine komische Rolle, und die Herumzieherei zwischen den Stadttheatern behagte ihr sowieso nicht. Also gab sie die seriöse Karriere auf, und ihr erstes Kabarett-Programm dachte sich die Ehefrau und Mutter bei der Gartenarbeit aus. Seitdem erntet sie Erfolge.

Ingo Schöne, Schauspiel- und Clownslehrer aus Hamburg, weiß aus seinem Unterricht, wie schwer den Frauen die Komik fällt: „Frauen sind eitel – beim Clown gehört einfach der Mut zur Fratze dazu." Mag sein, daß es vielen an diesem Mut noch mangelt – der Wille immerhin ist da: Schönes Clowns-Workshops sind zu 80 Prozent von Frauen besucht.

Daß all die Fratzen und der Mut zur Häßlichkeit die Männer trotzdem nicht verschrecken, erfuhr Jutta Wübbe nachts in Hamburg. Als sie eines Abends, nach vielen Zugaben, klagte, nun werde sie den letzten Bus in die Buttstraße verpassen und müsse ein teures Taxi nehmen, da sprang ein Fan von seinem Sitz hoch und rief laut: „Ach, Frau Jaschke, dann fahr' ich Sie eben heim." Jutta Wübbe ist heute noch gerührt. ◆

Vor dem Lesen

Fragen

1. Lesen Sie den Untertitel des Artikels: „*Ob als weiblicher Clown, Komikerin oder Kabarettistin – Frauen tummeln sich im komischen Fach und erproben die Lust der Narrenfreiheit.*" Worum geht es in dem Artikel?

2. Gehen Sie oft ins Theater? Schauen Sie sich lieber ernste oder komische Stücke an? Was wissen Sie bereits über das Theater in Deutschland?
3. Schauen Sie sich die Fotos an. Beschreiben Sie, wie sich die beiden Frauen verkleidet haben. Welche Eigenschaften fallen Ihnen zu diesen Kostümen ein? Kennen Sie jemanden, der in einem Büro arbeitet und so ähnlich aussieht wie Frau Jaschke?

Kulturelles

das Kleinkunsttheater	ein kleines Theater, in dem auch halbprofessionelle Künstler auftreten
die Hamburger „Kampnagelfabrik"	eine ehemalige Fabrik in Hamburg, die jetzt ein Zentrum für alternative Kunst ist
amal	*(bayrisch)* einmal
der Heimatfuim	*(bayrisch)* der Heimatfilm
spuin	*(bayrisch)* spielen
neamand	*(bayrisch)* niemand
mi	*(bayrisch)* mich
die „Ratschkattl"	bayrischer Ausdruck für eine Frau, die Geheimnisse oder negative Neuigkeiten von anderen Menschen weitererzählt
mir ham	*(bayrisch)* wir haben
hamburgerisch näselnd	im Hamburger Dialekt sprechen
die Bildungsbürgerin	eine Frau, die genug Zeit und Geld hat, um oft ins Theater, in die Oper oder in Ausstellungen zu gehen
Liesl Karlstadt und Karl Valentin	ein bayrisches Komiker-Paar in der ersten Hälfte des 20. Jahrhunderts
Gisela Schneeberger und Gerhard Polt	ein zeitgenössisches deutsches Komiker-Paar
das gutbürgerliche Idyll	die Harmonie, die sich die Mittelklasse wünscht
die Wohngemeinschaft	mehrere, meistens junge, progressive Personen, die zusammen in einer Wohnung leben
Claus Peymann	ein deutscher Theater-Regisseur

Vokabeln

der Firlefanz	der Unsinn, die Spielerei
tummeln sich	*hier:* sind immer öfter
die Narrenfreiheit	die Möglichkeit, alles zu sagen und zu machen, was man will, weil man für einen „Narren" gehalten wird
stiert (stieren)	starrt
schlottern	heftig zittern

schlackern	kraftlos hängen, baumeln
verbirgt (verbergen)	versteckt
reingerutscht (reinrutschen)	hineingekommen
glucksen	*hier:* unterdrückt lachen
prusten	plötzlich loslachen
brüllen	schreien; *hier:* sehr laut lachen
hockt (hocken)	sitzt
zotteligen Haarschopf	nicht gepflegten oder nicht gebürsteten Haaren
gewaltig wattierten Leib	dick ausgestopften Körper
kreischt (kreischen)	schreit, lacht hysterisch
die Kittelschürze	ein Kleidungsstück, das getragen wird, um sich beim Kochen nicht schmutzig zu machen
kullert (kullern)	rollt
herzallerliebst	rührend
verquere	*hier:* komplizierte
kieksend	*hier:* wenn jemand kaum hörbar lacht
ungeschickt	unbeholfen
die Tücke	der scheinbare Widerstand
schnieke	*(umg.)* teuer und fein gekleidete
„fremdbestimmt"	*hier:* wenn man machen muß, was einem andere sagen
ein Graus	*(umg.)* ein sehr unangenehmer Gedanke
kärglich	sehr einfach, kümmerlich, knapp bemessen
die unentbehrliche Ergänzung	*hier:* ein Partner, auf den man nicht verzichten kann
garstig	häßlich
verleiht sie eine Gestalt (verleihen)	gibt sie eine Form
die uneingestandene Sehnsucht	ein Wunsch, den man hat aber nicht zugibt
ungeheuer verklemmt	sehr schüchtern, nervös und verschlossen
auf hohen Hacken	in Schuhen mit hohen Absätzen
fügt verschmitzt hinzu (hinzufügen)	sagt mit einem schlauen Lächeln
verhuscht	*hier:* undeutlich
servierte (servieren)	*hier:* gab, überreichte
die Kündigung	die schriftliche Mitteilung, daß man einen Vertrag beendet
das Gesicht zu verziehen	ein komisches Gesicht zu machen
müssen ganz schön schlucken	*hier:* finden es nicht lustig, sondern unangenehm und peinlich
die Hinterfotzigkeit	*(umg.)* Hinterhältigkeit, Gemeinheit
ratscht (ratschen)	*hier:* redet
plagen sie Zweifel	ist sie sich nicht sicher
das gesellschaftliche Anliegen	der Versuch, in der Gesellschaft etwas zu verändern
die Herumzieherei	*hier:* der häufige Wechsel
behagte ihr nicht (behagen)	war ihr unangenehm
erntet (ernten)	*hier:* hat
eitel	eingebildet, selbstgefällig
der Mut zur Fratze	keine Angst davor haben, ein komisches oder häßliches Gesicht zu machen
die Zugaben	*hier:* die Bravo-Rufe

Nach dem Lesen

Fragen zum Text

1. Im Text werden Komiker aus der deutschen Theater-, Film- und Kabarettgeschichte genannt. Was wissen Sie über diese Künstler?

2. Im Text werden drei Frauen vorgestellt. Wie heißen sie? Woher kommen sie? Wie alt sind sie? Was machen sie, wenn sie nicht Theater spielen? Wie heißen die Charaktere, die sie auf der Bühne darstellen? Beschreiben Sie diese Rollen.

3. Welche Themen werden in den Stücken von Jutta Wübbe, Gardi Hutter und Maria Petschek behandelt? Finden Sie diese Themen wichtig? Warum?

Sprechen

„Frauen sind eitel", sagt Ingo Schöne. Stimmt das? Diskutieren Sie, ob Frauen für tragische Rollen besser geeignet sind als für komische Rollen.

Gruppenarbeit

In Hamburg haben die großen Theater, die vor allem klassische Stücke spielen, immer weniger Publikum. Dafür sind die kleinen Theater fast immer ausverkauft. Sie sind eine Gruppe von Soziologen und sollen untersuchen, warum das so ist. Durch was unterscheiden sich die Kleinkunstbühnen vom klassischen Theater? Was möchte das Publikum sehen?

Schreiben

Sie sind Theater-Kritiker bei einer Hamburger Zeitung und haben das neue Stück von Jutta Wübbe im Schmidt Theater gesehen. Schreiben Sie eine Kritik. Wie hat es Ihnen gefallen? Vergleichen Sie das Stück mit dem letzten Stück von Shakespeare, das Sie gesehen haben.

— Jubiläen —
Geschenk des Himmels

Österreich rüstet zum „Mozart-Jahr 1991". Der Rummel um den Komponisten verspricht Rekordeinnahmen.

Der Eingang zur Domgasse Nummer 5, einen Steinwurf vom Wiener Stephansdom entfernt, ist von roh gezimmerten Bretterverschlägen flankiert, trübe Glühbirnen beleuchten die ausgetretenen Stiegen im engen Treppenflur. In einer Nische stehen Mülltonnen, ein paar Graffiti zieren die abblätternde Tünche des Mauerwerks.

Ähnlich heruntergewirtschaftet sind die sieben Räume in der Beletage, durch die täglich etwa 800 Touristen pilgern. Allenthalben geben Löcher im Putz der verdreckten Wände den Blick auf dahinterliegende Ziegel frei, altersschwach knarzen die Dielen des im 16. Jahrhundert errichteten Gebäudes.

Bis November soll die „Mozart-Wohnung", in der der Komponist von 1784 bis 1787 lebte, renoviert sein. Handwerker restaurieren die Fassade des Erdgeschosses und die im zweiten Stock unter dicken Farbschichten entdeckten Friese. Im kommenden Jahr, genau am 5. Dezember 1991, jährt sich zum 200. Mal der Todestag von Johannes Chrysostomus Wolfgangus Theophilus, kurz Wolfgang Amadeus Mozart. Das Mozart-Jahr 1991 wird, da herrscht Vorfreude und Einigkeit, sämtliche Besucherrekorde in Österreich brechen.

In den vergangenen zwei Jahren verzeichnete die Alpenrepublik jeweils zweistellige Zuwachsraten bei den Übernachtungen. 15 Prozent des Bruttosozialprodukts werden schon jetzt von der Tourismusbranche erwirtschaftet. Die Mozart-Vermarktung bringt zusätzlichen Schub: Heerscharen mit Pocketkameras werden demnächst, Gedenkstätten abhakend, durch die Wiener Innenstadt schieben und auf dem Weg zu Mozarts Geburtshaus die Salzburger Getreidegasse verstopfen.

Der beispiellose Rummel um das „Geschenk des Himmels, dessen die Menschen nicht würdig sind" (so der Dirigent Otto Klemperer), will nur noch organisiert, kanalisiert und ausgebeutet werden. Die Andenkenindustrie hat bereits Mozart-Frisbees, Mozart-Uhren, Mozart-Münzen und -Seidentücher auf Halde produziert. Obwohl in Österreich

Touristenattraktion Mozart-Geburtshaus in Salzburg: Menschenmengen mit Pocketkameras verstopfen Straßen und Gehwege

nur Salzburg und Wien den Stadtmenschen Mozart für sich reklamieren können, erhofft Wolfgang Kraus vom Wiener Fremdenverkehrsverband einen „Imagetransfer auf das ganze Land, der Bursche ist schließlich unser Zugpferd".

Die Gemeinde St. Gilgen am Wolfgangsee, aus der seine Mutter stammte, soll Mozart nicht ein einziges Mal besucht haben. Nichtsdestoweniger stehen im Jubeljahr allein dort 61 Veranstaltungen auf dem Zettel, beginnend mit einem „Heiteren Mozart" am Neujahrstag im örtlichen Kino bis zu einer Lesung aus Mozart-Briefen am 27. Dezember im Hotel Hollweger. Das Wiener Umland wird von einer „Historischen Kutschenfahrt" profitieren, die vierspännig in zehn Tagesetappen Mozarts einstmals beschwerliche Reise nach Prag wiederholt.

„Mozart ist der einzige Komponist, der von allen Völkern und Rassen verstanden wird", erklärt Wiens langjähriger Konzerthauschef und jetziger Fest-Koordinator Peter Weiser. Eine Aura der Harmonie, heiter bis elegisch, umgibt den genialen Tonsetzer und sein Œuvre, Dies mache, so meinen die Verantwortlichen, ein kostenintensives Werbe-Crescendo nahezu überflüssig.

In Wien dirigiert Organisator Weiser lediglich ein vierköpfiges Team. Seine Aufgabe sieht er nicht zuletzt darin, „zu verhindern, daß am gleichen Tag an verschiedenen Stellen das gleiche passiert". Neben der Planung von Open-air-Konzerten, von Kongressen zu Themen wie „Musik und Politik" und der Publikation eines Stadtführers „Auf den Spuren von Mozart" will er vor allem auf Seriosität achten und merkantilen Auswüchsen entgegentreten: „Mozart mit Würschtln gibt's nicht."

Doch wo verläuft die Grenze zum Profanen? Eine Ausstellung „Die Rache der Mozartkugel" mit despektierlichen Arbeiten der Wiener Hochschule für angewandte Kunst gab es bereits im Februar dieses Jahres. Mit einer Riesenblumenplastik zum Thema Mozart wird sich der Kulturfex André Heller im Schloßgarten Schönbrunn ins Geschehen einklinken. Die österreichische Klamauk-Band Erste Allgemeine Verunsicherung legte Weiser ebenso Pläne für Mozart-haltiges Amüsement vor wie der Amadeus-Rokker Falco.

Allein Salzburg plant 1100 Mozart-Veranstaltungen. Bei aller ungeduldigen Erwartung des großen Reibachs dürfe jedoch, so fordert Weiser, des Spektakels pädagogische Komponente nicht zu kurz kommen: „Wenn ein unmusikalischer Mensch nur eine halbe

55

Stunde bewußt Mozartmusik hört, haben wir mehr geschafft als die meisten Medien."

Daß der österreichische Nationalheld eigentlich polyglott war, kommt auch all jenen Städten im Ausland zupaß, die er auf Reisen besuchte oder die Mozartsche Vorfahren in ihren Chroniken verzeichnen. Aus Augsburg stammt Mozarts Vater Leopold, dort plant die Stadt fünf Matineen und öffnet das Schaezler-Palais – ein streng gehütetes architektonisches Kleinod – zum Kammerkonzert. Auch zahlreiche italienische Orte nutzen den bengelhaften Superstar postum als touristische Attraktion.

Solche Initiativen werden in Wien und Salzburg ungern gesehen. Bei einem von 26 Mozart-Städten im Januar beschickten Symposium in Bologna waren die Österreicher „nur symbolisch" vertreten. „Die Italiener sagten, Mozart sei Europäer", erklärt Christian Knöbl, bei der Österreich-Werbung für audiovisuelle Produktionen zuständig, die Zurückhaltung, „da spielen wir nicht mit. Er war gebürtiger Salzburger, aber Wien-Aktivist".

Daß sich sogar die geschäftstüchtigen Nordamerikaner des Komponisten bemächtigen, erscheint den österreichischen Mozart-Gralshütern schlichtweg überspannt. Kanada feiert den Musikus mit einem Festival „The Glory of Mozart". Im New Yorker Lincoln Center werden 835 Mozart-Kompositionen von Januar 1991 bis zum Abwinken im August des Kolumbus-Jahres 1992 zu hören sein.

Einen solchen Mozart-Maximalismus findet Koordinator Weiser schlichtweg „idiotisch". Wien beschränke sich aufs Wesentliche: Neben einer zehn Millionen Mark teuren Ausstellung, die am Mangel gut erhaltener Mozart-Reliquien leidet, wird vom 27. Januar, dem Geburtstag, an jedem Sonntag zur Mozart-Messe in die St.-Michaelis-Kirche gerufen. Zusätzlich werden sämtliche Mozart-Opern in der deutschen Libretto-Fassung aufgeführt.

Als Höhepunkt des knapp elfmonatigen Marathons war geplant, daß Leonard Bernstein im Stephansdom an Mozarts Todestag das Requiem dirigiert. Nach dem Tod Bernsteins wird nun eifrig nach einem als gleichwertig angesehenen Künstler gesucht.

Salzburg will, um auch die letzten Zweifel auszuräumen, wo die Heimat des einzigen und wahren Wolfgang Amadeus zu finden ist, seinem berühmten Sohn sogar demonstrativ öffentliches Gelände weihen: Der Airport wird zum 1. Januar 1991 in Mozart-Flughafen umbenannt. ♦

Vor dem Lesen

Fragen

1. Lesen Sie den Untertitel des Artikels: „*Österreich rüstet zum ‚Mozart-Jahr 1991'. Der Rummel um den Komponisten verspricht Rekordeinnahmen.*" Worum geht es in dem Artikel?

2. Hören Sie gerne klassische Musik? Welche Komponisten hören Sie am liebsten? Mögen Sie Mozart?

3. Schauen Sie sich das Foto an. Was sehen Sie?

Kulturelles

die Domgasse	eine Straße in Wien; in der Domgasse Nummer 5 hat Mozart von 1784 bis 1787 gewohnt
der Stephansdom	eine berühmte Kathedrale in Wien
die Alpenrepublik	*hier:* Österreich
die Salzburger Getreidegasse	eine Straße in Wien
Prag	die Hauptstadt der Tschechoslowakei
die Würschtln	(*österreichisch*) die Würste
die Mozartkugel	eine Süßigkeit in runder Form, die außen mit Schokolade überzogen und innen mit einem Gemisch aus Marzipan und Nougat gefüllt ist

die Erste Allgemeine Verunsicherung	eine österreichische Musikgruppe
Falco	ein österreichischer Rocksänger
Augsburg	eine Stadt in Deutschland
Bologna	eine Stadt in Norditalien
der Mozart-Gralshüter	jemand, der sich um das Ansehen und den guten Ruf von Mozart kümmert

Vokabeln

das Zugpferd	*hier:* jemand, der so populär ist, daß er die Menschen anzieht
der Rummel	der Lärm, die Aufregung
gezimmert	gebaut
der Bretterverschlag	eine Abdeckung aus Holz
die Mülltonne	der Abfallbehälter
zieren	schmücken
abblätternd	abfallend
die Tünche	weiße Farbe zum Streichen von Wänden und Mauern
heruntergewirtschaftet	ungepflegt, verfallen
die Beletage	das erste Stockwerk
der Putz	der Mauerbewurf, der Mörtel
der Ziegel	der Backstein
knarzen	knarren
erwirtschaftet (erwirtschaften)	*hier:* verdient
zusätzlich Schub	*hier:* noch mehr Touristen
die Heerschar	*hier:* die große Zahl der Touristen
abhakend	*hier:* wenn man auf einer Liste mit Gedenkstätten einen Haken macht, weil man sie schon gesehen hat
ausgebeutet (ausbeuten)	gewinnbringend genutzt
auf Halde	auf Lager, auf Vorrat
die Kutschenfahrt	die Reise in einem Pferdegespann
der Tonsetzer	*(umg.)* der Komponist; *hier:* Mozart
überflüssig	nicht nötig
die merkantilen Auswüchse	*hier:* nicht wünschenswerte Geschäftspraktiken
entgegentreten	stoppen, verhindern
despektierlich	respektlos
der Kulturfex	der Kulturnarr
ins Geschehen einklinken	*(umg.)* am Geschäft teilnehmen
der Klamauk	der Quatsch, Lärm
der Reibach	*(umg.)* der hohe finanzielle Gewinn bei einem Geschäft
zupaß	zur richtigen Zeit
das Kleinod	die Kostbarkeit, das Juwel
bengelhaft	frech
postum	nach seinem Tod
zuständig	verantwortlich

geschäftstüchtig	kaufmännisch effektiv und geschickt
schlichtweg	einfach
beschränke (beschränken)	begrenze
das Wesentliche	das Wichtigste einer Sache
eifrig	fleißig, bemüht
weihen	*hier:* widmen

Nach dem Lesen

Fragen zum Text

1. In welchen Städten fanden 1991 Mozart-Feste statt? Warum?
2. Wie sah die „Mozart-Wohnung" in Wien vor dem Festjahr aus?
3. Wo überall und wie wurde das Mozart-Jahr gefeiert? Was haben die Österreicher von den Festinitiativen in Italien, Deutschland und Amerika gehalten?
4. Beschreiben Sie die Pläne des Wiener Fest-Koordinators Peter Weiser. Welche Rolle spielt bei der „Mozart-Vermarktung" die Werbung? Warum nennt er Mozart „unser Zugpferd"?

Sprechen

„Wenn ein unmusikalischer Mensch nur eine halbe Stunde bewußt Mozartmusik hört, haben wir mehr geschafft als die meisten Medien", sagt Peter Weiser. Diskutieren Sie die Aktivitäten zum 200. Todestag von Mozart. Was ist bei solchen Gedenktagen wichtiger, der „große Reibach" oder die pädagogische Komponente?

Gruppenarbeit

„Wo verläuft die Grenze zum Profanen?" Sie leben im zweiundzwanzigsten Jahrhundert in Wien, der Stadt, in der Falco geboren wurde. Sie gehören zum Komitee, das das Fest zum 200. Geburtstag des populären österreichischen Sängers („Rock me Amadeus") vorbereiten soll. Entwickeln Sie ein Programm für das ‚Falco-Jahr' in Ihrer Stadt.

Schreiben

Sie leben in Wien. Sie hassen Mozart. Sie finden seine Musik grauenhaft. Sie haben eine Allergie gegen Mozart-Kugeln. Das Mozart-Jahr war eine Qual für Sie. Fassen Sie die schrecklichen Ereignisse des Jahres 1991 schriftlich zusammen.

Film
Aus der Heimat

SPIEGEL-Redakteurin Annette Meyhöfer über „Rama dama"

Der Sepp hat es geschafft. An diesem Abend kurz vor Weihnachten, bei einer Party in den Bavaria-Studios, ist er der Star. Vielleicht wird „Rama dama" ein noch größerer Erfolg als „Herbstmilch". Im bläulichen Licht der vielen kleinen Halogen-Strahler, das die Gesichter zu Masken bleicht, balancieren, zwischen Direktoren, Abteilungsleitern, Filmverleihern, ein paar Bunnies ihre Champagnertabletts. Mit ihren roten Korsetts, den roten Hasenohren und dem wattigen Stummelschwänzchen scheinen sie übriggeblieben von irgendeiner Herren-Veranstaltung aus den sechziger oder siebziger Jahren, Statistinnen einer Frivolität, die es nie gab. Joseph Vilsmaier hebt sein Bierglas, auf seinen Erfolg, auf den neuen Film und auf die Bavaria.

Auch das „Playmate des Monats" soll auf der Party sein, allerdings im Abendkleid, und der Reporter irgendeines Münchner Privatsenders fragt die Gäste, was Luxus für sie bedeute: Urlaub vielleicht oder ein Lied von Herbert Grönemeyer. Ein bißchen erschrocken ist Joseph Vilsmaier ob des schulterklopfenden Optimismus seiner einstigen Kollegen und Chefs. Fast 30 Jahre hat er für die Bavaria gearbeitet, über 15 Jahre als Kameramann für alle namhaften Fernsehregisseure, die besseren Filme und Serien, „Rote Erde" und immer mal wieder einen „Tatort".

Nicht daß er an seinem Erfolg zweifelte: Bei einer Voraufführung von „Rama dama" waren die Leute begeistert, und nicht nur die Älteren, die sich an ihre eigene Vergangenheit erinnerten, haben geweint über die Geschichte von der Trümmerfrau mit den zwei kleinen Kindern, deren Mann in Rußland verschollen ist. Aber damals, vor ein paar Jahren, als er „Herbstmilch" drehen wollte, da hat keiner bei der Bavaria an den Regisseur Vilsmaier geglaubt. Der Sepp ist nicht nachtragend, er schüttelt Hände und umarmt die Freunde, und manchmal wirft er seiner Frau einen Kuß zu, der Tschechin Dana Vavrova, die schon ein deutscher Fernsehstar war, das jüdische Mädchen Janina aus „Ein Stück Himmel", bevor sie die Hauptrolle in seinen beiden Filmen spielte.

Sepp Vilsmaier-Film „Rama-dama": Trümmerfrauen im Märchen vom Wiederaufbau—„authentische" Geschichten aus der Heimat

„Herbstmilch", Vilsmaiers Spielfilmdebüt, nach den Lebenserinnerungen der Bäuerin Anna Wimschneider, war mit 2,5 Millionen Zuschauern ein Erfolg, wie ihn sonst nur Otto, Ödipussi oder der beinharte Werner erzielen, und Regisseur und Darsteller wurden mit Auszeichnungen überschüttet. Die Pokale und Trophäen, Bundesfilmpreise in Gold und Silber, den Bayerischen Filmpreis, den Chaplin-Schuh, hat Vilsmaier, ganz ohne kokette Zurückhaltung, in seiner Produktionsfirma, der Perathon Film, ausgestellt, hinter Glas, in einer großen Vitrine. Ganz unten stehen, Platzhaltern gleich, ein paar Holzfigürchen, naive Schnitzereien, Kamele und Ähnliches, aus „Rama dama".

Es war, mehr noch als der Bestseller-Ruhm der Vorlage, der Reiz des Authentischen, der „Herbstmilch" so erfolgreich machte: ein Heimatfilm, schrecklich-schön und ein bißchen exotisch, ohne die Idyllik der fünfziger Jahre und fern den aufklärerischen Düsternissen der gealterten Jungfilmer. „Herbstmilch" war für den fast 50jährigen Regiedebütanten auch ein Glückstreffer; der neue Film „Rama dama" – so war die Schutträumaktion im Nachkriegs-München benannt: „Räumen tun wir" – ist im Grunde eine Fortsetzung des ersten, „ein Auftrag des Publikums". Die Idee, sagt Vilsmaier, hatte er schon länger, und nach den Vorführungen von „Herbstmilch" kamen immer wieder Zuschauer zu ihm, die ihm von ihrem Leben erzählten, von den Kriegsjahren und den Jahren des Wiederaufbaus.

Er hat dann eben begonnen, zu recherchieren über die „Trümmerfrauen", Geschichten gesammelt und sogar „Statistiken" angelegt. Ein möglichst „authentisches Porträt" wollte er gewinnen von jener Zeit, an die er sich selber, bei Kriegsende ein Sechsjähriger, noch so gut erinnern konnte, die Nächte in den Luftschutzkellern, das Geschrei der Kinder, die jungen Frauen, die sich auf dem Weg zurück in ihre zerstörten Häuser schnell noch einmal die Lippen schminkten: „Es hätte ja sein können, daß der Mann plötzlich wieder da war."

„Rama dama" ist, mit denselben Hauptdarstellern wie „Herbstmilch" und einem großen Teil des früheren Teams, wieder ein Vilsmaiersches Familienunternehmen, der Regisseur dabei zugleich Produzent, Co-Autor und Kameramann, ein sanfter Patriarch oder ein poltriger Hausvater, vor dem die Regieassistentin manchmal am liebsten „niederknien" möchte. Er will die Kosten gering halten – „statt der Gage für die Dana und mich haben wir dann lieber einen besseren Ton" – und vor allem die Kontrolle nicht verlieren.

In der Vilsmaierschen Wohnung in Harlaching, einer mit holzumrahmten Fenstern folkloristisch herausgeputzten Doppelhaushälfte, drängen sich in Regalen und Vitrinen, auf den Ablagen der Schränke und auf den Kommoden die Porzellanengel, Schnupftabakdosen, Bierseidel, bayerische Paraphernalien und moderne Kunst. Ein alter Kinderwagen, mit Spielzeug randvoll gefüllt, ist ein Geschenk von Dana Vavrovas Mutter. Bei den Dreharbeiten zur zweiten Staffel von „Ein Stück Himmel" hat er die Schauspielerin kennengelernt, geheiratet haben sie im Krankenhaus, unmittelbar vor der Geburt der ersten Tochter, Janina. Die zweite, Theresa, wurde bei Drehbeginn von „Rama dama" geboren, und beide spielen sie in dem Film mit.

Dana Vavrova, das einstige Lieblingskind des deutschen Fernsehens, 28 Jahre jünger als er, schmal, zierlich, von gut trainiertem Selbstbewußtsein, unterbricht gern, wenn der Sepp wieder einmal in seinen Erzählungen ausschweift, versucht, in ordentliche Kanäle zu lenken, was doch immerzu aus ihm hervorzuquellen scheint, diese Geschichte seines Erfolgs, vom bayerischen Buben, dem Kind einfacher Leute, dem sich mit 50 Jahren sein Lebenstraum erfüllte. Dabei hält der stämmige Mann mit dem stoppeligen Backenbart im runden Gesicht gar nichts von Worten, ein „wahnsinniger Gefühlsmensch" sei er, ein Beobachter und einer, der in Bildern denkt. „Das Gefühl ist das Wichtigste", auch im Kino, die Leute wollten, sagt Vilsmaier, endlich wieder Gefühle sehen, Geschichten von einfachen Leuten. Und Dana Vavrova sekundiert: „Wie im Eisschrank" habe man sich befunden in den letzten Jahren, in deutschen Filmen.

Die Friseursfrau Kati Zeiler in „Rama dama" ist so eine, die wenig Worte macht, die, nachdem ihr Haus von den Bomben zerstört ist, einfach anfängt aufzuräumen, die, ohne viel Aufhebens, ihr zweites Kind kriegt, just in dem Moment, als die Amerikaner einmarschieren. Später steht sie dann auf dem Bahnhof, wie all die anderen Frauen, ein Bild ihres Mannes in der Hand, klopft Steine und arbeitet als Trambahnschaffnerin, und wenn sie sich am Ende doch verliebt in den charmanten Taugenichts Hans (Werner Stocker), dann ist das auch eine Art Befreiung, aber ihre Pflicht könnte sie darüber nicht vergessen.

Die Leute sehnen sich ja nach Märchen, wie „Pretty Woman", sagt Dana Vavrova, und Vilsmaier ergänzt, sie wollten wieder eigene, vertraute Geschichten sehen, deutsche Themen. Es ist schwer, von Vilsmaiers Bildern nicht überwältigt zu sein, von den tausend Kinderwagen vor dem Luftschutzbunker, im Schein der brennenden Häuser, schwer, Gefühl und Sentimentalität auseinanderzuhalten, wenn Kati und Hans zum ersten Mal miteinander schlafen, auf einer grünen Wiese; und dabei ist der Himmel über der bayerischen Hochebene so hoch und blau, wie er nur in „Herbstmilch" war.

Vielleicht wären diese suggestiven Bilder und Szenen, diese Schauspieler, die so unangestrengt wirken, leichter erträglich, käme die Geschichte aus Hollywood: ein Märchen, schön, fern, fremd. Es sind auch nicht die Klischees, die in Vilsmaiers Geschichte stören, die zu oft gesehenen Szenen vom deutschen Fräulein, das in Ami-Klubs tanzt, vom alten Mann im Keller, der Schreckliches, Unaussprechliches erlebt hat. Nein, Vilsmaier erzählt – und das ist das Ärgerliche – eben nicht, wie es wirklich war, sondern wie es gewesen sein soll, in den vom Wirtschaftswunder berauschten Köpfen der Zeitgenossen, der meisten wenigstens. Er erzählt das Märchen vom Wiederaufbau, und er tut dies so rührend, so geradlinig, mit dem Bauch kalkuliert, daß seine Geschichten aus der Heimat nicht einmal unwahr erscheinen. Sie sind so wahr wie Abziehbilder aus den Poesiealben der fünfziger Jahre.

Aber, meint er, war es nicht doch so, damals, als der Schutt weggeräumt werden mußte und die Leute „hungrig nach Romantik" waren und danach, „sich zu befreien", innerlich, emotional? Er zitiert einen Satz, den er irgendwo gelesen hat: „Heimat ist das Biotop eines jeden Menschen." Daß die Umstände, der Geist der Zeit ihm recht geben: ein Zufall. Schließlich hatte er das Projekt ja schon lange vor dem nationalen Taumel im Kopf. Bei der Berlinale wurde „Rama dama" übrigens abgelehnt, aber das, so der Regisseur, ist ja wohl eher ein „gutes Omen": Kaum einer der deutschen Filme, die dort in den letzten Jahren liefen, wurde ein Publikumserfolg.

Die Party in der Bavaria geht früh zu Ende, zum Abschied gibt es den neuesten „Playboy". Im „Kaffee Giesing", das dem Sänger Konstantin Wecker gehört, wird weitergefeiert, das Jubiläum einer in der Bavaria produzierten Vorabendserie, fünf Jahre „Fahnder", und diesmal sind alle gekommen, die Stars des deutschen Films, Doris Dörries „Männer", die „Tatort"-Kommissare und „Traumschiff"-Passagiere. Bernd Eichinger, wird erzählt, hat in Hollywood bei einer Wette einen Porsche gewonnen, und Bruno Ganz spielt jetzt im Fersehen einen Detektiv, und alle drücken dem Vilsmaier die Daumen.

Auf dem Bildschirm über der Theke umarmen sich, zum Seriengeburtstag, der Fahnder und Schimanski. Einer wie Vilsmaier möchte am liebsten alle überwältigen: durch seine Umarmungen. Und manchmal, da kann er doch gar nicht begreifen, daß „sein Traum sich erfüllt hat", ist selber ganz überwältigt davon, von der Dana, den Kindern, dem Film und von seinem großen Gefühl. In dieser Nacht, im „Kaffee Giesing", als die Erfolgsgeschichten im Alkohol verdunstet sind, da scharen sich die Gäste wieder um den Sepp: wie um einen Glücksbringer. ◆

Vor dem Lesen

Fragen

1. Schauen Sie sich das Bild an. Was sehen Sie? Haben Sie bereits irgendwo ähnliche Bilder gesehen? Wo?
2. Lesen Sie die Bildunterschrift: *„Vilsmaier-Film ‚Rama dama': Märchen vom Wiederaufbau."* Worum geht es in dem Film? Finden Sie die Situation auf dem Bild realistisch?
3. Welche Hollywood-Filme zum Thema Krieg haben Sie gesehen? Wie wird der Krieg in diesen Filmen gezeigt?

Kulturelles

„Rama dama"	*(bayrisch)* Räumen tun wir: Ausdruck für den deutschen Wiederaufbau nach dem Ende des Zweiten Weltkriegs
der Wiederaufbau	die Zeit nach dem Ende des Zweiten Weltkriegs in Deutschland, als die zerstörten Städte neu errichtet, wieder aufgebaut wurden
Sepp	Kurzname für Josef
die Trümmerfrau	die Frauen, die nach dem Ende des Zweiten Weltkriegs in den deutschen Städten den Schutt und die Steine weggeräumt haben
„Otto", „Ödipussi", „Werner—beinhart"	populäre deutsche Filmkomödien
der Heimatfilm	harmonische Filme mit einem Happy End
die Schutträumaktion	*hier:* der deutsche Wiederaufbau nach dem Ende des Zweiten Weltkriegs
Harlaching	ein Stadtteil von München
der Bierseidel	ein Krug, aus dem man Bier trinkt
das Wirtschaftswunder	der ökonomische Aufstieg der Bundesrepublik Deutschland nach dem Zweiten Weltkrieg
das Poesiealbum	ein Buch, in das man Freunde Gedichte und Sprüche schreiben läßt, zur Erinnerung
der nationale Taumel	der neue Patriotismus in Deutschland nach der Öffnung der Grenzen zwischen West- und Ostdeutschland
Konstantin Wecker	ein deutscher Sänger
die Bavaria	ein Filmstudio in Bayern
„Der Fahnder", „Tatort"	zwei deutsche TV-Serien
„Das Traumschiff"	eine deutsche Soap-Opera
Bernd Eichinger	ein deutscher Film-Produzent

Bruno Ganz	ein deutscher Schauspieler
Schimanski	ein Polizist im „Tatort"

Vokabeln

der Halogen-Strahler	*hier:* ein sehr helles Licht
bleicht (bleichen)	*hier:* weiß macht
der Filmverleiher	jemand, der Kinos mit Filmen beliefert
die Herren-Veranstaltung	*hier:* eine Party, auf der nur die Wünsche von Männern befriedigt werden, zum Beispiel mit Playboy-Girls
die Statistinnen	*hier:* nicht wichtige Schauspieler
ob	*hier:* über
namhaft	bekannt
der Fernsehregisseur	jemand, der TV-Filme macht
verschollen	verschwunden
nachtragend	wenn man nicht verzeihen kann
wurden mit Auszeichnungen überschüttet	haben viele Preise gewonnen
kokette Zurückhaltung	*hier:* wenn man bescheiden tut, aber trotzdem anderen imponieren möchte
Platzhaltern gleich	*hier:* wie ein gutes Omen für Preise, die Vilsmaier mit seinem Film noch gewinnen will
die Vorlage	*hier:* das Buch, auf dem der Film basiert
die aufklärerischen Düsternisse	*hier:* der Pessimismus
gealtert	alt geworden
der Regiedebütant	ein Regisseur, der seinen ersten Film macht
recherchieren	auf Fakten nachprüfen
der Luftschutzkeller	ein Bunker unter der Erde, der vor Bombenangriffen schützen soll
der Hauptdarsteller	der Schauspieler, der die größte und wichtigste Rolle in einem Film hat
zugleich	auch
der poltrige Hausvater	*hier:* der strenge Boss
gering	klein, niedrig
die Gage	das Geld, das für die Schauspieler bezahlt wird
herausgeputzt (herausputzen)	schön gemacht
drängen sich (sich drängen)	*hier:* stehen
die Dreharbeiten	das Filmen
die Staffel	*hier:* der Teil
ausschweift (ausschweifen)	*hier:* über viele Kleinigkeiten spricht und nicht aufhört
in ordentlichere Kanäle zu lenken	*hier:* zu strukturieren
hervorzuquellen (hervorquellen)	herauszukommen
hält der Mann nichts von Worten (halten)	*hier:* will nicht erzählen sondern handeln
stämmige	starke, kräftige
ohne viel Aufhebens	ohne viel darüber zu reden
klopft Steine (klopfen)	macht Steine von zerstörten Häusern sauber, damit man mit den Steinen neue Häuser bauen kann

die Trambahn	die Straßenbahn
die Schaffnerin	eine Frau, die Fahrkarten prüft und verkauft
der Taugenichts	ein Mensch, der faul ist und nicht arbeiten will
sehnten sich nach (sechnen)	wünschten sich
unangestrengt	entspannt, leicht, locker
der Zeitgenosse	ein Mensch, der zu dieser Zeit gelebt hat
mit dem Bauch kalkuliert (kalkulieren)	mit soviel Gefühl
die Abziehbilder	bunte Bilder, die man in ein Poesiealbum klebt
das Biotop	*hier:* der Lebensraum
drücken Vilsmaier die Daumen	wünschen Vilsmaier Glück
die Theke	*hier:* die Bar
verdunstet (verdunsten)	*hier:* verschwunden
scharen sich	versammeln sich

Nach dem Lesen

Fragen zum Text

1. Am Anfang des Textes wird eine große Party in den Bavaria-Studios in München beschrieben. Was wird auf dieser Party gefeiert und wie wird gefeiert?
2. Wie hat Sepp Vilsmaier seine Frau Dana Vavrova kennengelernt und geheiratet? Wie arbeiten die beiden zusammen?
3. In den letzten Jahren haben sich die deutschen Kinogänger „wie im Eisschrank" gefühlt, sagt Dana Vavrova. Was macht Sepp Vilsmaier, um den deutschen Film wieder „wärmer" zu machen? Was sind für ihn „deutsche Themen"?
4. Die SPIEGEL-Redakteurin spricht von „Sentimentalität". Vilsmaier spricht vom „Gefühl". Wo liegt der Unterschied?

Sprechen

„Die Leute sehnen sich nach Märchen" heißt es im Text. Diskutieren Sie, wie das Leben in Deutschland nach dem Zweiten Weltkrieg wirklich war und wie die Menschen es in Erinnerung behalten wollen. Zeigen Sie, wie Vilsmaier mit seinen Filmen auf diesen Widerspruch reagiert.

Gruppenarbeit

Ein Filmverleiher in Ihrem Land möchte den neusten Vilsmaier-Film bei Ihnen in die Kinos bringen. Sie sind eine Gruppe von Soziologen und sollen eine Prognose abgeben, wie erfolgreich der Film in Ihrem Land sein wird. Begründen Sie ihre Ansichten.

Schreiben

Sie studieren deutsche Geschichte. Sie haben den letzten Vilsmaier-Film gesehen und finden ihn nicht kritisch genug. Schreiben Sie in einem Brief an Vilsmaier, was Ihnen an dem Film nicht gefallen hat.

Kunst
Ein Rudel Hasen

Ein Rudel Hasan malte der Ost-Berliner Manfred Butzmann Ende November auf seine Seite der Mauer, „weil die auf dem Todesstreifen die größten Überlebenschancen hatten". Doch die Tierchen lebten nur kurz. Zwei Tage später übertünchten Grenzpolizisten die wilde Wandmalerei am Potsdamer Platz „wegen staatsfeindlicher Losungen". „Die Schandmauer muß fallen!" hatte da jemand neben die Hasen geschrieben.

Mit dieser „spontanen Aktion der Befreiung" (Butzmann) an der Mauer, die DDR-Bürger früher nicht einmal berühren durften – mit Butzmanns Hasen also haben jene Bilder, die nun die Ostseite schmücken, nur noch wenig zu tun. Seit Januar haben 80 Künstler 1300 Meter Ost-Berliner Mauer bemalt: Vom Hauptbahnhof bis zur Oberbaumbrücke – eine große, bunte Kunstausstellung. An diesem Wochenende wird die „East Side Gallery" offiziell eröffnet.

Die Künstlerin Ursula Wünsch, die die Mauer schon vor Jahren anmalen wollte, es aber bleiben ließ, weil sie das Gefängnis fürchtete, grüßt nun mit Friedenstaube „Alle Kinder dieser Welt!" und ein brauner Akt auf gelbem Grund ist einer „schwarzen lesbischen Frau" gewidmet, der ein Republikaner androht, daß er sie vergewaltigen werde. Zwischen den Werken sanfter Alternativer und anderer Sonntagsmaler – immerhin waren Farben und Pinsel kostenlos – ist vor allem die sowjetische Avantgarde stark vertreten.

„Die Mauer hat jahrelang Leute getrennt, jetzt machen wir das Gegenteil, bringen Leute zusammen aus der ganzen Welt", freut sich Managerin Christine MacLean und verweist auf Künstler aus Indien, Japan, Chile, Portugal, Ungarn, Frankreich und den USA. Doch dabei sind auch Berliner Mauermaler wie Indiano und Thierry Noir, die bereits früher auf der Westseite den Beton als Leinwandersatz erprobt hatten.

Künstlerisch dominieren die psychedelischen siebziger Jahre, dazwischen finden sich auch die versprengten Werke der letzten jungen Wilden. Die Themen Umwelt, Frieden, Liebe und Toleranz beherrschen die Ausstellung, und die meisten Bilder verkünden eine frohe Botschaft. Auf der einst grauen Mauer blühen pastellfarbene Pradiese, lila leuchten die Regenbögen, die Jugend tanzt; nur der Krieg ist böse.

Bild an der Mauer — die „größte Open-Air Galerie der Welt"
Themen Umwelt, Frieden, Liebe, Toleranz beherrschen Großkunst-Ausstellung

Mauermaler Dimitrij Vrubel: der Bruderkuß zwischen Honecker und Breschnew —
das unumstrittene Lieblingswerk der East Side Gallery

Eigentlich sollten richtige Werbetafeln die Mauer schmücken; die Nutzungsrechte hatte der Bezirk Friedrichshain der jungen Werbe- und Ver-

Mauerkünstlerin Birgit Kinder: Trabi stürmt den Berliner Schutzwall

anstaltungsagentur „wuva" gegeben. Nach heftigen Protesten der Berliner schwenkte die Agentur von Kommerz auf Kunst um – bisher ein Verlustgeschäft. Um die 200 000 Mark an Kosten wieder reinzubekommen, müssen die Veranstalter eine Menge Postkarten, T-Shirts und Poster verkaufen.

Selbst den Gewinn, den die Veranstalter sich von einer Versteigerung der Werke am Ende versprechen, müssen sie sich mit dem Bezirk teilen, der 50 Prozent für eine Schule und kulturelle Einrichtungen fordert.

Doch vorher noch soll die 2811 Tonnen schwere Ausstellung in 1085 Einzelteilen per Container auf Welttournee geschickt werden. Geschätzte Kosten: 2,5 Millionen Mark, die Christine MacLean bei Sponsoren aufzutreiben hofft. „Interessenten gibt es schon", sagt die Managerin – doch feste Absprachen sind noch nicht getroffen.

Über Besuchermangel kann die nach eigenen Angaben „größte Open-Air-Galerie der Welt" schon vor Eröffnung nicht klagen. Tausende von Autos rauschen auf der sechsspurigen Rennstrecke vorbei, die Zahl der Neugierigen, die in Sightseeing-Bussen, Taxen und Trabis die Geschwindigkeit drosseln, wächst von Tag zu Tag. Gasmasken, wie sie auf einem Horrorgemälde zu sehen sind, haben einige Künstler bei der Arbeit selber getragen, um sich vor Auspuffabgasen zu schützen.

Auf dem schmalen Mittelstreifen schieben sich die Sonntagsausflügler mit Kind, Puppenwagen, Fahrrad und Kamera entlang, um von dort das unumstrittene Lieblingsbild zu knipsen: den Bruderkuß, den Honecker und Breschnew tauschen. Mit Spraydose oder Pinsel haben die beiden schon einiges an die Backe gekriegt. Nur der jüdische Stern auf deutscher Flagge von Günther Schäfer bekommt noch viel Schmierereien ab. Regelmäßig kommt der Künstler aus Frankfurt angereist, um die Naziparolen, auf seinem Bild „Vaterland" wieder zu entfernen. ♦

Vor dem Lesen

Fragen

1. Lesen Sie den Untertitel unter dem großen Bild und schauen Sie sich die Bilder an. Beschreiben Sie sie. Können Sie Motive finden, die Sie bereits kennen? Welches Bild gefällt Ihnen am besten? Warum?

2. Wissen Sie, wo diese Bilder aufgenommen wurden? Woran kann man das erkennen?

3. Schauen Sie sich das Bild auf der ersten Seite unten an. Kennen Sie die beiden Männer? Lesen Sie den Satz, der unter dem Bild steht: *„Mein Gott, hilf mir, diese tödliche Liebe zu überleben."* Was ist damit gemeint?

Kulturelles

der Todesstreifen	das Gelände zwischen den Grenzen, wo die ostdeutsche Grenzpolizei auf Menschen geschossen hat, die von der DDR in die BRD flüchten wollten
die staatsfeindliche Losung	*hier:* eine politische Parole gegen die DDR
die Schandmauer	die Mauer, über die man sich schämt
der DDR-Bürger	ein Einwohner der ehemaligen „Deutschen Demokratischen Republik"
mit Friedenstaube	mit der Taube (ein Vogel) als Symbol für den Frieden
der Republikaner	ein Mitglied der „Republikaner": eine rechtskonservative politische Partei in Deutschland
die Jungen Wilden	eine Avantgarde-Bewegung der Malerei in Deutschland
Friedrichshain	ein Stadtteil des ehemaligen Ost-Berlins
wuva	*(Abk.)* „Werbe- und Veranstaltungsagentur"
der Trabi	*(Abk.)* der „Trabant"; das bekannteste DDR-Auto (siehe das Bild von B. Kinder)
die Sonntagsausflügler (pl)	eine typische deutsche Familie, die sonntags wegfährt, einen Ausflug macht
Erich Honecker	der letzte Staatspräsident der ehemaligen DDR
Leonid Breschnew	ein ehemaliger Staatspräsident der Sowjetunion

Vokabeln

das Rudel	eine Gruppe von
übertünchten (übertünchen)	übermalten
wild	*hier:* unerlaubt
nicht berühren durften (dürfen)	*hier:* nicht in die Nähe kommen durften
schmücken	dekorieren
es bleiben ließ (lassen)	es nicht gemacht hat
der Akt	das Bild oder die Skulptur von einem nackten Körper
einer Frau gewidmet (widmen)	für eine Frau gemalt
vergewaltigen	sexuell mißbrauchen, Gewalt antun
sanft	mild, zart
der Pinsel	ein Werkzeug zum Malen
stark vertreten	*hier:* oft zu sehen
verweist auf (verweisen)	zeigt
die Leinwand	ein Gewebe (Baumwolle), auf das Bilder gemalt werden
Beton als Leinwandersatz erprobt hatten (erproben)	*hier:* auf den Beton gemalt haben statt auf Leinwand
die versprengten Werke	*hier:* die wenigen Werke
die Botschaft	die Nachricht
beherrschen	dominieren

verkünden eine frohe Botschaft	sagen etwas Optimistisches
die Werbetafel	ein Schild oder Plakat, auf dem Werbung ist
die Nutzungsrechte	*hier:* die Erlaubnis, die Mauer für kommerzielle Werbung zu benutzen
schwenkte die Agentur um (umschwenken)	*hier:* die Agentur änderte ihre Strategie
das Verlustgeschäft	wenn man keinen Profit oder Gewinn macht sondern Geld verliert
die Versteigerung	die Auktion
die Welttournee	eine Tour um die ganze Welt
geschätzte Kosten	wieviel es wahrscheinlich kostet
aufzutreiben (auftreiben)	zu bekommen
feste Absprachen	*hier:* ein Vertrag
der Besuchermangel	wenige Besucher
klagen	sich beschweren
rauschen	*hier:* schnell fahren
sechsspurig	*hier:* so breit, daß sechs Autos nebeneinander fahren können
die Rennstrecke	*hier:* eine Straße, auf der die Autos sehr schnell fahren
die Geschwindigkeit drosseln	langsamer fahren
die Auspuffabgase	der giftige Gestank der Autos
schieben sich entlang	*hier:* spazieren, gehen
unumstritten	konkurrenzlos
knipsen	*hier:* fotografieren
an die Backe gekriegt (kriegen)	*hier:* ins Gesicht bekommen
bekommt noch viel Schmierereien ab (abbekommen)	*hier:* wird immer noch mit Grafitti beschädigt
entfernen	wegmachen

Nach dem Lesen

Fragen zum Text

1. Im Titel und in den ersten drei Absätzen des Textes erfahren Sie etwas über den historischen Kontext der Mauer-Malerei. Fast 30 Jahre lang konnten DDR-Bürger die Mauer nicht einmal berühren. Und selbst nach der Öffnung der Mauer im November 1989 wurde die „wilde Wandmalerei" von Butzmann noch übermalt. Der Artikel beschreibt die Situation ein Jahr danach. Was hat sich geändert? Welche politischen Aussagen werden ein Jahr nach Öffnung der Mauer gemacht?

2. Glauben Sie, daß die Mauer-Malerei etwas über die politische Freiheit der DDR-Bürger aussagt? Welche Phasen würden Sie in diesem Prozeß voneinander unterscheiden?

3. Zuerst plante die „wuva", Werbung zu machen, als sie vom Bezirk Friedrichshain die Nutzungsrechte für die Mauer bekam. Aber dann hat sie ihre Strategie geändert. Wie und warum?

4. Die Ausstellung hatte viele Besucher. Wie haben sie auf die verschiedenen Bilder reagiert? Welche Bilder wurden beschädigt? Warum?

Sprechen Es gab verschiedene Phasen der Mauer-Malerei in Ost-Berlin. Diskutieren Sie die Mauer-Malerei auf beiden Seiten Berlins. Diskutieren Sie den Stil und die Themen der Bilder. Warum haben die Künstler sie so gemalt? Welche Bilder würden Künstler wohl heute auf die Mauer malen?

Gruppenarbeit Sie wohnen in einem Stadtteil im ehemaligen Ost-Berlin. Ganz in der Nähe Ihrer Wohnung steht noch ein Stück von der Mauer. Gemeinsam mit anderen Bewohnern Ihres Stadtteils überlegen Sie sich, wie Sie diesen Rest der Mauer nutzen wollen. Sammeln Sie Ideen und begründen Sie sie.

Schreiben Wir gehen in der Geschichte 30 Jahre zurück: Sie sind von der DDR-Grenzpolizei festgenommen worden, als Sie eine Parole (welche?) auf die Mauer geschrieben haben. Jetzt sitzen Sie im Gefängnis und schreiben einen Brief an Ihren Rechtsanwalt. Begründen Sie Ihre Tat und Ihre politischen Motive.

Jugend und Ausbildung

INTERVIEW

„In Kreuzberg kommandieren wir"

Mitglieder der türkischen „36er" und der „Ghetto Sisters" über den Kampf der Streetgangs in Berlin

„36er" und „Ghetto Sisters" zählen zu den etwa 30 jugendlichen Ausländergruppen Berlins. Zu den „36ers", benannt nach dem Zustellbezirk Kreuzberg 36, gehören etwa 150 überwiegend türkische Jugendliche zwischen 14 und 22 Jahren, zu den „Ghetto Sisters" aus demselben Ortsteil Türkinnen zwischen 14 und 18.

SPIEGEL: Ihr wollt euch nicht für den SPIEGEL fotografieren lassen. Warum?
NECO: Weil wir von der Presse die Schnauze voll haben. Und weil es nicht gut für uns ist, wenn man uns erkennt.
SPIEGEL: Wie alt seid ihr, und was macht ihr?
NECO: Ich bin 18 und mach' 'ne Lehre als Schildermaler.
YILDRIM: 18. Ich bin frei und tu' gar nichts. Straße ...
SPIEGEL: Hast du die Hauptschule beendet?
YILDRIM: Nee, gar nichts, überhaupt nichts.
SPIEGEL: Seit wann bist du in Deutschland?
YILDRIM: Ich bin hier geboren.
APOLLO: Ich bin auch 18 und arbeitslos. Kein Hauptschulabschluß. Gar nichts.
SPIEGEL: Gegen wen führt ihr eure Bandenkriege?
NECO: Also, mit denen aus Wedding, Schöneberg und so, da gab es immer irgendwelche Anmachereien. Und dann eben Keilerei. Entweder sie sind in unseren Bezirk nach Kreuzberg gekommen oder wir zu denen.
SPIEGEL: Wieso sagst du „unser" Bezirk?
APOLLO: Also, wir sind Jungs aus Kreuzberg. Sagen wir so: Kreuzberg gehört zu uns. Wir kommandieren hier. Was wir sagen, gilt hier. Und da sind so Jungs, sagen wir mal aus Schöneberg, die meinen, daß sie auch in Kreuzberg was zu sagen haben. Wenn die ins Café kommen und sagen „Ich bin der größte",

Ausländerfeindliche Parolen:
„Geht doch zurück, woher ihr gekommen seid!" „Deutschland den Deutschen"

da sagen wir nein. Dann fängt der Krieg an.
SPIEGEL: Ein Beispiel?
NECO: Wir hatten schon einen Bandenkrieg gegen Wedding, und das hat ein Jahr lang gedauert.
SPIEGEL: Wie lief das ab?
NECO: Na ja, wir waren 20 Leute, und im Wedding war so 'ne „Black Panther" Gruppe. Die hatten unsere Mütter beleidigt. Da ist dann 'ne Messerstecherei rausgekommen. Einer ist ins Gesicht gestochen worden, zwei, drei Leute sind in Beine und Arsch gestochen worden.
SPIEGEL: Ist dir selbst auch schon mal was passiert?
APOLLO: Dem haben sie mal die Nase kaputtgemacht.
SPIEGEL: Und dir?
APOLLO (lacht): Mein Gehirn. Nee, nee. Mir haben sie noch nichts kaputtgeschlagen.
SPIEGEL: Wie wird man denn Mitglied bei den 36ers?
YILDRIM: Bei den 36ers wird keiner mehr aufgenommen, vielleicht bei den Kleinen ...
SPIEGEL: Bei den Kleinen?
YILDRIM: Ja, so die 12- bis 14jährigen. Jedenfalls bei uns kommt keiner mehr rein.
SPIEGEL: Und warum nicht?
YILDRIM: Wir sind schon ganz schön lange zusammen, wir vertrauen uns. Auch wenn es um Tod und Leben geht, werden wir uns bestimmt vertrauen. Wir kennen uns ganz von innen, wir wissen, wer der andere ist. Aber wenn ein neuer kommt, brauchst du ja lange, um den kennenzulernen. Soviel Zeit haben wir nicht. Wir sind genug.
SPIEGEL: Sind Mädchen dabei?
NECO: Frag doch Des, da hinter dir.
DES: Wir sind 'ne eigene Gruppe ...
SPIEGEL: ... namens?
DES: Ghetto Sisters. Wir sind jetzt ungefähr zehn und fast jeden Tag zusammen. Normale Freunde, aber wenn wir eine Schlägerei kriegen, wird das schon ernst.
SPIEGEL: Was sagen die Eltern dazu?
DES: Die wissen nichts davon.
SPIEGEL: Wie alt bist du und in welcher Klasse?
DES: 15. In der Hauptschule bin ich, 9. Klasse.
SPIEGEL: Schaffst du den Abschluß?

Das SPIEGEL-Interview führten die Redakteure Claudia Pai und Christian Habbe.

DES: Schön wär's ja, aber ich glaube nicht.

SPIEGEL: Warum nicht?

DES: Bei diesen Lehrern, die kannst du doch vergessen.

SPIEGEL: Wie wurde man bei den 36ers Mitglied? Es heißt, es gab Mutproben?

YILDRIM: Als wir noch klein waren, da haben wir uns mit den Leuten, die zu uns kommen wollten, immer erst mal geschlagen.

SPIEGEL: Wem vertraut ihr so sehr, daß er bei euch mitmachen darf?

YILDRIM: Wenn dich beispielsweise einer nicht im Stich läßt, auch wenn er Gefahr läuft, im Krankenhaus zu landen.

SPIEGEL: Ursprünglich haben sich die Gruppen ja mal zum Schutz vor rechten Gewalttätern gebildet.

NECO: Ja, Nazis, das ist unser Hauptpunkt. Unser Feind. Da halten die jugendlichen Banden unbedingt zusammen. An dem Tag sind wir Brüder. Wenn wir Nazis finden, machen wir Keilerei.

APOLLO: Wenn jemand richtig angemacht wird, dann sind wir immer da.

SPIEGEL: Was passiert denn, wenn ihr angemacht werdet?

DES: Als ich mit meiner Freundin Ayse in der U-Bahn war, machten da fünf Männer Witze über Ausländer. Als meine Freundin sagte: „Die sind nicht mehr ganz dicht", da meinte einer von denen: „Geht doch zurück, woher ihr gekommen seid." Da meinte meine Freundin: „Wir müssen uns doch nicht für unsere Vergangenheit schämen, ihr müßt es." Daraufhin hat sie eine geklatscht bekommen, und dann hat meine Schwester zugeschlagen. Da gab es eine richtige Schlägerei. Die haben mit Bierdosen geschmissen, aber ein Deutscher mit Tränengas hat uns geholfen.

SPIEGEL: Warum haben die Ghetto Sisters sich gegründet?

DES: Weil wir gegen die Nazi-Weiber vorgehen wollten.

SPIEGEL: Nazi-Weiber?

DES: Ja. Die Weddinger Mädchen haben sich mal irgendwie blöd angestellt. Das haben wir uns nicht gefallen lassen. Und wir haben mit der Schlägerei angefangen. Meine Freundin hat schon mal von der Polizei Schläge auf den Kopf gekriegt. Ganz hart, überall Narben. Auch mich haben die schon mal erwischt. Obwohl ich nichts dabeihatte, kein Messer, gar nichts.

SPIEGEL: Wer ist denn für dich ein Nazi?

DES: Nazis sind für mich Leute, die so blöde Sprüche machen, die halt Glatzen haben und diese Bomberjacken mit der deutschen Flagge drauf.

SPIEGEL: Was macht ihr, wenn ihr denen begegnet?

DES: Dann fordern wir von den Nazis die Flagge ein. Wenn sie nein sagen, dann reißen wir von der Jacke die Flagge ab.

SPIEGEL: Warum habt ihr es auf Schwarz-Rot-Gold abgesehen?

DES: Wer die Flagge trägt, ist einfach ein Nazi für uns. Da schlagen wir zu.

SPIEGEL: Hat sich durch den Fall der Mauer für euch was geändert?

APOLLO: Ja, das hat alles durcheinandergebracht. Als die Mauer noch nicht offen war, hatte ich schon mehr Rechte. Da hätten wir Ausländer bestimmt auch schon Wahlrecht. Aber nun kommen die von drüben und kriegen mehr Rechte als ich, obwohl ich hier schon 19 Jahre lebe.

SPIEGEL: Fürchtet ihr verschärften Wettbewerb um Arbeitsplätze?

APOLLO: Nee, wieso Wettbewerb? Die haben immer noch 'nen Vorteil als Deutsche. Überall ist das so. Alles, was Geld hat, ist Spitze. Und das andere ist ein Dreck. Ich leb' seit 19 Jahren hier. Aber wenn ich mal nach Arbeit suche, finde ich sowieso nichts. Beim Ostler denkt sich der Arbeitgeber: „Dem kann ich ein bißchen weniger bezahlen, und außerdem ist der mein Landsmann, wieso soll ich den im Stich lassen?"

YILDRIM: Als meine Eltern nach Berlin kamen, waren hier noch keine Ausländerfeinde und keine Nazis. Meine Eltern haben sich hier wohl gefühlt. Und jetzt sind sie so weit, daß sie in die Türkei zurückwollen.

SPIEGEL: Fühlt ihr euch politisch bedrängt?

NECO: Nimm die Wahlplakate von der CDU, die sind doch total rassistisch.

SPIEGEL: Du meinst die Kampagne gegen „Straßenbanden und Verbrechen"?

NECO: Sicher. Die wollen uns in die kriminelle Ecke drängen. Erst haben sie uns im Stich gelassen, jetzt nutzen sie uns zur Abschreckung.

SPIEGEL: Wie ist der Kontakt zu den autonomen Linken?

YILDRIM: Wenn die eine Demo machen, laden sie uns ein, zum Beispiel zur Mai-Demo. Aber wenn es dann zu Plünderungen kommt, heißt es nur, daran sind wieder mal die türkischen Jugendlichen schuld.

SPIEGEL: Kannst du mit dem, was dir die Autonomen sagen, was anfangen?

YILDRIM: Nicht viel. Die erzählen von Demokratie und daß alle Menschen gleich sein sollen. Als ob uns das hier was bringt.

SPIEGEL: Auf der Demonstration gegen die Einheit am 3. Oktober, die unter dem Motto „Halt's Maul, Deutschland" stand, war ein Block türkischer Leute dabei. Sind die 36er mitgegangen?

YILDRIM: Da waren viele Türken dabei, denn die Demo ging ja auch gegen das neue Ausländergesetz. Und das wollen wir nicht haben. Deshalb haben wir auch bei der Demo mitgemacht.

SPIEGEL: Wie gut kennst du selbst das Ausländergesetz?

YILDRIM: Da habe ich im Knast viel drin gelesen. ♦

Vor dem Lesen

Fragen

1. Lesen Sie den Untertitel des Artikels: „*Mitglieder der türkischen ‚36er' und der ‚Ghetto Sisters' über den Kampf der Streetgangs in Berlin.*" Lesen Sie dann die weiteren Informationen über diese beiden Streetgangs. Worum geht es in dem Interview?

2. Was wissen Sie bereits über jugendliche Bandenkriege?
3. Schauen Sie sich das Foto mit den ausländerfeindlichen Parolen an. Gibt es solche Parolen gegen Ausländer, Einwanderer oder die Angehörigen einer bestimmten Rasse auch in Ihrem Land?

Kulturelles

der Zustellbezirk 36	der Berliner Bezirk, der die Postleitzahl 36 hat
Kreuzberg	ein Stadtteil in Berlin, in dem mehr Türken als Deutsche wohnen
der Fall der Mauer	*hier:* die Öffnung der Mauer zwischen Ost und Westberlin am 10. 11. 1989
Schwarz-Rot-Gold	*hier:* die deutsche Nationalflagge
der Ostler	*hier:* ein Deutscher aus der ehemaligen DDR
die autonomen Linken	eine linke politische Gruppierung, die Gewalt befürwortet
das neue Ausländergesetz	*hier:* eine Verschärfung der Gesetze, die die Rechte der Ausländer in Deutschland regeln, etwa das Aufenthaltsrecht

Vokabeln

überwiegend	hauptsächlich
die Schnauze voll haben	*(umg.)* genug haben
die Lehre	die Ausbildung für einen Beruf
die Anmacherei	*hier:* die Provokation
die Keilerei	*(umg.)* die Schlägerei
Wie lief das ab?	*(umg.)* Wie ist das passiert?
die Messerstecherei	der Kampf mit Messern
kriegen	*hier:* haben
Schaffst du den Abschluß? (schaffen)	Gelingt es dir, die Schule fertigzumachen
Schön wär's ja	*hier:* Es wäre schön, aber ich glaube nicht
die Mutprobe	eine Prüfung, um zu beweisen, daß man tapfer ist
im Stich lassen	nicht helfen, alleine lassen
Gefahr läuft (laufen)	riskiert
Die sind nicht ganz dicht	*(umg.)* Sie sind verrückt; Sie wissen nicht, was sie reden
eine geklatscht bekommen	*hier:* einen Schlag ins Gesicht bekommen
geschmissen (schmeißen)	geworfen
das Tränengas	ein Gas, das zur Selbstverteidigung benutzt wird
das Nazi-Weib	*hier:* ein Mädchen oder eine Frau, die Vorurteile gegen Ausländer hat
vorgehen	*hier:* handeln
haben sich blöd angestellt	*(umg.)* haben etwas Dummes oder Beleidigendes gesagt
haben wir uns nicht gefallen lassen	haben wir nicht hingenommen
die Narbe	eine Stelle, die nach einer Verletzung auf der Haut zurückbleibt
erwischt (erwischen)	gefangen
die Glatze	ein kahler Kopf; *hier:* ein rasierter Kopf
es auf etwas abgesehen haben	etwas haben wollen

der verschärfte Wettbewerb	die stärkere Konkurrenz
Spitze	*(umg.)* toll, ausgezeichnet
ein Dreck	*(umg.)* ein Mensch, der nichts wert ist
nutzen sie uns zur Abschreckung	benutzen sie uns, um anderen Angst zu machen
die Demo	*(Abk.)* die „Demonstration"
der Knast	*(umg.)* das Gefängnis
Halt's Maul!	*(umg.)* Sei still!

Nach dem Lesen

Fragen zum Text

1. Warum sind in Berlin-Kreuzberg viele türkische Jugendliche Mitglied einer Straßenbande? Wer wird in diese Streetgangs aufgenommen?
2. Gibt es Regeln, ungeschriebene Gesetze, an die sich die Mitglieder der Straßenbanden halten müssen? Welche?
3. Gegen wen kämpfen die türkischen Streetgangs? Warum? Wie laufen solche Auseindersetzungen ab?

Sprechen

„Meine Eltern haben sich hier wohl gefühlt. Und jetzt sind sie so weit, daß sie in die Türkei zurückwollen", sagt Yildrim. Diskutieren Sie die Ursachen und die möglichen Lösungen für die zunehmende Ausländerfeindlichkeit in Deutschland.

Gruppenarbeit

Sie sind eine Gruppe von türkischen Jugendlichen in Berlin, die gegen Gewalt ist. Überlegen Sie sich, wie Sie sich in Ihrer Stadt gegen Angriffe verteidigen und für die Gleichberechtigung von Ausländern einsetzen können – friedlich und ohne Gewalt.

Schreiben

Schauen Sie sich das Bild mit den ausländerfeindlichen Parolen an. Was würden Sie auf eine solche Mauer schreiben, wenn Sie sie mit ausländerfreundlichen Parolen bemalen dürften?

INTERVIEW

„Ein paar Zähne gehen drauf"

Die Lichtenberger Streetgang über den Straßenkampf der Jugendbanden im Osten Berlins

SPIEGEL: Marc, du trägst ein Bärtchen wie Adolf Hitler. Was hat das zu bedeuten?

MARC: Auf der einen Seite steh' ich auf Charlie Chaplin. Auf der anderen Seite bin ich aber unwahrscheinlich für das Deutsche Reich. Mich nennen sie hier „Führer" oder „Adolf". Hitler war nur 'ne Marionette. Wir sind Alt-Nationalisten, keine Nazis.

SPIEGEL: Was soll das heißen: Alt-Nationalisten?

MARC: Wir sind fürs Vaterland, für unser Deutschland. Wir wollen die polnischen Gebiete wiederhaben, auch wenn wir dafür zahlen müssen. Ich meine, Krieg ist so 'ne Sache für sich. Das soll möglichst friedlich abgehen.

SPIEGEL: Gegen Gewalt habt ihr doch aber nichts.

MARC: Nur, wenn wir angegriffen werden. Hier am Lichtenberger Bahnhof hatten wir schon zehn Angriffe, neun haben wir abgewehrt, einmal gab's 'ne totale Niederlage.

SPIEGEL: Wer greift euch denn an?

MARC: Türken, alles Türken aus Kreuzberg. Die kommen mit Messern und Äxten hier nach Lichtenberg und geh'n auf uns los.

SPIEGEL: Und womit wehrt ihr euch?

MARC: Also, auf dem Dach vom Bahnhof liegen jede Menge Steine. Flaschen, Mollis stehen auch da. Und wenn die Türken kommen, gehen schon vorher mindestens 20 Mann von uns mit zwei Leitern oben aufs Dach. Wenn dann die Mollis runterfliegen, kommt keiner mehr durch.

SPIEGEL: Woher wißt ihr vom Anmarsch der feindlichen Gangs?

MARC: Das will ich jetzt nicht so genau sagen. Aber wir haben gute Verbindungen zu den Leuten in der Weitlingstraße. Und es gibt da noch Außenposten, die uns rechtzeitig alarmieren, wenn die Kreuzberger kommen.

SPIEGEL: Ihr habt einige Mädchen in der Gang, kämpfen die auch?

Das SPIEGEL-Interview führten die Redakteure Claudia Pai und Martin Doerry.

Die Lichtenberger Streetgang

nennt sich nach ihrem Treffpunkt, dem Ost-Berliner Bahnhof Lichtenberg. In dessen unmittelbarer Nähe, in der Weitlingstraße, befinden sich drei von Neonazis besetzte Häuser und die Parteizentrale der Nationalen Alternative, einer rechtsextremen Splittergruppe. Aus diesem Milieu vor allem rekrutiert sich die etwa 100 Mitglieder zählende Street Gang. Am SPIEGEL-Interview beteiligten sich die Minderjährigen Kay, 16, und Isa, 15, sowie Jens, 18, und Marc, 21.

KAY: So zehn bis fünfzehn Mann sind auch als Mädels akzeptiert. Und die hauen natürlich auch drauf, na klar.

SPIEGEL: Isa, wie kamst du zur Lichtenberger Streetgang?

ISA: Also ich bin mit meinem Freund mal zu 'ner Fete in die Weitlingstraße gegangen. Dort hab' ich die Leute kennengelernt. Und das hat mich dann doch alles irgendwo ziemlich interessiert, das mit der Nationalen Alternative und so.

Eines Tages hieß es dann: Auf dem Bahnhof sind wieder die Rumänen. Wir also hin. Die Rumänen saßen da wirklich rum. Wir sind zu den arbeitenden Kräften gegangen und haben denen einfach die Besen weggenommen, ganz einfach, so schwupp. Das gab 'nen bißchen Stunk, aber dann ging's los: Wir

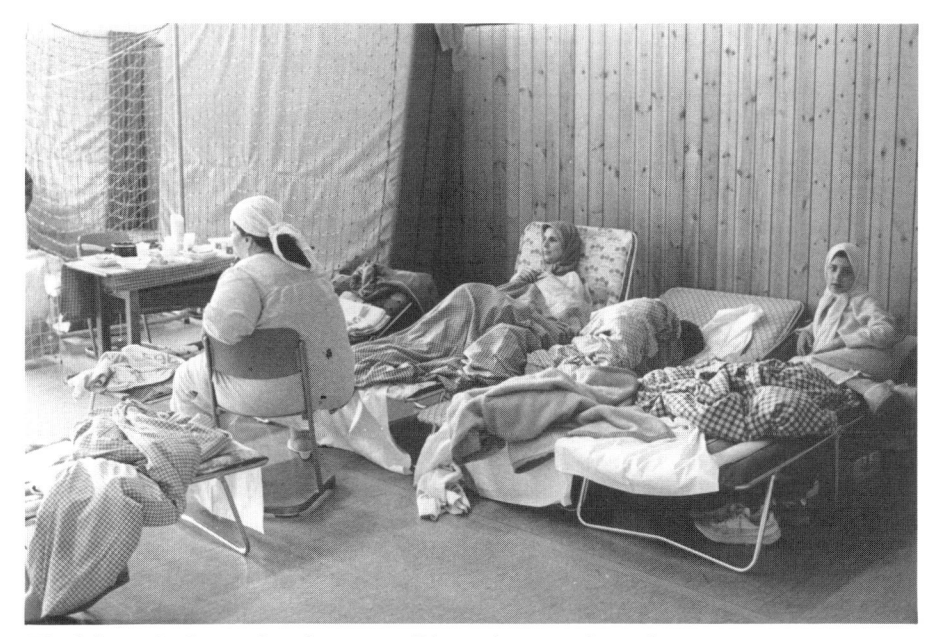

Flüchtlinge, Asylanten, Immigranten: „Die werden weggehauen"
„Zutreten, ganz spontan . . . . . Bis es ganz doll blutet"

haben den ganzen Dreck in die Ecke geschoben, wo die Rumänen saßen.
SPIEGEL: Ihr habt sie mit dem Besen vertrieben?
ISA: Ja, genau. Wir haben immer eine Ecke saubergemacht und dann den Müll weitergeschoben. Ab in die nächste Ecke. Es war herrlich. Die Rumänen sind immer vor uns her und dann ganz raus aus dem Bahnhof. Ich fand das eben ganz toll, weil wir da schlau wirklich alle zusammengehalten haben. Wir sind nämlich nicht nur auf Randale aus, wir haben das echt friedlich gemacht. Nur den Besen geschnappt, gefegt und sie immer mit weggeschubst.
SPIEGEL: Und das war dein Einstieg bei der Lichtenberger Street Gang?
ISA: Kann man so sagen, ja, das hat den Jungs wohl gefallen.
KAY: Stimmt, die Rumänen haben echt gehaust wie die Schweine, haben in die Ecke gepißt und ihr Zeug liegenlassen. Die haben die Deutschen angebettelt und beklaut. Und so was kann ich absolut nicht leiden.
Das fand ich zum Beispiel am Hitler gut. Der hat gesagt: Die Ausländer müssen raus aus Deutschland, damit die Deutschen ihren Arbeitsplatz behalten.
MARC: Genau!
SPIEGEL: Und wie steht es mit den Juden?
KAY: Also zu den Juden muß ich sagen: Vergast hätt' ich die nicht. Ich hätte sie alle aus Deutschland rausgeschickt, nach Jerusalem oder so. Wir versuchen ja auch nur, die Ausländer von unserm Bahnhof wegzuhalten.
SPIEGEL: Warum eigentlich?
KAY: Was die machen, ist doch absolut nicht in Ordnung. Die Türken zum Beispiel, die gehen in die S-Bahn und vergewaltigen deutsche Frauen.
SPIEGEL: Woher wißt ihr das?
ISA: Mir hat das 'ne Freundin erzählt, die das selbst in West-Berlin erlebt hat. Die ist von Türken angemacht und fast vergewaltigt worden.
JENS: Also, die Ausländer müssen einfach weg. Die machen unsere Wirtschaft kaputt und nehmen uns die Arbeitsplätze weg.
SPIEGEL: Habt ihr denn keine Arbeit?
JENS: Nee. Ich hab' als Tischler angefangen und wurde da jetzt mehr oder weniger rausgeschmissen, weil unser Betrieb gekürzt wurde.
MARC: Ich bin Landmaschinenschlosser, und mich haben sie auch gefeuert. Ich hab' unsere Schweißbude in die Luft gejagt, aber es ist bewiesen, daß ich keine Schuld habe. Neulich war ich noch mal da, und da hab' ich gesehen, daß zwei Vietnamesen, oder hart gesagt: Fidschies, jetzt an meinem Arbeitsplatz stehen. Und wenn ich so was sehe, könnte ich ausrasten.
ISA: Ich fang' jetzt erst meine Lehre als Friseuse an. Aber danach, hab' ich gehört, bin ich wahrscheinlich arbeitslos.
MARC: Durch die Ausländer, genau.
SPIEGEL: Wie war das denn vor der Wende im Herbst '89 in Lichtenberg, gab es da schon eine Lichtenberger Street Gang?
MARC: Ja, schon. Wir haben uns immer auf dem Bahnhof getroffen, konnten aber in Ruhe Musik hören, unser Bierchen trinken, und wir haben auch gar keine Randale gemacht.
ISA: Also jetzt treffen wir uns regelmäßig ab mittags auf dem Bahnhof und machen immer ein bißchen was. Das ist jetzt auch richtig extrem geworden, seitdem die Türken einfach mal eben mit 'nem geklauten Auto kommen. Die springen dann raus, gleich mit Messern und Flaschen in der Hand, und schlagen um sich. Das gab's früher nicht.
SPIEGEL: Und ihr bleibt immer in eurem Bahnhof und tut keiner Seele was zuleide?
KAY: Wir werden doch immer angegriffen. Am 2. Oktober haben mir die Redskins so mit dem Knüppel auf den Kopf gedroschen, daß die Platzwunde immer noch nicht verheilt ist.
SPIEGEL: Wer sind die Redskins?
KAY: Das sind linke Skins, kommen auch aus dem Osten. Die tragen so

Berliner Wahlkampfthema der CDU: „Straßenbanden und Verbrechen"
„Die Ausländer vergewaltigen deutsche Frauen"

weinrote Bomberjacken und weinrote Stiefel.

SPIEGEL: Und was sind eure Erkennungszeichen?

MARC: Och, das ist verschieden. Jedenfalls so normale Bomberjacken, ansonsten haben einige 'ne Skin-Glatze, aber nicht alle.

SPIEGEL: Und warum haben euch die Redskins angegriffen?

KAY: Wir waren bloß am Hauptbahnhof und wollten ein paar Leute aus Hamburg abholen. Die Redskins sind an uns einfach so vorbeigelaufen und haben gesagt: „Hey, Jungs, wartet mal." Und dann haben sie die Knüppel rausgezogen und immer gleich auf die Köppe gehauen. Auch bei den Mädchen. Das war das absolut schärfste Ding.

SPIEGEL: Wenn ihr den Lichtenberger Bahnhof verlaßt und zu irgendeiner Aktion loszieht: Wie läuft das ab?

KAY: Also geplant ist das nicht.

ISA: Das ist doch jetzt Scheiße, was du erzählst. Geplant sind die Aktionen schon, aber nur im kleinen Kreis. Das sind eben fünf Mann, die zum engen Stab gehören und die das alles besprechen. Die andern erfahren es erst, wenn's losgeht. Schon zu oft hat einer vorher irgendwas ausgeplappert. Aber ich muß dazusagen, wenn jetzt irgendwelche Linken auf unsern Bahnhof kommen, dann lass' ich die nicht spurlos an mir vorbeigehen. Gestern kam so einer hereinspaziert mit so einem Aufnäher gegen Nazis. Ich mein', ich bin kein Nazi, aber trotzdem. Ich also hin zu ihm und gefragt, ob er das freiwillig abmacht. Erst wollt' er nicht. Ich zu ihm: „So kommste hier nicht lebendig weg." Dann kamen auch schon die andern und fragten: „Mädchen, brauchste Hilfe?" Und ich: „Nee, ich schaff' det schon alleene." Fünf Minuten später hatte ich den Aufnäher.

SPIEGEL: Noch einmal: Wie laufen die von euch geplanten Aktionen ab?

ISA: Wenn wir uns wirklich vornehmen: So, jetzt gehen wir Linke klatschen oder Ausländer klatschen, dann setzen wir uns in eine S-Bahn und fahren einfach los. Und wenn wir dann einen Linken oder einen Ausländer sehen, wird der eben weggehauen.

SPIEGEL: Was heißt das: Ausländer klatschen?

ISA: Zutreten, ganz spontan eben, zutreten und zuschlagen. Und wenn sich einer wehrt, dann geht nicht nur einer auf den los, dann machen wir das zu dritt.

MARC: Kann passieren, kann passieren (lacht).

ISA: Und dann, wenn er ganz doll blutet, steigen wir bei der nächsten Station aus.

MARC: Wir haben bestimmte Punkte in der Stadt, wo wir immer hinziehen. Zum Beispiel da, wo die Fidschies stehen und ohne Standgenehmigung billige Zigaretten verkaufen. Damit machen sie natürlich unsere Wirtschaft kaputt.

SPIEGEL: Und was macht ihr?

ISA: Na, dann wird eben der Stand weggetreten. Das heißt, wir fassen die Leute selber kaum an. Und wir nehmen auch nur die Zigaretten mit, die runterfallen, die sind weg, sofort.

SPIEGEL: Was sagt die Polizei dazu?

MARC: Die Bullen kommen zu spät. Wir sind zu schnell.

ISA: Da können die auch nichts gegen machen. Die Fidschies haben ja keine Genehmigung. Irgendwie sind wir ja doch im Recht.

SPIEGEL: Gibt es bestimmte Grenzen für euch, wenn ihr euch mit irgendwem prügelt?

MARC: Ja natürlich. Vor allem wollen wir niemanden dermaßen zusammenschlagen, daß er verendet und tot ist. Nur bis es blutet.

SPIEGEL: Einige Gangs foltern ihre Opfer mit dem sogenannten Bordstein-Bashing. Macht ihr das auch?

MARC: Nee, ich war nur mal dabei, im Fußballstadion. Das waren zehn Mann, die haben zu 'nem Linken gesagt: „Du beißt jetzt in die Bordsteinkante." Ja, was sollte der dann schon machen. Und als der dann so dalag, ist einer mit dem Stiefel rauf auf seinen Kopf. Das war ein Crashing für ihn.

SPIEGEL: Der Kiefer bricht dabei.

MARC: Nein, nein. Der Kiefer ist nicht gebrochen, soll er auch nicht. Nur ein paar Zähne gehen drauf.

SPIEGEL: Schlimm genug.

MARC: Wir sind nicht so brutal, wie man immer meint. Ganz im Gegenteil. Wenn wir nicht angemacht werden, dann ist auch nichts. Aber wenn einer kommt und sagt: „Scheiß Nazis", ich meine, da fühlt man sich schon angesprochen, auch wenn wir keine Nazis sind.

ISA: Da kommen wir auf das Thema Brunnenschenke, Marzahn. Da haben sich zwei Hooligans gestritten, der eine hatte schon das Messer gezogen, als unser Andi reinkam, unser Kumpel Andi, 2,04 Meter groß. Andi will die beiden nur auseinanderbringen, da sticht der mit dem Messer zweimal zu, ganz tief in die Halsschlagader vom Andi. Ein paar Stunden später war Andi tot.

KAY: Und das allerschärfste ist doch: Andi wollte den Streit nur schlichten.

MARC: Wir haben eine Woche Trauer gehabt.

SPIEGEL: Das heißt: Rechte Banden tragen auch untereinander Konflikte aus?

ISA: Ja, Rechte gegen Rechte. Das ist der Kleinkrieg unter den Deutschen.

SPIEGEL: Was heißt das: Ihr seid „rechts"?

MARC: Wir haben unsern Nationalstolz, ganz einfach. Isa, zum Beispiel, die denkt an sich selbst zuletzt, die geht für uns alle. Also ich meine, Isa ist auch schon oft bereit gewesen, fürs Vaterland zu sterben, und ich würde es auch machen.

SPIEGEL: Warum seid ihr so stolz auf Deutschland?

MARC: Aus Deutschland kamen viele führende Kräfte. Ich denke da zum Beispiel an Albert Einstein...

SPIEGEL: ...das war ein Jude.

MARC: Ich hab' nichts gegen Juden.

SPIEGEL: Eben wolltet ihr noch alle Juden nach Jerusalem schicken.

MARC: Ja, ja, ich meine nur, warum sollen die Juden nicht in ihren eigenen Staat gehen.

SPIEGEL: Was sagen eure Eltern zu solchen Sprüchen?

ISA: Also meine Mami und mein Papi sind PDS-Freaks. Ich find' das total dumm. Wenn wir uns unterhalten, läuft alles sofort auf Streit hinaus. Dann schreien wir uns alle nur noch gegenseitig an.

SPIEGEL: Kannst du dir vorstellen, selber mal eine Familie zu gründen?

ISA: Irgendwann schon, wenn ich ein bißchen älter bin. Das ist klar, daß ich dann aus der Gruppe raus muß. Aber wenn ich so 'nen kleinen Knirps oder ein Mädel habe, dann weiß ich ganz genau, daß ich das Kind so erziehen werde, daß es nicht irgendwie herumschwankt. Es soll eine ganz feste Meinung haben. ♦

---

*Im Ost-Berliner Bahnhof Lichtenberg.

Vor dem Lesen

Fragen

1. Lesen Sie den Untertitel des Artikels: *„Die Lichtenberger Streetgang über den Straßenkampf der Jugendbanden im Osten Berlins"*. Lesen Sie die weiteren Informationen über diese Gang. Worum geht es in dem Interview?
2. Gibt es in Ihrem Land auch Straßenbanden? Was wissen Sie über die Mitglieder solcher Banden? Warum schließen Sie sich zu Streetgangs zusammen?
3. Schauen Sie sich die Fotos an. Beschreiben Sie, was Sie sehen. Woran müssen Sie denken, wenn Sie solche Bilder sehen?

Kulturelles

die Nationale Alternative	eine rechtsextreme und nationalistische politische Gruppierung
die polnischen Gebiete	die Teile von Polen, die vor dem Zweiten Weltkrieg zu Deutschland gehört haben
die Wende	*hier:* der Fall der Mauer, die Öffnung der Grenzen zwischen Ost- und Westdeutschland
die Skin-Glatze	*(umg.)* der Skinhead; Mitglied einer meist neofaschistischen Gruppierung, zu deren Erkennungszeichen es gehört, sich den Kopf kahl zu rasieren
Nee	*(berlinerisch)* Nein
aleene	*(berlinerisch)* alleine
die Fidschies	ein Schimpfname in der ehemaligen DDR für Menschen aus Asien, insbesondere aus Vietnam
die PDS	*(Abk.)* „Partei des Demokratischen Sozialismus"; die Nachfolgepartei der Regierungspartei in der ehemaligen DDR

Vokabeln

gehen drauf	*hier:* gehen im Kampf verloren
steh' ich auf'	*(umg.)* mag ich sehr
so 'ne Sache für sich	*(umg.)* etwas, von dem man nicht weiß, wie es ausgehen wird
haben wir Angriffe abgewehrt (abwehren)	haben wir uns gegen Überfälle verteidigt

gab's 'ne totale Niederlage	*(umg.)* haben wir den Kampf verloren
geh'n auf uns los	*(umg.)* greifen uns an
der Molli	*(Abk.)* der Molotow-Cocktail; eine Flasche, die mit Benzin gefüllt und als Wurfgeschoß benutzt wird
der Außenposten	*hier:* jemand, der in einem anderen Teil der Stadt steht
hauen drauf	*(umg.)* schlagen zu
schwupp	Ausdruck für eine plötzliche, schnelle Bewegung, ein schnelles Zupacken oder Zuschlagen
'nen bißchen Stunk	*(umg.)* ein bißchen Ärger, Streit
dann ging's los (losgehen)	*(umg.)* dann hat es begonnen
der ganze Dreck	der ganze Abfall
der Müll	der Abfall
sind auf Randale aus (sein)	*(umg.)* suchen Streit
weggeschubst (wegschubsen)	weggestoßen
echt	*(umg.)* wirklich
gehaust (hausen)	*(umg.)* gelebt, gewohnt
beklaut (beklauen)	*(umg.)* bestohlen
vergewaltigen	zum Geschlechtsverkehr zwingen
angemacht (anmachen)	*hier:* sexuell belästigt
rausgeschmissen (rausschmeißen)	*hier:* entlassen
der Landmaschinenschlosser	ein Arbeiter, der Maschinen für die Landwirtschaft herstellt oder repariert
die Schweißbude	der Teil einer Fabrik, in dem geschweißt wird
in die Luft gejagt	*hier:* eine Explosion verursacht
ausrasten	*(umg.)* sehr wütend werden
tut keiner Seele was zuleide	*hier:* tut niemandem etwas Böses
der Knüppel	ein kurzer, dicker Stock
gedroschen (dreschen)	*hier:* sehr hart geschlagen
die Platzwunde	eine stark blutende Verletzung, bei der die Haut aufgeplatzt ist
das Erkennungszeichen	*hier:* ein Merkmal, an dem sich die Gruppenmitglieder erkennen
die Köppe (m)	*(umg.)* die Köpfe
das absolut schärfste Ding	*hier:* das schlimmste Erlebnis
loszieht (losziehen)	*(umg.)* geht
Das ist Scheiße	*hier:* Das ist Quatsch, Blödsinn
der enge Stab	die leitenden Personen
ausgeplappert (ausplappern)	gedankenlos verraten
der Aufnäher	ein Zeichen oder Symbol aus Stoff, das auf ein Kleidungsstück aufgenäht wird
klatschen	*(umg.)* schlagen
die Standgenehmigung	die Erlaubnis, einen Verkaufsstand zu führen
die Bullen	*(umg.)* die Polizei
der Kumpel	der Freund
schlichten	*hier:* beenden
'nen kleinen Knirps	*(umg.)* ein kleiner Junge
irgendwie herumschwankt (herumschwanken)	keine feste Meinung hat

Nach dem Lesen

Fragen zum Text

1. Wieviele Ausdrücke im Text finden Sie, mit denen Gewalt beschrieben wird?
2. Die Mitglieder der Lichtenberger Streetgang behaupten, daß sie „Alt-Nationalisten" sind. Was meinen sie damit? Von Linken und Antifaschisten werden sie dagegen „Nazis" genannt. Warum?
3. Was halten die jugendlichen Bandenmitglieder von Gewalt? Machen sie gern Randale?

Sprechen

Wir wollen niemanden „dermaßen zusammenschlagen, daß er verendet und tot ist. Nur bis es blutet", sagt Marc. Diskutieren Sie die Ursachen und möglichen Lösungen für die wachsende Gewalt unter Jugendlichen in Großstädten. Welche Rolle spielt dabei der Nationalismus?

Gruppenarbeit

Sie sind Mitglieder der Lichtenberger Streetgang, die von einer ausländischen Zeitung interviewt werden. Sagen Sie den Journalisten, was Sie machen möchten, wenn Sie älter werden.

Schreiben

Sie sind einer der Rumänen, die von der Lichtenberger Streetgang aus dem Bahnhof vertrieben wurden. Fanden Sie das auch „echt friedlich"? Schreiben Sie eine Zeugenaussage für die Polizei.

SCHULEN
Auf Null gebracht

Berliner Soziologen haben eine überraschende Formel entdeckt: Die Bildungschancen deutscher Pennäler steigen mit der Zahl ihrer ausländischen Mitschüler.

Bundesinnenminister Friedrich Zimmermann lebt derzeit in tiefer Sorge um die „Homogenität der deutschen Nation". Mit seinem jüngsten Entwurf für ein neues Ausländerrecht will er Ausländern fortan den Aufenthalt nur gestatten, „soweit das im deutschen Interesse liegt". Weitere Zuwanderungen will der Christsoziale „auf Dauer abwehren".

Nachdenklich stimmen müßte den Minister eine neue Erkenntnis aus dem Max-Planck-Institut für Bildungsforschung in Berlin. Dort haben die Soziologen Gero Lenhardt, 47, und David Baker, 36, in zweijähriger Arbeit bewiesen, daß deutsche Schulkarrieren erst richtig in Schwung kommen, wenn möglichst viele ausländische Schüler mit in den Klassenzimmern sitzen**.

Nicht weniger als 800 000 Schüler fremder Nationalität, darunter 400 000 junge Türken, besuchen bundesdeutsche Schulen. Bereits jeder zwölfte Schüler ist ein Ausländer – im Vergleich zu 1970 eine Steigerung um mehr als 400 Prozent.

Den Folgen der nationalen Vielfalt waren Lenhardt und Baker auf der Spur. Sie sammelten Schülerzahlen aus allen westdeutschen Stadt- und Landkreisen, sie verglichen den Anteil deutscher und ausländischer Schüler in den verschiedenen Schulformen – heraus kam dabei sozusagen ein neues pädagogisches Gesetz: Je mehr ausländische Schüler in die Hauptschule strömen, desto leichter fällt deutschen Pennälern der Aufstieg in Realschule und Gymnasium.

Erklären läßt sich der Mechanismus mit einer weiteren, allerdings uralten Formel, die alle Lehrer ebenso regelmäßig bestreiten wie befolgen: Schulzensuren werden im „Nullsum-

*Türkische, äthiopische und deutsche Grundschüler der Schiller-Schule
**Gero Lenhardt und David Baker: „Ausländerintegration, Schule und Staat". In *Kölner Zeitschrift für Soziologie und Sozialpsychologie*, 1988

*Ausländer-Klasse mit türkischen, äthiopischen und deutschen Grundschülern der Schiller-Schule in Karlsruhe: „Ein Schulpreis nach dem anderen"**

menspiel" (Lenhardt) vergeben. Gute und schlechte Noten sind gleichmäßig zu streuen. Ausländische Kinder verlieren das Spiel zumeist, wegen schlechter Sprachkenntnisse und geringer Bildungsbeflissenheit ihrer Eltern.

Wenn also in der Grundschule „das Soll schlechter Zensuren von ausländischen Schülern besetzt" sei, erklärt Lenhardt, dann bekämen „die deutschen zwangsläufig das Soll günstiger Empfehlungen".

Den ohnehin kräftig geschrumpften Hauptschulen entschwinden damit die letzten deutschen Schüler, die nach dem vierten oder sechsten Jahr in Realschulen oder Gymnasien abwandern.

Manche Hauptschulen in Berlin-Kreuzberg sind inzwischen in türkischer Hand. Und die Karlsruher Schiller-Hauptschule etwa verzeichnet schon einen Ausländeranteil von über 60 Prozent. Ihr Rektor Gustav Lutz, 63, ist darüber nicht besonders unglücklich: „Unsere türkischen und vor allem die griechischen Schüler", berichtet der Pädagoge, „gewinnen einen Schulpreis nach dem anderen."

In Hamburg erreichen ausländische Hauptschüler mit 87 Prozent eine höhere Abschlußquote als deutsche Mitschüler (85 Prozent), die den Absprung ins Gymnasium oder auf die Realschule nicht geschafft haben.

Solche Zahlen präsentiert auch Nordrhein-Westfalens Kultusminister Hans Schwier (SPD). Der „Integrationskurs" habe sich „ausgezahlt", meint Schwier, das Land sei seiner „besonderen Verpflichtung den ausländischen Mitbürgern gegenüber in besonders hohem Maße gerecht geworden".

So viel Selbstlob hält Soziologe Lenhardt für unangebracht: Deutsche Bildungspolitiker hätten stets befürchtet, der Unterricht könne unter der Anwesenheit von ausländischen Kindern leiden. „Die Lage hat sich nur *trotz* der herrschenden Ausländerpolitik entspannt", glaubt auch Bernhard Eibeck, Ausländerexperte der Gewerkschaft Erziehung und Wissenschaft in Frankfurt.

Vor allem das Sprachvermögen der Ausländer, die häufig schon in zweiter Generation in Deutschland leben, sei „stark verbessert". Und Rektor Lutz meint, die Lernmotivation sei rapide gewachsen: „Wenn die türkischen Väter erst mal begreifen, daß ihre Töchter einen Kopf haben, dann unterstützen sie deren Schulbesuch auch mit Erfolg."

So schafft jeder fünfte ausländische Schüler den Realschulabschluß, jeder zwanzigste das Abitur. Auch dafür hat Lenhardt eine Formel parat „Je mehr den höheren Schulen die Schüler ausgehen, desto besser sind die Aufstiegschancen der Ausländer."

Tatsächlich zeigt die Statistik in den Landkreisen, in denen die Zahl deutscher Schüler drastisch sinkt, einen ebenso deutlichen Zuwachs ausländischer Realschüler und Gymnasiasten. Höheren Schulen droht vielerorts die Auflösung mangels Masse – chauvinistische Vorbehalte verschwinden da schnell.

Das Gelsenkirchener Ricarda-Huch-Gymnasium zum Beispiel hat bereits einen Türkisch-Kurs eingerichtet. Um für Nachschub zu sorgen, bemüht sich Schulleiter Wilhelm Funcke nun, „mehr Türken für das Gymnasium zu motivieren, die früher auf die Hauptschule geschickt worden wären".

Nach Lenhardts Ansicht ist damit bewiesen, daß „das deutsche Bildungssystem zum Vorreiter der Ausländerintegration geworden" sei. Maria del Carmen Marin Ferrano dagegen, eine Ex-Schülerin der Karlsruher Schiller-Schule, hält ein solches Urteil für ziemlich formalistisch.

Die Tochter spanischer Gastarbeiter hat es trotz vieler Zurücksetzungen bis zum Abitur gebracht: „In Deutschland", das zeigt ihr die Erfahrung, „ist man als Ausländer immer noch ein Mensch zweiter Klasse." ♦

Vor dem Lesen

Fragen

1. Lesen Sie den Untertitel des Artikels: „*Berliner Soziologen haben eine überraschende Formel entdeckt: Die Bildungschancen deutscher Pennäler steigen mit der Zahl ihrer ausländischen Mitschüler.*" Worum geht es in dem Artikel?

2. Gibt es ausländische Schüler in Ihrem Heimatland? Wie werden sie in Ihr Schulsystem integriert? Sind sie in der Regel besser oder schlechter als die einheimischen Schüler? Warum?

3. Schauen Sie sich das Foto an. Was sehen Sie?

Kulturelles

der Christsoziale	*hier:* Friedrich Zimmermann, der Mitglied der Christlich Sozialen Union (CSU) ist, einer rechtskonservativen Partei
das Max-Planck-Institut für Bildungsforschung	eine Forschungseinrichtung, die sich mit Fragen zur Schulbildung beschäftigt
die Hauptschule	Pflichtschule, in die man vom 5. bis zum 9. Schuljahr geht, wenn man nicht in eine Realschule oder auf ein Gymnasium geht
die Realschule	Mittelschule, die ein höheres Bildungsniveau hat als die Hauptschule und in die man vom 5. bis zum 10. Schuljahr geht
das Gymnasium	höhere Schule, in die man vom 5. bis zum 13. Schuljahr geht und nach der man berechtigt ist, an einer Universität zu studieren
Kreuzberg	ein Stadtteil von Berlin
Karlsruhe	eine Stadt in Süddeutschland
Friedrich Schiller	ein deutscher Dichter, der im 18. Jahrhundert gelebt hat

der Kultusminister	der Minister eines Bundeslandes, der für Bildung zuständig ist
die SPD	(Abk.) die „Sozialdemokratische Partei Deutschlands"; die zweitgrößte politische Partei Deutschlands
die Gewerkschaft Erziehung und Wissenschaft	die Vereinigung von Lehrern zur Verbesserung ihrer wirtschaftlichen and sozialen Situation
Gelsenkirchen	eine Stadt im Ruhrgebiet
Ricarda Huch	eine deutsche Dichterin 20. Jahrhunderts

Vokabeln

auf Null gebracht (bringen)	*hier:* nicht das geringste Ergebnis zeigen
der Pennäler	der Schüler
der Entwurf	der Plan
auf Dauer	ständig
abwehren	*hier:* verhindern
die Erkenntnis	die Einsicht
in Schwung kommen	vorankommen, angetrieben werden
waren sie auf der Spur (sein)	wollten sie etwas herausfinden
verglichen (vergleichen)	stellten einander gegenüber
bestreiten	*hier:* sagen, daß etwas nicht wahr ist
befolgen	einhalten, beachten
das „Nullsummenspiel"	*hier:* eine Regel, nach der in einer Schulklasse genauso viele gute wie schlechte Noten verteilt werden
streuen	verteilen
die Bildungsbeflissenheit	das Interesse an einer guten Bildung
das Soll	*hier:* die eingeplante Zahl
die Zensur	die Note, mit der die Leistung in der Schule bewertet wird
zwangsläufig	sowieso, unabsichtlich
günstig	gut, vorteilhaft
die Empfehlung	*hier:* die Zensur
ohnehin	sowieso
geschrumpft	kleiner geworden
entschwinden	nicht mehr zu sehen
die Abschlußquote	die Anzahl der Schüler, die eine Schulbildung erfolgreich abschließen
der Absprung	*hier:* der Eintritt
habe sich „ausgezahlt"	*hier:* habe sich gelohnt, war der Mühe wert
das Selbstlob	wenn man eigene Verdienste oder Fähigkeiten hervorhebt
unangebracht	unpassend, nicht wüschenswert
leiden	*hier:* schlechter werden
hat sich entspannt (entspannen)	hat sich beruhigt
die Auflösung	die Schließung
mangels Masse	*hier:* weil es zu wenige Schüler gibt
der Vorbehalt	*hier:* das Vorurteil

der Nachschub   *hier:* mehr Schüler
der Vorreiter   jemand, der als erster etwas Neues durchführt

Nach dem Lesen

Fragen zum Text

1. Zu welchen Ergebnissen ist die jüngste Forschung über ausländische Schüler in deutschen Schulen gekommen?
2. Wieviele Ausländer waren 1988 in deutschen Schulen? Wieviele waren es 1970? Wer gewinnt durch diese nationale Vielfalt? Warum?
3. Warum sind ausländische Schüler in vielen Gymnasien und Realschulen besonders willkommen?

Sprechen

Die Ausländer sind in Deutschland nur „Menschen zweiter Klasse", behauptet Maria Ferrano. Stimmt das? Diskutieren Sie, wie die Ausländer in deutschen Schulen behandelt werden, wie ihre Zensuren sind und ihre Chancen, die Schule abzuschließen.

Gruppenarbeit

Sie sind eine Gruppe von türkischen Soziologen, die in Berlin lebt. Gemeinsam analysieren Sie die Erkenntnisse aus dem Max-Planck-Institut. Sind Sie derselben Meinung wie Gero Lenhardt und David Baker oder kommen Sie zu anderen Schlußfolgerungen? Zu welchen?

Schreiben

Sie sind Lehrer an einer Hauptschule in Gelsenkirchen. Einer Ihrer besten Schüler ist ein Türke. Sie sind der Meinung, daß er auf ein Gymnasium gehen sollte, doch sein Vater ist dagegen. Er glaubt, daß das Gymnasium zu schwer für seinen Sohn ist. Schreiben Sie einen Brief an den Vater und versuchen Sie ihn vom Gegenteil zu überzeugen.

SCHULEN
Unzüchtige Welt

Aussiedler haben in Nordrhein-Westfalen ihre erste eigene Schule gegründet.

In der Detmolder August-Hermann-Francke-Schule herrschen noch Zucht und Ordnung. Jungen und Mädchen dürfen nicht zusammen turnen, das schriftlich niedergelegte Pauk-Konzept basiert auf der Bibel. Erziehungsziele: „Frömmigkeit, Pflichtbewußtsein und Familiensinn."

Die Lehranstalt mit dem Muff längst überholter Pädagogik ist brandneu: In der ersten staatlich anerkannten Privatschule für Aussiedler werden seit Beginn des Schuljahres 99 Kinder unterrichtet, die vorwiegend aus Kirgisien, Tadschikistan und Kasachstan stammen. Sie sollen in ihrer Enklave so lange wie möglich vor einer „konsumorientierten, blasphemischen und unzüchtigen Welt" bewahrt werden, sagt Otto Hertel, 70, Vorsitzender des Christlichen Schulvereins Lippe.

Der Trägerverein, gegründet von Rußlanddeutschen, hat für die Sondererziehung der Kinder zwei Pavillons gemietet, die früher zu einer Hauptschule gehörten. In Eigenarbeit möbelten die Eltern, deren Sprößlinge in vier Zügen des fünften Schuljahres unterrichtet werden, das verkommene Gestühl auf und verpaßten dem tristen Gemäuer einen neuen Anstrich.

Die Eltern betrachten die Detmolder Schule als Brücke zwischen der alten und der neuen Heimat. „Wir wollen die Kinder", erklärt Hertel, „eine Zeitlang bewahren vor allzu vielen Antworten auf die Frage nach dem Sinn des Lebens." Die Schule sei als schützende Wand gedacht, „die erst mit der Zeit mehr und mehr" geöffnet werden soll.

Daß deutschstämmige Aussiedler aus der Sowjetunion ihren Nachwuchs nicht auf staatliche Schulen lassen wollen, hat vielfältige Ursachen. Viele der rund 250 000 Rußlanddeutschen, die seit 1950 in der Bundesrepublik aufgenommen wurden, gehören der strenggläubigen Freikirche der Mennoniten an. Sie haben, nach Jahrzehnten der Diskriminierung und Verfolgung, ein starkes Gefühl der Zusammengehörigkeit entwickelt. Überdurchschnittlich viele zog es ins Lipper- und ins Siegerland, die seit Jahrhunderten vom Pietismus geprägt sind.

Aussiedlerklasse in Detmold: „Wundstriemen scheuern das Böse weg"
Rußlanddeutsche „schützen" ihre Kinder vor liberaler Schulpädagogik

Oft jahrzehntelang haben sie sich „ein Bild von Deutschland erträumt", so Hertel, „wie es vor 100 Jahren einmal war". Doch im gelobten Land erlitten sie einen „Kulturschock". Hertel, pensionierter Lehrer und selber 1978 ausgesiedelt: „Ein Schlag vor den Kopf".

Viele Eltern bewegt vor allem die Sorge, ihre Kinder könnten aus dem tradierten Wertesystem abrutschen in den Sumpf des Bösen, der ihrer Auffassung nach auch in staatlichen Schulen mit moderner, liberaler Pädagogik anzutreffen ist.

In einer privaten Schule wie in Detmold sehen die Aussiedler ihre Kinder erst mal vor solchem Ungemach beschützt. Der Trägerverein finanziert die Lehranstalt, da Schulgeldfreiheit in der Bundesrepublik gesetzlich vorgeschrieben ist, über Spenden von Mennoniten-Gemeinden und Eltern. Hertel: „Die Eltern spenden pro Kind und Monat je nach Einkommen zwischen Null und 540 Mark."

Damit ist das erforderliche Eigenkapital nachgewiesen. Und da der Staat die Einrichtung als „Ersatzschule" anerkannt hat, steuert das Land Nordrhein-Westfalen 92 Prozent der Sach- und Personalkosten bei.

Zehn Lehrer mit staatlicher Lehrbefugnis wurden angeheuert, sie decken das gesamte Spektrum des staatlichen Lehrplans ab. Einzige Voraussetzung: Die Lehrer, „alles alteingesessene Bundesbürger" (Hertel), mußten bekennende Christen sein.

Emanzipatorische Erziehung, die den Schülern kritisches Denken und freie Entfaltung der Persönlichkeit nahebringen soll, ist bei Rußlanddeutschen nicht gefragt.

Seit Jahren schon werden die Kultusministerien in den Ländern mit Briefen bombardiert, in denen Eltern ihr Leid klagen: „Uns ist vor Gott klargeworden", schrieb das Aussiedler-Ehepaar Helmut und Katarina Penner an den Düsseldorfer Kultusminister Hans Schwier, „daß wir unsere Kinder nicht emanzipatorischen Lehrern überlassen dürfen, noch weniger als kommunistischen." Und die Staatenwechsler Gustav und Frieda Quiring beschweren sich beim Minister: „Als Rußlanddeutsche beobachten wir mit wachsender Besorgnis den allgemeinen sittlichen und moralischen Zerfall in der Bundesrepublik."

Eine Aussiedler-Gemeinde, die sich als „Israeliten im Neuen Bund Gottes" vorstellte, lud im badischen Freiburg sogar per Flugblatt und Postwurfsendung „alle gläubigen Eltern" zu einer Protest-Konferenz ein. Im Kolpinghaus der Stadt beriefen sich die Eltern auf die Bibel, um die körperliche Züchtigung als Erziehungsmittel zu verteidigen: „Wundstriemen scheuern das Böse weg", heiße es im Buch der Sprüche.

Anlaß für die Versammlung war das Urteil eines Gerichts in Freiburg, das einer Aussiedler-Familie das Sorgerecht für drei Kinder entzogen hatte – wegen schwerer Mißhandlungen. In staatlichen Schulen, wetterte daraufhin der Initiator der Eltern-Konferenz, Heinrich Siffringer, werde „alle göttliche Ordnung über den Haufen geworfen".

Bei vielen Rußlanddeutschen mündete dieser Protest in Verweigerung. Sie meldeten ihre Kinder von den staatlichen Schulen ab und unterrichteten den Nachwuchs daheim im Wohnzimmer. Andere gründeten obskure Heimschulen, in denen mit biblischer Prügelpädagogik vor allem Gottesfürchtigkeit gelehrt wird. So propagiert auch der Siegener Aussiedler und selbsternannte Lehrer Helmut Stücher den Rohrstock als Erziehungsmittel: „Es steht geschrieben: ‚Wer seinen Sohn liebhat, sucht ihn früh heim mit Züchtigung'."

Von solchen „radikalen Auswüchsen" distanziert sich der „Christliche Schulverein Lippe". In der August-Hermann-Francke-Schule, benannt nach einem Mitbegründer des Pietismus, werde streng nach „Recht und Verfassung" verfahren, sagt Schulleiter Gerd-Eberhard Tilly, 46. Die Lehranstalt biete eine gute „Möglichkeit zur Integration der Rußlanddeutschen".

Das will der Detmolder Regierungspräsident Walter Stich, zuständig für die Privatschule, so nicht unterschreiben. „Solche Inseln", erkannte er, „bremsen natürlich die Integration und können zum Nachteil der Schüler gereichen." Dennoch habe er Verständnis für die Eltern, denen der Integrationsprozeß an den öffentlichen Schulen zu schnell gehe. Schließlich lägen, so Stich, „zwischen ihrer und unserer Welt derzeit oftmals 200 Jahre".

Der Schulverein selber bemüht sich, jeden Eindruck einer Abkapselung zu vermeiden. So sind 20 der 99 Schüler „Kinder alteingesessener Bundesbürger", wie Hertel vermerkt. Überhaupt sei die Schule offen für jedermann – „egal ob Deutscher, Türke oder Neger"♦

Vor dem Lesen

Fragen

1. Lesen Sie den Untertitel des Artikels: *„Aussiedler haben in Nordrhein-Westfalen ihre erste eigene Schule gegründet."* Worum geht es in dem Artikel?

2. Gibt es in Ihrem Land viele Privatschulen? Wodurch unterscheiden sich in Ihrem Land die privaten von den öffentlichen Schulen?

3. Schauen Sie sich das Foto an. In dieser Schule werden Schüler, die sich nicht gut benehmen, mit Schlägen bestraft. Was halten Sie davon? Gibt es in Ihrem Land auch solche Schulen?

Kulturelles

der Aussiedler	ein Angehöriger einer deutschsprachigen Minderheit in Osteuropa, der nach Deutschland emigriert ist
Nordrhein-Westfalen	ein Bundesland in der Bundesrepublik Deutschland
Detmold	eine Stadt in Nordrhein-Westfalen
der Trägerverein	*hier:* eine Gruppe von Leuten, die eine Schule finanzieren
die Freikirche der Mennoniten	eine Religionsgemeinschaft, die sich im 16. Jahrhundert von der katholischen Kirche abspaltete
das Kolpinghaus	Versammlungsort einer christlichen Organisation, die nach ihrem Gründer Adolf Kolping benannt ist

Vokabeln

unzüchtig	unmoralisch, frivol
herrschen	*hier:* gibt es
turnen	Sport treiben
das „Pauk-Konzept"	eine Pädagogik, die aus unkritischem Auswendiglernen besteht
die „Frömmigkeit"	das gehorsame, gottesgläubige Benehmen
mit dem Muff	*hier:* mit dem konservativen Denken
vor etwas bewahrt (bewahren)	vor etwas schützt
der Sprößling	das Kind
der Zug	*hier:* die Schulklasse
das verkommene Gestühl	die kaputten Möbel
verpaßten einen neuen Anstrich (verpassen)	übermalten
das triste Gemäuer	das trostlose Gebäude
der Nachwuchs	die Kinder
vielfältige Ursachen	verschiedene Gründe
vom Pietismus geprägt	*hier:* charakterisiert durch eine puritanische Frömmigkeit
ein Schlag vor den Kopf	*hier:* ein Schock
tradiert	überliefert, vererbt, weitergegeben
abrutschen	absinken
der Sumpf	der Morast
anzutreffen (antreffen)	zu finden
das Ungemach	das Übel
die Spende	das geschenkte Geld
steuert bei (beisteuern)	gibt, beiträgt
mit staatlicher Lehrbefugnis	mit der staatlichen Genehmigung zu unterrichten
angeheuert (anheuern)	*hier:* eingestellt
alteingesessen	etabliert
die Entfaltung	die Entwicklung, die Verwirklichung der Persönlichkeit
nicht gefragt	*hier:* nicht gewollt
mit wachsender Besorgnis	mit mehr und mehr Sorge
der Zerfall	der Verfall
sich auf etwas beriefen (berufen)	als Beweis vorbrachten
die körperliche Züchtigung	die Bestrafung durch Schläge
der Wundstriemen	eine streifenförmige Verletzung
scheuern	säubern, kratzen
das Sorgerecht entzogen (entziehen)	die erzieherische Verantwortung wegnahmen
wetterte (wettern)	schimpfte
über den Haufen geworfen (werfen)	völlig ignorierte
die Verweigerung	die Ablehnung, die Weigerung
die Prügelpädagogik	das Schlagen als Lehrmethode
die Gottesfürchtigkeit	der Respekt vor Gott
der Rohrstock	Stock aus Bambus zum Schlagen
sucht ihn heim (heimsuchen)	verfolgt ihn

der Auswuchs	die Übertreibung
das Recht und die Verfassung	*hier:* die schriftlich fixierten Gesetze des Staates
zum Nachteil gereichen	sich unvorteilhaft auswirken
die Abkapselung	der Rückzug in die Isolation

Nach dem Lesen

Fragen zum Text

1. Aus welchen Ländern kommen die im Artikel beschriebenen deutschstämmigen Aussiedler?
2. Warum möchten einige der Aussiedler nicht, daß ihre Kinder auf eine öffentliche deutsche Schule gehen? Was ist für sie die „unzüchtige Welt"?
3. Wie erziehen viele der Rußlanddeutschen ihre Kinder? Was ist das Ziel dieser Erziehung?

Sprechen

Es ist der Wunsch von vielen Rußlanddeutschen, eine Brücke zwischen der alten „kommunistischen" und der neuen „konsumorientierten, blasphemischen und unzüchtigen" Heimat zu errichten. Diskutieren Sie die Probleme, die die Rußlanddeutschen mit ihrer Anpassung an den „allgemeinen sittlichen und moralischen Zerfall" in ihrer neuen Heimat, der Bundesrepublik Deutschland, haben.

Gruppenarbeit

Es wird behauptet: „Wer seinen Sohn liebhat, sucht ihn früh heim mit Züchtigung." Sammeln Sie Argumente für und gegen eine solche strenge Erziehung.

Schreiben

Sie sind der Kultusminister von Nordrhein-Westfalen. Der Vater einer Aussiedler-Familie hat Ihnen einen Brief geschrieben, in dem er sich über die öffentlichen Schulen in Ihrem Bundesland beklagt. Schreiben Sie zurück. Nehmen Sie die öffentlichen Schulen in Ihrem Land gegen die Vorwürfe in Schutz.

LEHRER
Projekte am Teich

Jede vierte Unterrichtsstunde fällt aus, weil Lehrer sich so viele Freistunden nehmen dürfen.

Otto Rundel, 63, ist als Präsident des Rechnungshofes Baden-Württemberg schon von Berufs wegen neugierig.

Was, so wollte der Karlsruher Rundel kürzlich geklärt wissen, hat eigentlich die Pflege des Schulteichs mit den Pflichten eines Lehrers zu tun? Warum, fragte der Präsident, wird den Paukern gleich das Stundenpensum gekürzt, nur weil sie einen Fotokurs betreuen oder den Schlüssel für die Turnhalle verwahren?

„Fragwürdig" findet der Jurist Rundel das ganze System des Freizeit-Ausgleichs, daß den Lehrern Stunden erlassen würden, wenn sie etwa die Schülerzeitung, eine Theatergruppe oder das „Bemalen des Schulhofs" betreuten.

Jede vierte Unterrichtsstunde werde aus solchen und ähnlichen Gründen „für andere Aufgaben eingesetzt" oder gar überhaupt „nicht geleistet". Rundels Fazit: Allein den baden-württembergischen Steuerzahler koste diese Großzügigkeit des Staates jährlich fast 700 Millionen Mark.

Bundesweit ist der Schaden noch um ein Vielfaches höher. Auch die Kultusminister in Düsseldorf, Mainz und Kiel kämpfen bereits seit Monaten gegen den kaum noch überschaubaren Wildwuchs an Freistunden – ob mit Erfolg, ist ungewiß.

In diesen Streit mischte sich Rundel mit einem 35 Seiten starken Rechnungshof-Gutachten über die „Deputate der Lehrer an Grund- und Hauptschulen" ein. Das Werk adressierte er an Landtag und Landesregierung in Stuttgart.

Schneller als die Politiker reagierten die Betroffenen: Vom Lehrer-Verband Bildung und Erziehung bekam Rundel eine „rote Karte" gezeigt – wegen „skandalöser Behauptungen", die „jeglichen Sachverstands entbehren" würden. Die Kollegen von der Gewerkschaft Erziehung und Wissenschaft unterstellten dem Christdemokraten Rundel sogar ein „abgekartetes Spiel" mit Regierungschef Lothar Späth.

Streitfall Öko-Unterricht: kreative Geldverschwendung?*

Auch Martin Wurm, Vorsitzender des Beamtenbundes Baden-Württemberg, glaubt, der Rechnungshof habe „auf Bestellung gearbeitet". In Wahrheit solle nur die von der Landesregierung bisher unbeachtete Forderung der Lehrer nach Senkung ihrer Wochenarbeitszeit „in der Öffentlichkeit" in Mißkredit gebracht werden.

Doch der Rechnungsprüfer Rundel beharrt auf seinen Fragen. Auch die Arbeit der Schulmeister müsse einer „kritischen Würdigung" seiner Behörde standhalten.

So äußern Rundels Prüfer deutliche „Zweifel" an der „Berechtigung" der allen Lehrern vom 56. Lebensjahr an gewährten Absenkung ihrer Deputate um zwei Wochenstunden. Auch die Fülle von Ermäßigungen für Schulleitungsaufgaben, für die Beschaffung von Lern und Lehrmitteln oder für diverse Nebenfunktionen, wie etwa die „Betreuung" der Schulküche oder einer Wetterstation, stößt beim Rechnungshof auf Kritik.

Besonders großzügig wird die Arbeit der Lehrer im sogenannten erweiterten Bildungsangebot der Hauptschulen mit Freizeit abgegolten. Hier nennen die

---
*Lehrer und Schüler beim Anlegen eines Biotops in Stetten im Remstal.

Prüfer nicht weniger als 53 Beispiele für Sonderaufgaben, mit denen sich die Pädagogen aus dem Unterricht verabschieden dürfen: Vom „Anlegen eines Weinberges" über die „Herstellung von Naturcollagen" und das „Wandern und Radeln" bis zu „Flötenspiel" und „Jazztanz".

Dem Präsidenten paßt die ganze Richtung nicht. Das erweiterte Bildungsangebot hält der staatliche Oberbuchhalter für eine kreative Form der Geldverschwendung: Für die Vorbereitung der Hauptschüler auf den Beruf habe es wenig Nutzen.

Der provokative Vorstoß brachte Rundel allerdings auch Ärger mit dem Stuttgarter Kultusminister Gerhard Mayer-Vorfelder (CDU), der sonst zu jedem Seitenhieb auf die Lehrerschaft bereit ist. Eine Verwirklichung der Sparvorschläge würde eine „ungeheure Verarmung der Schule bedeuten"; ohne zusätzliche Angebote im musischen oder sportlichen Bereich müsse sie „zur Paukschule verkommen".

Tatsächlich kann es Motivation und Kreativität der Schüler anregen, wenn im sogenannten Projektunterricht Schulhöfe verschönert oder während der Unterrichtszeit Öko-Teiche angelegt werden. Es fragt sich nur, ob und wie den Paukern die Stunden am Teich vergolten werden sollen. Viele Lehrerkollegien haben sich offenbar an einen großzügigen Stundenerlaß für Nichtigkeiten gewöhnt und betrachten ihn schon als sozialen Besitzstand. Amtlich festgestellt hatten dies vor Jahren bereits rheinland-pfälzische Rechnungsprüfer: Demnach fielen innerhalb von zwölf Monaten Stunden im Gehaltswert von 41.5 Millionen Mark aus, weil die Pädagogen Entlastungsstunden in Anspruch genommen hatten, die „nicht oder nicht stichhaltig begründet waren".

Auch zwischen dem SPD-geführten Kultusministerium in Kiel und den schleswig-holsteinischen Lehrerverbänden wird derzeit heftig um Ermäßigungs und Ausgleichsstunden gestritten. Der Kieler Rechnungshof hatte ebenfalls moniert, daß an den Schulen des Landes „Zehntausende von Freistunden" überflüssig und daher „nicht vereinbar mit einer sparsamen Haushaltsführung" seien. Vor allem den Gymnasiallehrern wurde dringend die „Rückkehr zu einer sachbezogenen Systematik bei der Abrechnung von Ausgleichsstunden" empfohlen.

Um den Freistunden-Wucher zu bekämpfen, rückte Nordrhein-Westfalens Kultusminister Hans Schwier kürzlich den politisch aktiven Lehrern des Landes zu Leibe. Er strich ihnen den Stundenrabatt für parlamentarische Ämter, bekam deswegen aber sofort Krach mit der eigenen Partei – die stark von Lehrern durchsetzt ist. Schwiers Erlaß, so ein SPD-Beschluß, sei eine „außerordentlich schwerwiegende Diskriminierung".

Der Minister hält seine Lehrer freilich für so gut bezahlt, daß nicht jede Anstrengung gleich vergütet werden müsse. Schwier: „Wer glaubt, Zuwendung zu Kindern und Jugendlichen sofort in Entlastungsstunden umrechnen zu müssen, der hat den Beruf verfehlt." ◆

Vor dem Lesen

Fragen

1. Lesen Sie den Untertitel des Artikels: *„Jede vierte Unterrichtsstunde fällt aus, weil Lehrer sich so viele Freistunden nehmen dürfen."* Worum geht es in dem Artikel?

2. Wieviele Stunden Unterricht haben Sie jede Woche? Wieviele Stunden davon fallen aus? Werden sie nachgeholt?

3. Schauen Sie sich das Foto an. Was sehen Sie? Lesen Sie die Bildunterschrift und die Fußnote. Gibt es an Ihrer Schule ähnliche Projekte?

Kulturelles

der Öko-Unterricht	ein Schulfach, in dem gezeigt wird, wie man der Natur helfen und die Umwelt schützen kann
Stetten im Remstal	eine kleine Stadt im Süden von Deutschland
der Rechnungshof	eine staatliche Institution, die prüft, wieviel Geld die Bundesregierung oder die Regierungen der einzelnen Bundesländer ausgeben
Baden-Württemberg	ein Bundesland im Südwesten Deutschlands
Freizeit-Ausgleich	ein Gesetz, in dem steht, daß Beamte für mehr Arbeit auch mehr Freizeit bekommen
der Kultusminister	der Minister, der für Bildung und Ausbildung verantwortlich ist; zum Beispiel für Schulen und Universitäten
das Deputat	*hier:* wieviele Stunden die Lehrer pro Woche unterrichten müssen
der Landtag	das Parlament in einem Bundesland
der Lehrer-Verband Bildung und Erziehung	eine Organisation, die die Interessen der Lehrer vertritt

die Gewerkschaft Erziehung und Wissenschaft	die Gewerkschaft, in der sich die Lehrer zusammengeschlossen haben
der Christdemokrat	ein Mitglied der „Christlich Demokratischen Partei" (CDU): der größten politischen Partei in Deutschland
Lothar Späth	der Ministerpräsident von Baden-Württemberg und ein Mitglied der CDU
der Beamtenbund	eine Organisation, die die Interessen der Beamten vertritt
Entlastungsstunden, Ausgleichsstunden	Stunden, die die Lehrer weniger arbeiten müssen, weil sie in ihrer Freizeit Schulprojekte betreuen

Vokabeln

der Teich	ein kleiner See
fällt aus (ausfallen)	wird abgesagt
die Geldverschwendung	Geld, das sinnlos ausgegeben wird
das Biotop	*hier:* ein kleiner See für Tiere und Pflanzen
neugierig	sehr interessiert
die Pflege	die Sorge und Aufsicht
die Pflicht	etwas, was man tun muß, wofür man verantwortlich ist
der Pauker	*(umg.)* der Lehrer
das Stundenpensum	*hier:* alle Stunden, die sie unterrichten müssen
eingesetzt (einsetzen)	benötigt, gebraucht
„nicht geleistet" (leisten)	nicht gemacht
das Fazit	das Ergebnis, die Zusammenfassung
die Großzügigkeit	wenn man sich nicht um die Kosten kümmert; die Freigebigkeit
der Schaden	der Verlust
der Wildwuchs	*hier:* das unkontrollierte Wachstum
mischte sich Rundel ein (einmischen)	*hier:* sagte, beteiligte sich Rundel
das Gutachten	das schriftliche Urteil von einem Spezialisten
„bekam die rote Karte gezeigt" (zeigen)	*hier:* wurde heftig angegriffen
„jeglichen Sachverstands entbehren"	unqualifiziert sind
die Kollegen unterstellten (unterstellen)	*hier:* die Kollegen dachten, daß
das „abgekartete Spiel"	*hier:* die heimliche Absprache
„auf Bestellung gearbeitet"	*hier:* im Auftrag
beharrt (beharren)	besteht
die „kritische Würdigung"	*hier:* strenge Untersuchung, Prüfung
die Behörde	eine staatliche Institution; *hier:* der Rechnungshof
standhalten	nicht nachgeben, bestehen
gewährt	gegeben, zugestanden
die Ermäßigung	die Reduzierung

die Beschaffung	der Kauf
die Lern- und Lehrmittel	*hier:* Schulbücher, Landkarten
das erweiterte Bildungsangebot, Sonderaufgaben	*hier:* was die Lehrer mit den Schülern außerhalb der Schulzeit machen
der Seitenhieb	die spöttische Bemerkung, die Kritik
die Paukschule	*hier:* eine Schule, in der nur Fakten auswendig gelernt werden
verkommen	*hier:* entarten, degenerieren
vergolten (vergelten)	*hier:* bezahlt
der großzügige Stundenerlaß	*hier:* viele Stunden, die die Lehrer nicht unterrichten müssen
die Nichtigkeit	die Kleinigkeit
als sozialen Besitzstand	*hier:* als Besitz, auf den sie ein Recht haben
amtlich festgestellt (feststellen)	von einer Behörde bestätigt
stichhaltig	logisch richtig, durch Fakten beweisbar
moniert (monieren)	kritisiert
die sachbezogene Systematik	ein System, in dem man alles exakt nachprüfen kann
der Freistunden-Wucher	*hier:* die vielen Freistunden
rückte er den Lehrern zu Leibe (zu Leibe rücken)	bekämpfte er die Lehrer
der Stundenrabatt	*hier:* Stunden, die die Lehrer nicht unterrichten müssen
der Krach	der Streit, der Ärger
der Erlaß	*hier:* das Gesetz
habe den Beruf verfehlt (verfehlen)	hat sich für den falschen Beruf entschieden

Nach dem Lesen

Fragen zum Text

1. Warum geht der Rechnungshof-Präsident Rundel gegen die Lehrer vor? Mit welchen Ausdrücken wird Rundel im Text beschrieben?
2. Was sagen die Lehrer zu Rundels Argumenten? Mit welchen Ausdrücken werden die Lehrer im Text beschrieben?
3. In Deutschland bekommen die Lehrer Freistunden für Extra-Arbeit. Wie wird diese Extra-Arbeit im Text noch genannt?
4. Welche Beispiele für Extra-Aufgaben finden Sie im Text?

Sprechen

Finden Sie es richtig, daß die Lehrer in Deutschland sich auch außerhalb der Schulzeit um ihre Schüler kümmern? Glauben Sie, daß die im Text beschriebenen Projekte wichtig sind? Dürfen wegen dieser Projekte Unterrichtsstunden ausfallen?

Gruppenarbeit Sie sind eine Gruppe von Beamten im Kultusministerium von Baden-Württemberg. Im Auftrag des Kultusministers sollen Sie nach einer Lösung für das Problem suchen: Die Lehrer sollen sich weiter für ihre Schüler engagieren, ohne daß dabei Unterrichtsstunden ausfallen. Was ist zu tun?

Schreiben Ihr Kind geht in Baden-Würtemberg in eine Schule, in der viele Unterrichtsstunden ausfallen. Schreiben Sie einen Brief an Ihren Kultusminister. Beschreiben Sie ihm die Situation und beklagen Sie sich darüber.

INTERVIEW

„Angst vor starken Gefühlen"

SPIEGEL-Interview mit der Kindheitsforscherin Alice Miller über prügelnde Eltern

SPIEGEL: Frau Miller, sind für die positive oder negative Entwicklung eines Kindes oder Jugendlichen nur die Eltern verantwortlich?

MILLER: Ja, sie haben mit dem Zeugungsakt die Verantwortung für das Leben dieses Menschen übernommen. Wenn sie diese Verantwortung wahrnehmen, wird ihr Kind ebenfalls zum verantwortungsvollen Erwachsenen, der seine Kinder achtet.

SPIEGEL: Aber es gibt doch auch andere Faktoren, die eine Rolle in der Kindheit spielen: soziale Herkunft, Behandlung in der Schule, die Reaktionen der Gesellschaft.

MILLER: Selbstverständlich. Alle diese Faktoren sind wichtig. Aber ein Kind, das bei der Geburt nicht von ahnungslosen Ärzten mißhandelt wurde, das in der ersten Lebenszeit Liebe und Achtung erfahren durfte, wird sich später viel besser gegen Übergriffe seitens des Lehrers, des Vorgesetzten, des Partners wehren können, als ein Kind, das schon zu Hause lernen mußte, daß es nicht widersprechen darf. Kinder, die sich bei ihren Eltern vehement vor Übergriffen wehren durften, werden niemals zu destruktiven Jugendlichen oder Erwachsenen. Es ist der dressierte, gehorsame Junge, der später zu unfaßbaren Taten fähig ist. Neben den Tagebüchern der Naziverbrecher, zum Beispiel des Auschwitzkommandanten Rudolf Höß, gibt es eine reiche Dokumentation über die Kindheiten der freiwilligen Vietnamkämpfer. Sie wurden alle in der Kindheit auf Gehorsam gedrillt.

SPIEGEL: Erzeugen Sie bei Eltern und Erziehern nicht enorme Schuldgefühle, wenn Sie sie in Ihren Büchern mit diesen destruktiven Verhaltensmustern konfrontieren?

MILLER: Das ist möglich, doch bei Eltern, die ihre Kinder krankenhausreif schlagen, ist es nötig, das Schuldbewußtsein überhaupt zu wecken. Sie denken, das Schlagen sei richtig, weil es in ihrem Elternhaus auch so zugegangen

Das Interview führte SPIEGEL-Redakteurin Irma Nelles.

Therapeutin Alice Miller
„Helfende Zeugin" von Einsamkeit, Terror und Grausamkeit

Alice Miller

gab nach der erfolgreichen Veröffentlichung ihres ersten Buches „Das Drama des begabten Kindes" (1979) ihre Praxis und Lehrtätigkeit als Psychoanalytikerin auf, um das Schicksal mißhandelter Kinder systematisch erforschen zu können. Weitere Bücher, wie „Am Anfang war Erziehung" (1980) und „Abbruch der Schweigemauer" (1990), behandeln die Ursachen und Folgen von Kindesmißhandlungen. 1986 erhielt Alice Miller, 67, in New York den Janusz-Korczak-Preis. 1988 erklärte sie ihren Austritt aus der Internationalen Psychoanalytischen Vereinigung, weil sie während ihrer schriftstellerischen Tätigkeit entdeckte, daß die psychoanalytische Theorie und Praxis den Opfern von Kindesmißhandlungen nicht helfen kann, solange sie die Folgen der in der Kindheit erlittenen seelischen Verletzungen nicht erfahrbar macht.

ist. Aber Kindesmißhandlungen sind ein Verbrechen, weil sie einen im Wachstum befindlichen Organismus psychisch lebenslänglich schädigen. Jeder Mensch sollte das wissen. Erst wenn das Gesetz dieses Verbrechen eindeutig verbietet, es meinetwegen mit Geldstrafen belegt, wird sich zweifellos etwas in der öffentlichen Mentalität ändern. Solange Kinder nicht die normalen Menschenrechte haben, kann man sie straflos grausam behandeln, ohne eine Buße, und ihnen das als Liebe verkaufen. Die Kinder lernen diese Heuchelei und wenden sie als Eltern später an.

SPIEGEL: Hat sich der Erziehungsstil der jüngeren Generation nicht schon erheblich gewandelt?

MILLER: Ich meine ja. Das zeigt, daß es eben sinnvoll und nötig ist, die Aufklärungsarbeit fortzusetzen. Laut Umfrage der Zeitschrift *Eltern* 1988 haben allerdings fast zwei Drittel der Eltern zugegeben, selber einmal oder mehrmals geschlagen zu haben.

SPIEGEL: Manche Eltern wissen, daß sie ihre Kinder nicht schlagen sollten, tun es aber dennoch aus Hilflosigkeit und Verzweiflung. Kann denn eine Therapie den Eltern helfen, ihre Erziehungsfehler zu korrigieren?

MILLER: Das Ziel einer Therapie ist meines Erachtens die Auflösung der durch grausame Erziehung entstandenen Schäden. Die Auflösung ist erst möglich, wenn man fühlen darf, was ein Kind nicht fühlen konnte, weil es verdrängen mußte, um zu überleben. Eltern, die die Verletzungen ihrer eigenen Kindheit gefühlt haben, werden sensibler und hellhöriger für die Bedürfnisse ihrer Kinder. Manche Therapien haben allerdings das Ziel, den Eltern alles zu verzeihen. Das ist eine religiöse Forderung, die den therapeutischen Prozeß notgedrungen blockiert.

SPIEGEL: Vielleicht hilft eine Therapie aber doch, die eigenen Eltern, ihre Lebenssituation und ihre Verhaltensweisen zu verstehen?

MILLER: Ja, aber auch diese Bemühung kann eine blockierende Wirkung haben. Ich habe dies selbst immer wieder erfahren. Als ehemalige Analytikerin wollte ich alles und alle verstehen, sogar den Adolf Hitler. Man kann aber nicht gleichzeitig den psychischen Schmerz fühlen und dessen Verursacher verstehen. Der Zugang zum mißhandelten Kind in uns selber wird dadurch versperrt.

SPIEGEL: Sie betonen immer wieder, auch in Ihren Büchern, daß Sie sich von der Freudschen Psychoanalyse distanzieren.

MILLER: Im Gegensatz zu meinen früheren Kollegen sehe ich den Grund für die menschliche Destruktivität und das psychische Leiden nicht in den menschlichen Trieben, sondern in der Verdrängung der Kindheitstraumata, die zwar zum Überleben notwendig war, die aber den Erwachsenen in seiner Möglichkeit, mit sich und dem Leben zurechtzukommen, erheblich einengt. Ich habe seit 1980 keinen Kontakt mehr mit Analytikern. Sie verhalten sich wie Leute, die sich zwingen, an Dinge zu glauben, denen die Wirklichkeit widerspricht, vielleicht aus Angst, allein zu bleiben, wenn sie die Wahrheit zulassen und artikulieren würden.

SPIEGEL: Ihren Beruf als Psychoanalytikerin haben Sie aufgegeben. Als was würden Sie sich denn inzwischen selbst bezeichnen. Als Schriftstellerin, als Malerin, Künstlerin?

MILLER: Ich habe 20 Jahre lang als Psychoanalytikerin Freudscher Richtung gearbeitet und gelehrt, denn leider kannte ich nichts anderes. Dann begann ich 1973 spontan zu malen, wie ein unverbildetes Kind. Zu meiner Überraschung tauchten in meinen Bildern Themen von Bedrohung, Terror und Einsamkeit auf, die nicht zu meinem Bild der geordneten Kindheit paßten. Leider genügten Malen und Schreiben aber nicht, um zu erfahren, was sich in meiner Kindheit wirklich abgespielt hatte, und meine Verdrängung aufzuheben. Ich wollte aber um jeden Preis wissen, warum meine Bilder so viel Verzweiflung ausdrückten.

SPIEGEL: Haben Sie den Grund gefunden?

MILLER: Schließlich ja, dank der Therapie von J. Konrad Stettbacher*. Aber ich brauchte Jahre des Suchens nach einer aufdeckenden Methode, die von den traditionellen Zwängen der Religion und der Wissenschaft frei war. Diese Therapie in Form einer intensiven Klärung der Gefühle half mir dann. Ich erkannte endlich, was in meiner Kindheit mit mir geschehen war. Ich erlebte die Mißachtung meiner Gefühle und Rechte und entschloß mich, diese Erkenntnis anderen mitzuteilen. So wurde ich zur Schriftstellerin und Malerin.

SPIEGEL: Von Kritikern wird Ihnen ein unwissenschaftliches Sendungsbewußtsein vorgeworfen.

MILLER: Ich weiß, daß ich nie etwas behaupte, ohne es gleichzeitig zu belegen, auch wenn meine Belege nicht mit unnötigen abstrakten Begriffen erfolgen, sondern mit Hilfe von Tatsachen und immer überprüfbaren Informationen. Ich kann natürlich nichts daran ändern, daß sich kaum jemand, der mir Unwissenschaftlichkeit vorwirft, jemals die Mühe genommen hat, meine Bücher überhaupt genau zu lesen, geschweige denn meine Informationen auf deren Wahrheitsgehalt hin zu überprüfen.

SPIEGEL: Die *FAZ* spricht in der Rezension Ihres letzten Buches davon, daß Sie sich „selbstherrlich" zur „kanonischen Autorität einer neuen Wissenschaft von Kindesmißbrauch" stilisieren.

MILLER: Ich sehe meine Aufgabe immer wieder darin, da genau hinzuschauen, wo die anderen wegschauen, und Fakten zu beschreiben, die alle kennen; deren Bedeutung ihnen aber entgeht. Ich zeige die zerstörerischen Muster in unserer Tradition auf, die eine Geschichte der Mißhandlung von Kindern und erwachsenen Menschen ist, und ernte dafür Ärger und Empörung, vielleicht weil die Menschen Angst vor den starken Gefühlen haben, die diese Geschichte weckt. Viele Menschen durften ja nicht lernen, mit Gefühlen zu leben. Sie bewaffnen sich mit Spott und Ironie und fühlen sich in Sicherheit.

SPIEGEL: Wird denn aus einem unglücklichen Kind zwangsläufig ein unglücklicher, destruktiver Erwachsener?

MILLER: Nein, natürlich nicht, glücklicherweise. Ich möchte ausdrücklich betonen, weil mir das Gegenteil oft unterstellt wird, daß zwar jeder Verbrecher in der Kindheit mißhandelt und verwirrt worden ist, aber daß dies keineswegs besagt, daß jedes unglückliche Kind zum Verbrecher werden müsse. Um dies zu verhindern, führen wir ja diese Gespräche, denn jeder einzelne ist als möglicher helfender Zeuge für die Prophylaxe von Verbrechen und psychischen Krankheiten mitverantwortlich.

SPIEGEL: Was verstehen Sie unter einem „helfenden Zeugen"?

MILLER: Die meisten schwer mißhandelten Kinder wissen nicht, daß ihnen Grausamkeit widerfuhr, eben *weil* ihnen der helfende Zeuge fehlte. Das könnte eine Tante, ein Lehrer oder der Großvater gewesen sein, eben ein Mensch, der ihnen als Kind ermöglicht hätte, grausames Verhalten in ihrer Umgebung, in der Familie, in der Schule, später mit ihren Partnern oder in der Politik, überhaupt erst einmal auszumachen. Diese Kinder glauben, daß sie es verdient haben, als kleine Kinder eingesperrt, allein gelassen, geschlagen oder gar gefoltert zu werden, daß dies sogar zu ihrem Besten geschah. Gerade dieser Glaube aber macht sie später zur Gefahr. An den Folgen der Delikte gegen Kinder geht unsere Welt vielleicht zugrunde. Es ist höchste Zeit, daß wir die an jedem einzelnen Kinderschicksal überprüfbaren Gesetzmäßigkeiten endlich zur Kenntnis nehmen. ◆

---

*J. K. Stettbacher entwickelte eine Primärtherapie und praktiziert seit 1972 in Bern.

Vor dem Lesen

Fragen

1. Lesen Sie den Untertitel des Artikels: *„SPIEGEL-Interview mit der Kindheitsforscherin Alice Miller über prügelnde Eltern."* Lesen Sie dann die biographischen Informationen über Frau Miller. Worum geht es in dem Interview?

2. Was wissen Sie bereits über Freud und die Psychoanalyse? Welche Schlagworte fallen Ihnen dazu ein?

3. In vielen Familien werden Kinder geschlagen oder auf andere Weise mißhandelt. Wird dieses Problem in Ihrem Land diskutiert? In den Zeitungen? Im Fernsehen? In Ihrem Bekanntenkreis?

Kulturelles

die Freudsche Psychoanalyse	eine therapeutische Methode, mit der man psychische Krankheiten heilt, indem man versucht, die ins Unterbewußtsein verdrängten Komplexe bewußt zu machen
FAZ	(Abk.) „Frankfurter Allgemeine Zeitung"; eine große deutsche Tageszeitung

Vokabeln

prügelnd	schlagend
erfahrbar macht (machen)	bewußt macht, fühlbar macht
achtet (achten)	respektiert, schätzt
selbstverständlich	natürlich, sicherlich
ahnungslos	unwissend
der Übergriff	die unerlaubte Handlung
seitens	von
der Vorgesetzte	jemand, der bei der Arbeit höhergestellt ist und dessen Anweisungen man befolgen muß
sich wehren	sich schützen, verteidigen
widersprechen	das Gegenteil behaupten
vehement	sehr stark, heftig
dressiert	abgerichtet, angepaßt
gehorsam	folgsam
unfaßbar	unbegreiflich
erzeugen	produzieren, machen
das Verhaltensmuster	eine bestimmte Art zu handeln und zu reagieren, die sich immer wiederholt
die ihre Kinder krankenhausreif schlagen	die ihre Kinder so stark prügeln, daß sie ins Krankenhaus müssen
das Schuldbewußtsein	das Wissen, daß man für etwas die Schuld trägt
zugegangen (zugehen)	geschehen
im Wachstum befindlich	wachsend
schädigen	verletzen
ohne eine Buße	straflos
die Heuchelei	die Verstellung; wenn man vortäuscht, etwas Gutes getan zu haben
wenden sie an (anwenden)	benutzen sie
erheblich	sehr stark
gewandelt (wandeln)	verändert
die Aufklärungsarbeit	der Versuch, Klarheit zu schaffen
laut Umfrage	*hier:* nach einer Befragung ihrer Leser
die Auflösung	die Beendigung; die Entwirrung
verdrängen	vergessen, unterdrücken, ins Unbewußte abschieben

hellhörig	aufmerksam
der Verursacher	jemand, bei dem der Grund oder die Ursache für etwas liegt; *hier:* der Täter
der menschliche Trieb	ein angeborener menschlicher Drang
einengt (einengen)	eingrenzt, beschränkt
um jeden Preis	*hier:* auf jeden Fall, unbedingt
die Verzweiflung	das Gefühl der völligen Hoffnungslosigkeit
das Sendungsbewußtsein	der Wille, eine Meinung zu verbreiten
vorgeworfen (vorwerfen)	angelastet
belegen	beweisen
geschweige denn	noch viel weniger
„selbstherrlich"	eingebildet
ernte (ernten)	bekomme, erhalte
die Empörung	die Wut, der Zorn
der Spott	das Auslachen
unterstellt (unterstellen)	vorgeworfen
der Zeuge	jemand, der etwas gesehen hat und später darüber berichten kann
ihnen widerfuhr (widerfahren)	ihnen geschah, ihnen passierte
auszumachen (ausmachen)	zu finden, zu erkennen, wahrzunehmen
gefoltert (foltern)	mißhandelt, gequält

Nach dem Lesen

Fragen zum Text

1. Welche Formen der Kindesmißhandlung werden von Frau Miller erwähnt?
2. Wie reagieren die Kinder auf diese ‚Erziehungsmethoden'? Wozu kann Kindesmißhandlung im schlimmsten Fall führen?
3. Warum hat sich Alice Miller von der Freudschen Psychoanalyse distanziert?

Sprechen

Darf man seine Kinder nicht zu Disziplin und Gehorsam erziehen? Diskutieren Sie die folgende Behauptung von Frau Miller: „Kinder, die sich bei ihren Eltern vehement vor Übergriffen (Prügeln, Manipulation, Vernachlässigung, Demütigung) wehren dürfen, werden niemals zu destruktiven Jugendlichen oder Erwachsenen."

Gruppenarbeit

Wie soll man sich verhalten, wenn man sieht, wie Eltern ihre Kinder schlagen oder demütigen? Wie groß ist unsere Mitverantwortung als „helfender Zeuge"? Debattieren Sie diese Frage in kleinen Gruppen.

Schreiben

Versetzen Sie sich in ein Kind, das von seinen Eltern geschlagen wird. Beschreiben Sie einen Tag im Leben dieses Kindes.

Wirtschaft

WEIN
Geschäft verbaut

Die deutschen Winzer wollen mehr exportieren, sie setzen vor allem auf die trinkfreudigen Japaner.

Keizo Saji, 68, schätzt die schönen Seiten des Lebens, die Kunst ebenso wie gutes Essen und Golf. Der Chef des Getränkekonzerns Suntory, schillerndste Figur unter Japans Unternehmern, ist großzügiger Mäzen und Künstler zugleich. Wenn er singt, begleitet ihn ein philharmonisches Orchester.

Vor allem aber liebt Saji den Wein. Zwei Bücher hat er bereits darüber geschrieben. In Frankreich und in Kalifornien kauft er Weingüter auf.

Jetzt ist der „Renaissance-Fürst", wie das US-Magazin „Fortune" den Japaner titulierte, auch in Deutschland fündig geworden, im Rheingau, wo ein edler Riesling wächst. Dort hat Suntory das Weingut Dr. Robert Weil erstanden, und dabei soll es nicht bleiben.

Doch von einem Ausverkauf des deutschen Weins ist im Rheingau nirgendwo die Rede. Ganz im Gegenteil: Die Winzer hoffen auf die Japaner. Ihr Einstieg im Rheingau, so meint Gutsbesitzer Erwein Graf Matuschka-Greiffenclau, könne den deutschen Weinen die Tür zum japanischen Markt öffnen.

Der Graf, dem mit Schloß Vollrads eines der Renommiergüter der Region gehört, liefert schon seit Anfang der achtziger Jahre Wein an Suntory. Als er hörte, daß der Getränkekonzern auch ein Auge auf deutsche Weingüter geworfen habe, bot er seine Hilfe an.

Mit Suntory gründete Graf Matuschka ein Gemeinschaftsunternehmen. Zweck der Firma: der Erwerb von Weingütern. Suntory erkauft sich damit nicht nur den Zugriff auf beste Weinlagen. Die Firma verschafft sich zu Hause auch die Kompetenz des Kenners.

Noch lebt der Getränkeriese, Umsatz rund zehn Milliarden Mark, vor allem vom Whisky und vom Bier. Das Geschäft mit Wein nimmt sich dagegen bescheiden aus. Die Japaner trinken durchschnittlich nur 0,7 Liter, also eine Flasche, pro Jahr. Doch der „Zwergenmarkt" (Matuschka) expandiert beträchtlich, im vergangenen Jahr wuchs er um 26 Prozent.

Wein Exporteur Graf Matuschka setzt auf edle Tropfen: Tür zum japanischen Markt

Die Ausländer profitierten davon besonders. Französische Weine stehen in der Gunst noch ganz oben, fallen aber zurück, die deutschen Weine holen auf. Der Wein-Import aus der Bundesrepublik nahm im vergangenen Jahr überdurchschnittlich zu, um 115 Prozent.

Solche Nachrichten aus der Ferne hören die deutschen Winzer gern – aber selten. Noch immer leidet der deutsche Wein-Export unter dem Glykol-Skandal. Der alte Höchststand von 1984 (2,9 Millionen Hektoliter Weißwein) wurde auch im vergangenen Jahr noch nicht wieder erreicht.

Vor allem auf den US-Markt läuft wenig. Der Preis ist – der Wechselkurse wegen – vielen Amerikanern derzeit zu hoch, und deutscher Riesling liegt auch geschmacklich nicht mehr im Trend. Die Amerikaner bevorzugen die Rebsorte Chardonnay – aus dem eigenen Anbau im sonnigen Kalifornien.

Die Briten dagegen sind in ihrer Liebe zum deutschen Rebensaft unübertroffen, sie nehmen über die Hälfte der Exporte ab. Ansonsten hat deutscher Wein in Europa kaum eine Chance: Die Konkurrenz aus Italien und Spanien bietet ihre Produkte nicht nur entschieden billiger an, sie vermarktet sie auch ungleich professioneller.

Noch immer wird in weiten Teilen der Welt deutscher Wein mit dem Billig-Verschnitt Liebfraumilch gleichgesetzt. Mit dem Pansch-Produkt lassen sich zwar gute Geschäfte machen. Das Fusel-Image aber verbaut das Geschäft mit hochwertigen Sorten.

Der Rest der Misere ist strukturell bedingt und kaum zu beheben. Die deutschen Anbaugebiete sind in Tausende von Einzellagen aufgesplittert. Ein geschlossenes Auftreten, vergleichbar der südeuropäischen Konkurrenz, ist deshalb nicht möglich.

Mit billigen Massenweinen ist im „Zukunftsmarkt Asien" (Matuschka) ohnehin kein Geschäft zu machen. Der Graf setzt auf edle Tropfen, er will „mindestens gleichwertige Qualitätsbegriffe zu anderen EG-Ländern", etwa Weingut für Château, durchsetzen. Nur so könne „der Imagerückstand gegenüber Frankreich und anderen Ländern" abgebaut werden.

Die jüngsten Erfolge in Asien machen dem Grafen Mut. In Japan immerhin hat der deutsche Wein einen Marktanteil von 28,7 Prozent erreicht.

Doch schon auf dem dritten Platz folgen die Amerikaner, die binnen weniger Jahre 18 Prozent erreichten. Mit einem Werbebudget von 7,5 Millionen Mark wollen die kalifornischen Weinbauern diesen Erfolg weiter ausbauen.

Die Deutschen halten sich, wieder einmal, zurück. Für Werbung in Japan wollen sie gerade ein Zehntel des amerikanischen Etats ausgeben. ♦

Vor dem Lesen

Fragen

1. Lesen Sie den Untertitel des Artikels: „*Die deutschen Winzer wollen mehr exportieren, sie setzen vor allem auf die trinkfreudigen Japaner.*" Worum geht es in dem Artikel?
2. Kennen Sie noch andere Länder, in denen Wein angebaut wird? Welche? Wird in Ihrem Land auch Wein angebaut? Wo?
3. Wird in Ihrem Land viel Wein getrunken? Bei welchen Gelegenheiten? Trinken Sie auch gerne Wein oder bevorzugen Sie andere Getränke? Welche?

Kulturelles

der Rheingau	eine Region am Rhein, in der Wein angebaut wird
der Riesling	eine Traubensorte, aus der ein aromatischer Weißwein gemacht wird
der Graf	ein Angehöriger des Adels
das Glykol	ein Frostschutzmittel für Motoren, das einen süßlichen Geschmack hat
der Glykol-Skandal	1984 wurde entdeckt, daß einige deutsche Weinbauern in ihren Wein Glykol gemischt hatten, um ihn süßer zu machen
Liebfraumilch	ein billiger, sehr süßer Wein
das Fusel-Image	*hier:* die Vorstellung, das alle deutschen Weine so produziert werden und so schmecken wie Liebfraumilch
die EG	*(Abk.)* die „Europäische Gemeinschaft"

Vokabeln

verbaut (verbauen)	*hier:* versperrt
der Winzer	der Weinbauer; jemand, der Wein anbaut und erntet
der Weinstock	die Weinpflanze
der Unternehmer	der Produzent
der Mäzen	der Gönner, der Förderer von Künstlern
titulierte (titulieren)	nannte
fündig geworden	hat gefunden
erstanden (erstehen)	gekauft
der Ausverkauf	*hier:* wenn man alles verkaufen möchte und deshalb nur wenig Geld verlangt
der Einstieg	*hier:* der Anfang einer Geschäftsbeteiligung
der Gutsbesitzer	*hier:* jemand, dem ein Weingut gehört
das Renommiergut	ein besonders gutes, vorzeigenswertes Landgut
das Gemeinschaftsunternehmen	*hier:* der Zusammenschluß von zwei Unternehmen
der Zugriff	die Möglichkeit, Einfluß zu nehmen
erkaufen	kaufen

der Umsatz	die Summe des Geldes, für die Waren verkauft werden
bescheiden	zurückhaltend
durchschnittlich	im Mittelwert
der „Zwergenmarkt"	ein kleiner Markt
der Wechselkurs	der Kurs, zu dem inländisches Geld in ausländisches Geld getauscht wird
unübertroffen	unschlagbar, nicht zu überbieten
der Verschnitt	*hier:* eine Mischung aus verschiedenen Weinsorten
das Pansch-Produkt	*hier:* Wein, der mit anderen Flüssigkeiten zusammengemischt wird
beheben	lösen, verbessern
das Anbaugebiet	eine Region, in der man Wein pflanzt und erntet
der edle Tropfen	*hier:* der gute Wein
die Werbung	die Reklame

Nach dem Lesen

Fragen zum Text

1. Welche sieben Länder werden im Text erwähnt, für die Wein eine wichtige Import- oder Exportware ist?
2. Wie hoch ist der Marktanteil des deutschen Weins in Japan? Und des amerikanischen Weins? In welchem Land ist er am höchsten?
3. Verkaufen sich die deutschen Weine gut oder schlecht im Ausland? Warum?

Sprechen

In weiten Teilen der Welt wird der deutsche Wein immer noch mit dem Billig-Verschnitt Liebfraumilch gleichgesetzt. Diskutieren Sie, warum der deutsche Wein so ein schlechtes Image hat und wie man das ändern könnte.

Gruppenarbeit

Der deutsche Wein wird unprofessionell vermarktet. Sie sind eine Gruppe von Werbefachleuten, die das ändern soll. Wie kann man die Weintrinker in Europa, Amerika und Asien davon überzeugen, daß „die edlen Tropfen" aus Deutschland besser schmecken als die aus anderen Ländern?

Schreiben

Sie sind Reporter bei einer japanischen Zeitschrift. Berichten Sie in einem Artikel über das Gemeinschaftsunternehmen zwischen Suntory und Graf Matuschka.

DESIGN

Potenz in Form

Die Computerbranche will weg vom Einheitslook. Mit modernem Design soll der Absatz gefördert werden.

Das Geheimnis der Pyramide, Grundfläche: 50,7 Zentimeter im Quadrat, lag hinter goldglänzenden Wänden verborgen. Nicht wenige Besucher der Computermesse CeBIT in Hannover rätselten über Sinn und Zweck der streng geometrischen Form und tippten scherzweise „Toaster" oder „Kaffeemaschine".

Der als Mini-Monument gestaltete Personalcomputer der Münchner Firma Meadata – nach einem Pharao „Snofru" genannt – hatte es vor allem kamerabewehrten Messetouristen aus Fernost angetan.

Meadata-Chef Aydin Riza ertrug das Blitzlichtgewitter gelassen, sein Spitzenprodukt, verkündete der Pyramidenbauer, habe er sich „sogar schon in Japan schützen lassen". Denn auch international stellten sich immer mehr Computeranbieter auf denselben Käuferkreis ein, den das Münchner Unternehmen im Auge hat – „Kunden mit Stil", so Riza, „die sich am Computer nicht mehr vorkommen wollen wie ihre eigene Sekretärin".

Vorbei die Zeiten, als die Konstrukteure eher auf die Leistungsfähigkeit der Chips achteten als auf das Äußere ihrer Computer. Das Standardmodell in Blech und Beige, Marke „innen hui, außen pfui" und noch umweht vom Siliziumstaub und Garagenmuff der Pionierzeit, kommt aus der Mode. Gefragt sind zunehmend auch optisch ansprechende Power-PCs.

Dort beispielsweise, wo in den ägyptischen Pyramiden die Grabkammer liegt, birgt die Aluminium-Nachbildung Snofru einen Hochleistungsprozessor. Angeboten wird die „HiTech in Spitzenform" (Meadata-Werbung) auch über Luxus-Einrichtungshäuser in München und Köln. Der Preis von Snofru ist ebenfalls Spitze: runde 38 000 Mark.

Eingeläutet wurde das Ende der High-Tech-Tristesse schon im Oktober 1988, als PC-Pionier Steven Jobs in den USA seine „NeXT"-Maschine präsentierte. Statt einem Standard-Datensarg aus Blech und Kunststoff präsentierte er dem Publikum einen magisch anmutenden schwarzen Magnesiumschrein.

Das Styling des kleinen Wunderwürfels, ausdrücklich als „piece of art" in Auftrag gegeben, stammte aus Deutschland, von „Frogdesign" im baden-württembergischen Altensteig. „Eine wirkliche Umwälzung" prophezeit nun Frogdesign-Geschäftsführer Thomas Gerlach („Wir müssen spielerischer werden") der Computerindustrie: „Die Unterschiede bei den inneren Werten der Rechner sind heute so gering", so Gerlach, „daß besseres Design immer wichtiger wird."

Dieser Einsicht beugen sich immer mehr Hersteller – sei es, daß sie jetzt „Kommunikation und Potenz in Form gießen" (Gerlach), sei es mit bunt-verspielten Rechner-Outfits für Computerfreaks, die es gerne farbig haben.

So bietet das französische Unternehmen Goupil zierliche Rechner ganz in Schwarz an, die sich in die Landschaft des modernen Managerbüros fügen. Sogar ein Kleinbetrieb wie „Scotty Computers" im rheinland-pfälzischen Dittelsheim, Anbieter von Arbeitsplatzrechnern der gehobenen Kategorie, hält sich mittlerweile einen eigenen „Art Director", der die Hardware („in jeder Farbe lieferbar") auf Wunsch noch mit dynamischen Schnörkeln handbemalt. Auch wer schon einen Standard-PC von der Stange gekauft hat, kann ihn nachträglich künstlerisch zum Unikat aufwerten lassen – in einem Berliner Atelier.

Für rund 2000 Mark macht sich die Malerin Mara Zelder über Zentraleinheit, Tastatur und Bildschirm her und peppt die häßliche Hardware mit dem Pinsel auf – „bei Bedarf auch passend zum Teppichboden".

Die Firma KWS Computersysteme im badischen Ettlingen versorgt einen „kleinen, ausgewählten Kreis" mobiler Kunden sogar mit tragbaren PCs, deren Gehäuse nach Art skandinavischer Möbeldesigner aufgewertet wurde: Es ist aus Teak.

Auf schräge Lösungen setzen neuerdings auch vier Jungunternehmer aus Hamburg, die mit ihrer Computerfirma „User Port" einen eigenen „Artware"-Service anbieten. „Fast jeden" Kundenwunsch könnten sie erfüllen, werben die „Artware"-Spezialisten, ganz nach Gusto des Auftraggebers wird der Standard-PC in Form und Farbe zum Designer-Datenmöbel umgemodelt.

„Artware"-Design-Computer:
Toaster oder Kaffeemaschine?
„Wir müssen spielerischer werden"

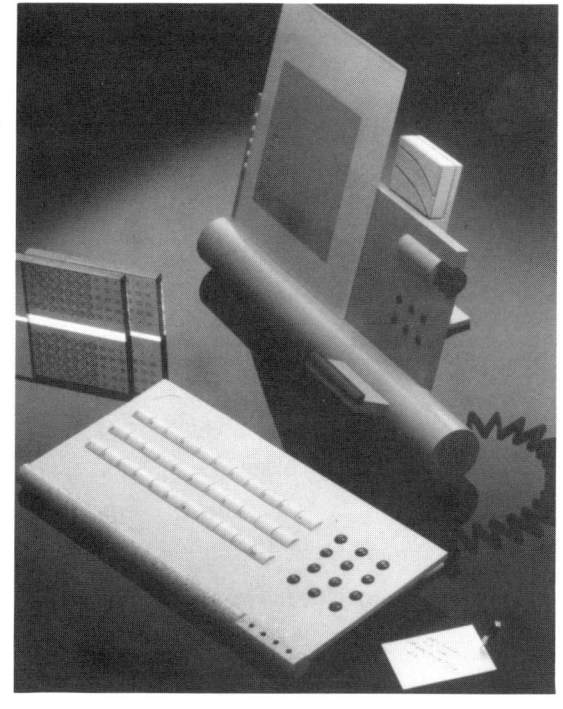

So ließ sich kürzlich ein Kunde seine Chipschachtel als Mondlandschaft modellieren – sie ziert jetzt als kraterübersäte Halbkugel sein Büro; anderen Bestellern genügten bereits bunte Graffiti oder Comic strips auf der Tastatur.

Die Klientel („Ärzte, Anwälte, Architekten") habe in aller Regel zwar einen „recht guten Geschmack", so „User Port"-Mitinhaber Joachim Nickelsen; „Aber wenn sich jemand einen Gummispoiler dranmachen lassen will, kriegt er den auch." ♦

Vor dem Lesen

Fragen

1. Lesen Sie den Untertitel des Artikels: *„Die Computerbranche will weg vom Einheitslook. Mit modernem Design soll der Absatz gefördert werden."* Worum geht es in dem Artikel?

2. Arbeiten Sie mit einem Computer? Wie sieht er aus? Finden Sie ihn schön? Paßt er gut in Ihr Büro oder in Ihre Wohnung?

3. Schauen Sie sich das Foto an. Beschreiben Sie den „Artware"-Design Computer. Wie gefällt er Ihnen?

Kulturelles

CeBIT	*(Abk.)* die größte deutsche Computermesse, die einmal im Jahr in Hannover stattfindet
Meadata	der Name einer Computerfirma
„Snofru"	ein Personalcomputer, der nach einem ägyptischen Pharao benannt ist
„piece of art"	ein Kunstwerk

Vokabeln

verborgen	versteckt
rätselten (rätseln)	über etwas nachdenken, nach einer Antwort suchen
kamerabewehrt	mit einem Fotoapparat ausgerüstet
hat es Touristen angetan (antun)	*hier:* hat Touristen begeistert
das Blitzlichtgewitter	*hier:* wenn etwas sehr oft fotografiert wird
gelassen	ruhig
verkündete (verkünden)	etwas bekannt machen
schützen	*hier:* verhindern, daß ein Produkt von anderen Herstellern nachgebaut wird
sich vorkommen	sich fühlen
das Blech	ein dünnes Stück Metall
„innen hui, außen pfui"	wenn etwas besser ist, als es aussieht
umweht (umwehen)	umgeben
der Garagenmuff	der schlechte Geruch einer Garage
Spitze	*hier:* teuer
eingeläutet (einläuten)	*hier:* begonnen

der Sarg	langer Kasten, in den ein Toter gelegt wird
das Styling	das Design
in Auftrag gegeben (geben)	bestellt
die Umwälzung	die Veränderung
in Form gießen	zusammenbringen
sich fügen	sich einpassen
der Schnörkel	verzierte Linie, die die Form einer Spirale hat
von der Stange	aus der Massenproduktion
nachträglich	später
das Unikat	das Einzelstück
der Pinsel	ein Werkzeug, das man beim Malen benutzt, um die Farben aufzutragen
bei Bedarf	wenn es gewünscht wird
nach Gusto des Auftraggebers	nach Wunsch, nach Geschmack des Kunden
der Teppichboden	ein Fußbodenbelag, ein Teppich, der an alle Wände grenzt
die kraterübersäte Halbkugel	*hier:* der Mond
der Gummispoiler	ein Zusatz zur Autokarrosserie, um den Luftwiderstand zu verringern und so die Geschwindigkeit der Autos zu erhöhen

Nach dem Lesen

Fragen zum Text

1. Mit welchen Ausdrücken werden in dem Artikel Computer beschrieben?
2. Aus welchen Materialien wurden Computer früher gebaut? Welche Farben hatten sie? Und heute?
3. Warum muß die Computerindustrie jetzt spielerischer werden? Bei wem hat dieser Trend angefangen?
4. Wie sehen die neuen Computer aus? Wer bestellt solche Kunstwerke?

Sprechen

Die High-Tech-Industrie wird spielerischer und betont das Outfit ihrer Produkte. Diskutieren Sie die Ursachen dieser Entwicklung. Glauben Sie, daß das Design eines Computers bald wichtiger sein wird, als das, was er leistet?

Gruppenarbeit

Sie sind Jungunternehmer der Hamburger Computerfirma „User Port". Sie haben vier Aufträge für einen „Artware"-Computer bekommen. Die Kunden sind ein Rechtsanwalt, eine Ärztin, ein Deutschprofessor und eine Architektin. Sammeln Sie Design-Ideen für die vier entsprechenden Computermodelle und geben Sie ihnen passende Namen und einen angemessenen Preis.

Schreiben

Sie sind Kulturredakteur bei einer Zeitung und haben eine Ausstellung über „Artware"-Computer besucht. Beschreiben Sie in einem Artikel für Ihre Zeitung, was Sie auf der Ausstellung gesehen haben.

MARKETING

Im Namen Jacobs'

Ein Bremer Kaffeekonzern will mit einem „Deutschen Familientag" den Konsum steigern. Bonner Wohlwollen ist ihm sicher.

Bonns Bauminister Oscar Schneider, zweifacher Vater, scheint von der Idee ebenso angetan wie die kinderlose Staatsministerin Irmgard Adam-Schwaetzer. Kollegin Rita Süssmuth aus dem Ressort Familie, Jugend und Gesundheit sieht gar die „Verwirklichung einer Familienfreundlichen Gesellschaft" ein gutes Stück näher gerückt.

Ein neuer Feiertag versetzt die Bonner so in Begeisterung: Erstmals zum 23. Oktober wurde der „Deutsche Familientag" ausgerufen. Dann, es ist Sonntag, sollen sich die Lieben daheim versammeln, gemeinsam ins Grüne fahren oder mit der ganzen Sippe die Großeltern aufsuchen. Alles in Harmonie bei Kaffee und Kuchen.

Spots in Funk und Fernsehen werben kräftig für das Ereignis. In Supermärkten und auf Bahnhöfen wird plakativ auf das denkwürdige Datum hingewiesen. So ein Tag hat offenbar gerade noch gefehlt. Nicht genug, daß Muttertag und Vatertag schon im Kalender stehen und einmal pro Jahr auf diese Weise auch des Kindes gedacht wird. Von nun an ist die ganze Sippe dabei, alljährlich an einem Sonntag Ende Oktober.

Familientag-Aufkleber
So ein Tag hat gerade noch gefehlt

Das Ganze dient einem recht schnöden Ziel: Es soll vor allem den Kaffeeabsatz der Firma Jacobs Suchard in Bremen anregen. Die Verkaufsstrategen des Konzerns suchen bereits seit einiger Zeit nach einem Weg, ihre Spitzenmarke „Jacobs Krönung" gegenüber der Konkurrenz zu profilieren. Wettbewerber wie Tschibo und Aldi sorgen immer wieder für turbulente Preiskämpfe, die Jacobs viel Geld kosten.

Nur aus diesem Grund erfanden die Bremer Kaffeeprofis den Familientag. Kein Fernsehspot, keine Annonce für die Neuheit unter den Ehrentagen ohne das Emblem von Jacobs Krönung. Mehr als vier Millionen Mark gibt Jacobs Suchard für die schwülstig „soziokulturelles Sponsoring" genannte Aktion aus.

Die Bundesbahn haben die Bremer ebenfalls als Helfer für den neuen Feiertag gewonnen. „Wir bringen Familien zusammen", wirbt die Bahn in Jacobs' Namen auf großen Plakaten und kleinen Prospekten.

Die Bonner waren leicht vom familienpolitischen Wert der Idee zu überzeugen. Die Jacobs-Manager Rolf Sauerbier und Hans-Ullrich Tiedtke lockten die Politiker mit Ergebnissen einer Jacobs-Umfrage. Danach wünschen mehr als die Hälfte der Bundesbürger einen speziellen Ehrentag für die Familie.

Da mochten die Volksvertreter nicht zurückstehen. Bauminister Schneider schlug gar vor, den Muttertag zu streichen, um dem Familientag stärkeres Gewicht zu verleihen. Staatsministerin Adam-Schwaetzer möchte am liebsten „jeden Monat einen Familientag einrichten".

Das gefällt den Kaffeeröstern in Bremen, denn ihre Krönung ist immer dabei. Damit es auch so bleibt, will der Konzern den Familientag rechtlich schützen lassen. ♦

Vor dem Lesen

Fragen

1. Lesen Sie den Untertitel des Artikels: „*Ein Bremer Kaffeekonzern will mit einem ‚Deutschen Familientag' den Konsum steigern. Bonner Wohlwollen ist ihm sicher.*" Worum geht es in dem Artikel?

2. Welche Feiertage gibt es in Ihrem Land? Was machen Sie an diesen Tagen?

3. Schauen Sie sich den Familientag-Aufkleber an. Feiern Sie in Ihrem Land Familientag? Vatertag? Muttertag? Kindertag? Was halten Sie von solchen Feiertagen?

Kulturelles

Bonn	die Hauptstadt der Bundesrepublik Deutschland
Bonner Wohlwollen	*hier:* die Unterstützung der deutschen Regierung
Jacobs Suchard	ein deutscher Kaffeehersteller
„Jacobs Krönung"	eine Kaffeemarke von Jacobs Suchard
Tschibo, Aldi	zwei deutsche Kaffeehersteller
der Muttertag	ein öffentlicher Ehrentag für die Mütter (am zweiten Sonntag im Mai)

Vokabeln

die Verwirklichung	die Realisierung
näher gerückt (rücken)	näher gekommen
die Sippe	*hier:* die Familie
das Ereignis	das Geschehen
plakativ	mit Plakaten
hingewiesen (hinweisen)	aufmerksam gemacht
schnöde	gemein, schändlich, verächtlich
der Kaffeeabsatz	der Verkauf von Kaffee
anregen	steigern
die Konkurrenz	die wirtschaftlichen Gegner; *hier:* die anderen Kaffeehersteller
der Wettbewerber	*hier:* der Konkurrent
schwülstig	hochtönend, übertrieben, überschwenglich
das Ergebnis	das Resultat
zu streichen	abzuschaffen
verleihen	geben
rechtlich schützen	durch ein Gesetz absichern, bewahren

Nach dem Lesen

Fragen zum Text

1. Warum ist die Firma Jacobs Suchard auf die Idee gekommen, einen Familientag einzuführen?
2. Auch von Politikern in der deutschen Regierung wird dieser Vorschlag unterstützt. Von wem und aus welchen Gründen?
3. Wie wirbt Jacobs Suchard für den neuen Feiertag?

Sprechen   Finden Sie es richtig, daß eine private Firma wie Jacobs Suchard versucht, einen staatlichen Feiertag einzuführen? Diskutieren Sie an diesem Beispiel die Vermischung von wirtschaftlichen und politischen Interessen.

Gruppenarbeit   Sie sind eine Gruppe von Vertretern der deutschen Spielzeugindustrie, die sich auf den nächsten Kindertag vorbereitet. Überlegen Sie sich Aktionen und einen Werbefeldzug für diesen Tag.

Schreiben   Für wen ist der Familientag wirklich ein Ehrentag? Versetzen Sie sich in eine Mutter, die Ihr Kind allein erzieht, oder in einen alten Mann, der in einem Altersheim lebt. Schreiben Sie an die Bundesregierung, wie Sie sich einen Familientag vorstellen.

SCHWARZWALD
Sand im Getriebe

Die Schwarzwälder Kuckuckuhr tickt nicht mehr richtig – Dollarschwäche, Marketingfehler und japanische Konkurrenz machen der Branche zu schaffen.

Wenn dem Pensionär Peter-Paul Masberg, 65, im Schwarzwaldort Schonach die Stunde schlägt, dann gerät der Kuckuck gleich 20fach aus dem Häuschen: Alle 60 Minuten sperren die hölzernen Uhren-Tierchen an den Wohnungswänden den Schnabel zum Doppelschrei auf, alle halbe Stunde zusätzlich noch einmal.

Der ehemalige PR- und Marketing-Manager aus dem Rheinland, der schon immer Kuckuckuhren sammelte, hat im Ruhestand aus seinem Hobby eine Mission gemacht. Als Vorsitzender des von ihm gegründeten „Fördervereins Schwarzwalduhren" will er dem traditionellen Gewerbe aus akuter Existenznot helfen.

Seit mehr als 250 Jahren werden im Schwarzwald vor allem in Schonach, Triberg und Furtwangen, Kuckuckuhren handgefertigt und in alle Welt exportiert.

Nie gingen die Geschäfte so gut wie in den sechziger Jahren, als jährlich bis zu einer dreiviertel Million Uhren aus Tannenholz hergestellt wurden.

Kaum ein US-Soldat kehrte aus Westdeutschland ohne „coockoo clock" in die Heimat zurück. Und kein Tourist aus den USA versäumte nach Visiten in Heidelberg und auf Schloß Neuschwanstein spätestens aber am Souvenir-Shop auf dem Flughafen, den Erwerb einer „Black forest clock".

Aber mit dem Verfall des Dollar, dem Geldmangel der US-Soldaten und dem Rückgang des Tourismus aus den Vereinigten Staaten sank die Nachfrage nach den Pendel-Wanduhren mit der Kuckuck-Klappe rapide – 1983 waren es noch 250 000, 1986 nur 192 000 und im vergangenen Jahr nicht einmal mehr 145 000 Exemplare.

Während des allzeit guten Geschäftsgangs mit bis zu 80 Prozent Exportanteil versäumten die Schwarzwälder Uhrenbauer nach Masbergs Analyse „jegliche Marktorientierung ebenso wie Werbung und Marketing". Die dickköpfigen Wäldler hatten „immer nur Zuwächse und kümmerten sich nicht um den Europamarkt".

Kuckuckuhren-Produktion: „Das hölzerne Kunstwerk mit Zeitgeber"

Der Zugereiste aus Düsseldorf, der bald gelernt hatte, daß das Wort Kuckuckuhr im Herkunftsgebiet ohne den Buchstaben „s" geschrieben wird, überredete Hersteller und Zulieferer, Händler und Sammler zum Zusammenschluß. Der 1987 gegründete Kuckuckuhren-Verein hat 70 Mitglieder.

Vor allem der deutsche Uhreneinzelhandel soll wieder für das „hölzerne Kunstwerk mit Zeitgeber" gewonnen werden, wie der Schonacher Kuckuckuhren-Fabrikant Jürgen Schneider, einer der größten des Schwarzwald-Gewerbes, seine Erzeugnisse nennt. Denn in den letzten Jahren sind die Kuckuckuhren, von denen immerhin rund 300 Modelle zum Preis von 95 bis zu 3000 Mark produziert werden, allmählich aus den Schaufenstern und Vitrinen des Fachhandels verschwunden.

Der Förderverein propagiert nun ein Gütezeichen, einen Aufkleber mit der Inschrift „Schwarzwald made", der echte Kuckuck-Kriterien garantieren soll, gebaut aus handgesägten Teilen mit handgeschnitztem Lindenholz-Zierat wie Reh und Hirsch, Fuchs und Adler oder mit Jagdutensilien wie Tasche und Horn. Vogel und Zifferblatt müssen aus Holz sein, Plastikteile sind verpönt.

Sorge bereitet den Schwarzwälder Uhrenbauern neuerdings japanische Konkurrenz. Angewidert zeigt Kuckuckuhren-Hersteller Jürgen Schneider ein solches Fernost-Produkt vor: das Gehäuse aus maschinengestanzten Holzplatten und grob lackiert, viele Kunststoffteile, innen drin ein Quarzwerk mit Batterie. Rund 20 Prozent ihrer Quarz-Kuckuckuhren exportieren die Japaner in arabische Staaten, und das ärgert die Schwarzwälder ganz besonders. Immer wieder zeigen Scheichs mit ihrem Frauen- und Kinderclan, die in Sanatorien und Kurhotels des Schwarzwalds absteigen, besondere Freude an Kuckuckuhren.

Wahrscheinlich würden sie jede Menge zu jedem Preis kaufen, wäre da nicht ein produktionstechnisches Hemmnis: In den Wüstenregionen gerät alsbald buchstäblich Sand ins Getriebe, und das halten die Kuckuckuhren nicht aus – die Klappe überm Zifferblatt bleibt zu, der Vogel im Kasten. Masberg: „Da sind wir noch machtlos."

♦

*Endkontrolle mit einem Stethoskop.

Vor dem Lesen

Fragen

1. Lesen Sie den Untertitel des Artikels: „*Die Schwarzwälder Kuckuckuhr tickt nicht mehr richtig – Dollarschwäche, Marketingfehler und japanische Konkurrenz machen der Branche zu schaffen.*" Worum geht es in dem Artikel?
2. Haben Sie schon einmal eine Kuckucksuhr aus dem Schwarzwald gesehen? Wie würden Sie sie beschreiben?
3. Schauen Sie sich das Foto an. Was sehen Sie?

Kulturelles

der Schwarzwald	ein Mittelgebirge im Südwesten Deutschlands
der „Förderverein Schwarzwalduhren"	ein Verein, der versucht, den Verkauf von Uhren zu unterstützen, die im Schwarzwald produziert werden
Schonach, Triberg, Furtwangen	Städte im Schwarzwald
Heidelberg	eine Stadt in Deutschland
Schloß Neuschwanstein	ein berühmtes Schloß, das im 19. Jahrhundert vom bayrischen König Ludwig II. in Auftrag gegeben wurde
der Wäldler	*hier:* jemand, der im Schwarzwald wohnt
Düsseldorf	eine Stadt in Deutschland
das Gütezeichen	ein Zertifikat für echte Schwarzwalduhren

Vokabeln

das Getriebe	das Schaltwerk einer Uhr
Sand im Getriebe	*hier:* eine Störung; wenn etwas nicht mehr läuft
der Pensionär	jemand, der nicht mehr arbeitet, der im Ruhestand lebt
gerät (geraten)	*hier:* kommt
der Kuckuck	ein Vogel; *hier:* eine kleine Vogelfigur aus Holz („Kuckuckuhr" ist Dialekt für Kuckucksuhr)
aufsperren	aufmachen
der Schnabel	der Mund eines Vogels
zusätzlich	ergänzend, extra, außerdem
das Gewerbe	das Handwerk, der Berufszweig
versäumte (versäumen)	verpaßte
der Rückgang	die Abnahme
die Nachfrage	*hier:* der Verkauf
der Zugereiste	*hier:* jemand, der nicht im Schwarzwald geboren, sondern nur hingezogen ist
der Hersteller	*hier:* die Firma, die Kuckucksuhren produziert
der Zulieferer	*hier:* jemand, der Einzelteile für den Bau von Kuckucksuhren liefert

das Erzeugnis	das Produkt
die Vitrine	der Glasschrank
verpönt (verpönen)	nicht gern gesehen
angewidert	sehr unangenehm berührt, entsetzt
der Scheich	*hier:* ein Tourist aus einem arabischen Land
das Hemmnis	das Hindernis
die Klappe	der Verschluß
das Ziffernblatt	die Scheibe mit den Zahlen von eins bis zwölf, die das Uhrwerk bedeckt

Nach dem Lesen

Fragen zum Text

1. Seit wann werden im Schwarzwald Kuckucksuhren hergestellt? Wann gingen die Geschäfte mit den Kuckucksuhren am besten?
2. Jetzt ist die Nachfrage nach Kuckucksuhren aus dem Schwarzwald gesunken. Warum?
3. Die größte Konkurrenz für die deutsche Kuckucksuhren-Industrie kommt aus Japan. Wodurch unterscheiden sich die japanischen von den deutschen Kuckucksuhren?
4. Ein neuer Absatzmarkt für die Kuckucksuhren aus dem Schwarzwald könnten die arabischen Länder sein. Doch da gibt es ein Problem. Welches?

Sprechen

Die Nachfrage nach handgemachten Kuckucksuhren ist rapide gesunken. Diskutieren Sie die Schwierigkeiten, die die Schwarzwälder Uhrenbauer haben. Warum ist die Kuckucksuhren-Industrie in die Krise geraten und wie könnte die Krise bewältigt werden?

Gruppenarbeit

Sie gehören zum „Förderverein Schwarzwalduhren". Sie wollen für die Uhrenbauer im Schwarzwald neue Absatzmärkte finden. Sie denken dabei an die arabischen Länder und an Japan. Sammeln Sie Ideen. Welches Image müssen Kuckucksuhren aus dem Schwarzwald haben und wie müssen sie aussehen, damit man sie in diesen Ländern erfolgreich verkaufen kann?

Schreiben

Sie sind ein Scheich aus Saudi-Arabien. Während Ihres letzten Kuraufenthaltes im Schwarzwald haben Sie für jeden von Ihrer Familie eine Kuckucksuhr gekauft. Gestern hatten Sie einen Sandsturm, und jetzt funktionieren die Uhren nicht mehr. Schreiben Sie einen Beschwerdebrief an den Kuckucksuhrenbauer im Schwarzwald, bei dem Sie die Uhren gekauft haben.

JUGEND
Wrommm, wrommm!

Eine Schüler-Medienanalyse bringt es an den Tag: Niemand bestimmt in deutschen Familien so stark die Kaufentscheidungen wie der Kunde im Kindesalter.

In der Kabelglotze, die einen Hi-Fi-Turm krönt, laufen Videoclips des Kommerzsenders Tele 5. Profillose Auto-Breitreifen liegen dekorativ verteilt auf 40 Quadratmeter anthrazitfarbenem Teppichboden. An einer der Längswände pappen die Graphik eines abenteuerlich verstaubten Land Rovers und grellbunte Plastikreliefs.

Während zwei Kids aus einem Computer via Btx ein Berufsberatungsprogramm zapfen, helfen Andrea, 20, und Daniela, 25, einem Schüler beim Ausfüllen eines Denkspiels. Im trauten Duz-Ton kümmern sich die beiden Angestellten auch um den wahren Zweck dieser auf poppig getrimmten Inszenierung: den Zahlungsverkehr minderjähriger Kunden mit der Commerzbank, Zweigstelle Ulm.

Deren Ableger, die „Commerz-Jugendbank" (Kürzel: CJB), wirbt seit drei Jahren für die Verwaltung von Taschengeldern. Inzwischen führt sie 900 Konten von Kindern ab zehn Jahren. Während der Umsatz der CJB 1988 um 33 Prozent hochschnellte, legte die gesamte Filiale nur etwa vier Prozent zu. Mittlerweile wird auch in Aschaffenburg und Saarbrücken das schwäbische Turnschuh-Modell kopiert.

„Anmachen, indem wir provozieren", will die Ulmer Commerzbank. Ihre saloppe Marketingstrategie liegt im Trend. Denn nicht nur Kreditinstitute, darunter die Sparkassen (Slogan: „Wie du gebührenfrei abheben kannst") und die Deutsche Bank („Junge Menschen heute. Deutsche Bank gehört dazu"), buhlen um den Nachwuchs. Quer durch alle Branchen widmet die Werbung den Erwachsenen von morgen erhöhte Aufmerksamkeit.

Mit gutem Grund: „Beim Konsum haben die Kinder die Nase vorn", sagt die Diplompsychologin Brigitte Melzer-Lena, „und die Eltern treten ihre Kompetenz an sie ab." Melzer-Lena leitet das Münchner Institut für Jugendforschung

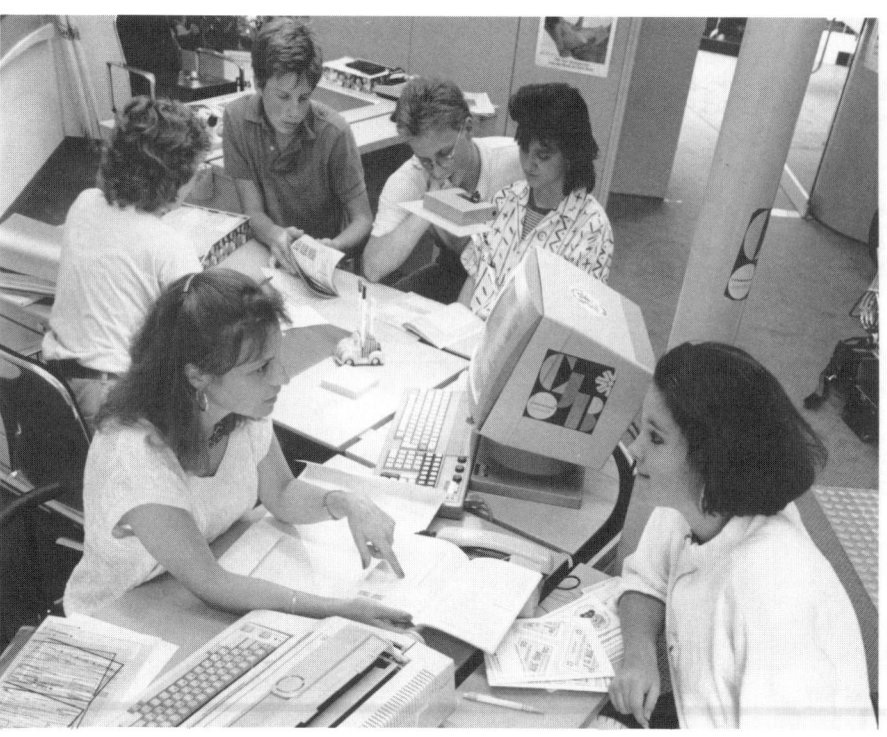

„Commerz-Jugendbank" Ulm: „Anmachen, provozieren"
Junioren nehmen enormen Einfluß auf Kaufentscheidungen ihrer Familien

(IJF), eine Tochterfirma der Unternehmensberatung Roland Berger.

Die soeben erschienene IJF-„Schüler-Medienanalyse" gibt Auskunft über die Finanzkraft der 7- bis 15jährigen. Über rund 3,5 Milliarden Mark Taschengeld verfügte diese Gruppe 1988. Außerdem wanderte Bares in Höhe von vier Milliarden auf ihre Sparkonten.

Hinzu kommt der enorme Einfluß, den die Junioren auf die Kaufentscheidungen ihrer Familien nehmen. „Frühstückswünsche ihrer Kinder sind den Eltern Befehl", erkannte die „Lebensmittel-Zeitung". Doch auch jede zweite Flasche Haarschampoo und mehr als 50 Prozent aller Heimcomputer werden unter fachmännischer Beratung durch Tochter oder Sohn erworben. Frühreif reden die Heranwachsenden sogar ein entscheidendes Wort mit, wenn der Kauf eines neuen Autos ansteht.

Um diesen Markt der Zukunft balgen Hersteller unterschiedlichster Waren und Dienstleistungen in gestelztem Jargon. „Grenzenlos – Erlebnisstark. Da steckt Wahnsinns-Power drin", behauptet etwa die Firma Atari von ihrem „ST Computer". Ein cooler Lederjacken-Jüngling verspricht im Auftrag der Bundesbahn, 'ne Menge Reisefeeling, super zuverlässig". Anbiedernd preist der Tabakkonzern Philip Morris seine Billig-Zigarettenmarke Chesterfield als ein Stück „Weltkultur" an.

71 Millionen Mark betrug 1988 das Markenanzeigen-Aufkommen der zwölf größten Jugendzeitschriften, eine 30prozentige Steigerung im Vergleich zu 1985. „Mehr denn je", hofft Ingo Zuberbier, Geschäftsführer der größten deutschen Werbeagentur Lintas, werde der Kunde demnächst sein „Selbstgefühl aus dem Konsum" beziehen. Sicher ist, daß der Markt in Anbetracht des Pillenknicks enger wird, auch wenn sich die Kaufkraft in absoluten Zahlen erhöht.

Folglich müssen die Verbraucher von morgen möglichst rechtzeitig und wirksam geködert werden. Dem kommt das intensive Interesse Jugendlicher an jeglicher Reklame entgegen. Das Thema taucht „immer wieder in ihren Gesprächen" auf, hat Reiner Erfert von der Frankfurter PR-Agentur Michael Conrad & Leo Burnett beobachtet. Sie sind wandelnde Markenspeicher, bleiben aber einem einmal bevorzugten Artikel erstaunlich treu.

In Jugendpostillen finden sich neuerdings vermehrt Produktanzeigen, die ursprünglich einem älteren Publikum zugedacht waren – etwa für den alkoholischen Fruchtsaft „Batida de Coco" oder, in Comic-Heften des Stuttgarter Ehapa Verlags, für „Chiquita"-Bananen. Die Firmensignets sollen frühzeitig im Kinderbewußtsein verankert werden.

Die Strategie zeigt Wirkung, die Umworbenen bilden ihre Präferenzen immer früher aus. Das Institut für Jugendforschung spricht vom Phänomen der „Akzeleration": Neunjährige interessieren sich für Waren, die vor kurzem erst ab elf Jahren konsumiert wurden.

Umgekehrt wirken Marketing-Kampagnen manchmal schon nach geringer Laufzeit veraltet. Das Mädchenparfüm „My Melody" hatte nach anfänglichem Verkaufserfolg bald ein „zu kindisches Image", wie Anzeigenleiter Michael Behrend von der Popzeitung „Bravo" herausfand. Die Zielgruppe war dem Produkt rasch entwachsen.

Um die Akzeptanz der Inserate in „Bravo" besser beurteilen zu können, läßt Behrend die Lesergemeinde über die Anzeige des Jahres abstimmen. 1988 ging der „Creativ-Otto" an eine Cola-Reklame. (Textprobe: „Wrommm, wrommm...! Aber cherry Coke gibt's auch in der Kloing-, Seufz-, Hmmmh-, Whuschhh- oder Aahhhhh-Dose.")

Einschlägige Untersuchungen wie zuletzt die des IJF belegen, daß in zwei Dritteln aller deutschen Familien die möglichst schrankenlose Aneignung der Warenwelt das beherrschende Thema ist. Anschaffungen rangieren als Gesprächsgegenstand weit vor Politik und Umweltproblemen. Der gemeinsame Konsumtrip versöhnt als große Klammer die Generationen und reduziert Meinungsverschiedenheiten auf Geschmacksurteile – Benetton oder Lacoste, Puma oder Nike ist die Frage.

Brigitte Melzer-Lena sieht darin ein positives Signal. Sie konstatiert den „Rückzug aus der trockenen, langatmigen Intellektualität", hin zu einer „sinnlichen, erlebnisorientierten Gesellschaft". ◆

Vor dem Lesen

Fragen

1. Lesen Sie den Untertitel des Artikels: *„Eine Schüler-Medienanalyse bringt es an den Tag: Niemand bestimmt in deutschen Familien so stark die Kaufentscheidungen wie der Kunde im Kindesalter."* Worum geht es in dem Artikel?

2. Schauen Sie sich das Foto an. Was machen die jungen Leute?

3. Wer entscheidet in Ihrer Familie, was gekauft wird und was nicht?

4. Wie groß ist der Einfluß der Werbung in Ihrem Land? Können Sie aufzählen, welche Werbung Sie heute schon gesehen, gehört oder gelesen haben? Wieviel davon wurde gemacht, um Kinder zu beeinflußen?

Kulturelles

der Kommerzsender Tele 5	ein privater Fernsehsender, der sich nur durch Werbung finanziert
der Land Rover	ein Geländewagen
der Btx	*(Abk.)* „Bildschirmtext"; ein Fernsehkanal, auf dem man verschiedene Serviceleistungen abrufen kann, für die man bezahlen muß
die Commerzbank	eine deutsche Bank
Ulm, Aschaffenburg, Saarbrücken	Städte in Deutschland
die Sparkasse, die Deutsche Bank	deutsche Banken

der Pillenknick	*hier:* die geburtenschwachen Jahrgänge, der Rückgang der Geburten in den sechziger und siebziger Jahren durch die häufige Einnahme der Anti-Baby-Pille
„Bravo"	eine Zeitschrift für Jugendliche
der „Creativ-Otto"	ein Preis für die Werbeanzeige, die den Lesern der ‚Bravo' am besten gefällt
Puma, Nike	Markennamen von Sportschuhen

Vokabeln

bringt etwas an den Tag (bringen)	*hier:* zeigt es
anmachen	*(umg.)* ansprechen
provozieren	reizen, herausfordern
die Kabelglotze	*(umg.)* der Fernsehapparat, mit dem man Kabelkanäle empfangen kann
anthrazitfarben	schwarzgrau
der Quadratmeter	eine Fläche, die einen Meter lang und einen Meter breit ist
pappen	kleben
verstaubt	schmutzig
via	über
das Berufsberatungsprogramm	ein Informationsprogramm, das dabei hilft, sich für einen Beruf zu entscheiden
zapfen	*hier:* holen
der Duz-Ton	*hier:* der vertrauliche Ton
poppig	bunt, grell
der Zahlungsverkehr	Transaktionen mit Geld
der Ableger	*hier:* die Zweigstelle
die Verwaltung	die Administration
salopp	zwanglos, bequem
abheben	sich Geld vom Konto auszahlen lassen
buhlen	werben
haben die Kinder die Nase vorn	wissen die Kinder am meisten
treten ihre Kompetenz an sie ab (abtreten)	lassen sie entscheiden
die Unternehmensberatung	eine Firma, die andere Firmen berät
das Bare	das Geld
der Befehl	ein Auftrag
frühreif	wie Erwachsene
balgen	*hier:* kämpfen
anbiedernd	sich anpreisend, einschmeichelnd
das Aufkommen	die Summe des eingenommenen, verdienten Geldes
in Anbetracht	angesichts
geködert (ködern)	angelockt
der Markenspeicher	*hier:* Menschen, die sich eine Marke oder ein Produkt merken und ihm treu bleiben
die Jugendpostille	eine Zeitschrift oder Zeitung für Jugendliche
verankert (verankern)	festgelegt
das Inserat	die Anzeige

schrankenlos	grenzenlos
die Aneignung	*hier:* wenn man etwas in Besitz nimmt
versöhnt (versöhnen)	besänftigt; *hier:* bringt zusammen, überbrückt
die Klammer	etwas zum Zusammenhalten
konstatiert (konstatieren)	stellt fest
der Rückzug aus	*hier:* das Ende der

Nach dem Lesen

Fragen zum Text

1. Wodurch unterscheidet sich die Commerzbank von der Commerz-Jugendbank (CJB)?
2. Was zeigt die Medienanalyse über die Finanzkraft und die Spargewohnheiten der Sieben- bis Fünfzehnjährigen? Welchen Einfluß haben sie auf die Kaufentscheidungen ihrer Familien?
3. Was ist das Hauptgesprächsthema in zwei Dritteln der deutschen Familien? Wie wirkt sich das auf das Verhältnis aus, das die Generationen zueinander haben?

Sprechen

Verliert die deutsche Gesellschaft ihre „trockene, langatmige Intellektualität" und wird zu einer „sinnlichen, erlebnisorientierten Gesellschaft", wie Brigitte Melzer-Lena meint? Diskutieren Sie „den gemeinsamen Konsumtrip", der die Spannungen zwischen den Familienmitgliedern reduziert.

Gruppenarbeit

Sie sind eine Gruppe von Marketing-Spezialisten. Sie arbeiten für eine Bank, die Kreditkarten für Kinder einführen will. Sie sollen dafür eine Werbekampagne entwickeln. Sammeln Sie Ideen für Anzeigen und Inserate in Zeitschriften sowie für Werbespots im Radio und im Fernsehen. Benutzen Sie Ausdrücke wie „anmachen", „super-zuverlässig", „Kloing", „Seufz" oder „Hmmmmh".

Schreiben

Sie haben einen zehnjährigen Sohn, der bei der Commerzbank unbedingt ein Konto eröffnen möchte, obwohl er noch gar keines braucht. Das ärgert Sie. Schreiben Sie dem Präsidenten der Bank, was Sie von seinen Werbemethoden halten.

FERNSEHEN
Rassig und cool

Eine umstrittene Programmvariante lockt neuerdings bundesweit Fernsehzuschauern das Geld aus der Tasche: Teleshopping.

Showmaster Wolf-Dieter Herrmann, 38, eröffnete seine Sendung fesch. Lässig ließ er sein weinrotes Jackett von den Schultern gleiten, rückte seinen schwarzen Pullover ins Bild, strich sich übers Bäuchlein und pries seinen Rolli: „Wie das kleidet, und macht auch schlank." Herrmann: „Am besten gleich bestellen."

Die Aufforderung zum Kauf geht bei dem Mainzer Kommerzkanal Sat 1 auf Sendung. An drei Tagen in der Woche präsentieren Moderatoren zwischen lockeren Sprüchen und kleinen Gewinnspielchen vermeintlich Schickes und Nützliches, das die Zuschauer per Telephon ordern können. Titel der Sendung: „Teleshop".

Die Verkaufsshow ist das bislang erfolgreichste Beispiel für eine umstrittene Programmvariante, mit der private Fernsehstationen wie der Kabel-Kanal Eureka, der Musik- und Serienkanal Sky Channel und der Unterhaltungsriese RTL plus Millionen Zuschauer zum Kauf animieren wollen – die Sender sind zum Teil am Umsatz beteiligt.

Doch während die TV-Stationen nach der ersten Testphase „eine sehr erfreuliche Bilanz" (Sat-1-Sprecher Stefan Rabe) ziehen, begehren Juristen und Verbraucherschützer auf. Teleshopping-Kritiker wie der Bremer Dozent Hans-Wolfgang Micklitz, Mitverfasser eines Rechtsgutachtens, beklagen, daß der Bildschirm-Einkauf „bislang nirgendwo eindeutig geregelt ist", allerlei „fragwürdigen Verkaufs- und Sendeformen" werde „Tür und Tor geöffnet". Durch die „geschickte Mischung aus Show und Verkauf", befürchtet Monika Gebauer von der Bonner „Arbeitsgemeinschaft der Verbraucher" (AgV), könne „Teleshopping schnell zur Hausfrauen-Falle" werden. Monika Gebauer: „Dann drohen uns hier womöglich amerikanische Verhältnisse."

In den USA hat sich Teleshopping längst zu einer umsatzstarken Mixtur aus Werbung, Information, Show und Verkauf entwickelt. Allein 1987 brachten bei etlichen TV-Stationen wortgewandte Moderatoren Waren für knapp zwei Milliarden Dollar an die Zuschauer – mit zum Teil unsauberen Methoden.

Shop-Master Hermann; die neue Mischung aus Show und Verkauf: Teleshop
„Todschick, mein Engel. Am besten gleich bestellen"

Auf dem bundesdeutschen Teleshopping-Markt konkurrieren – neben der englischsprachigen Sky-Station und RTL plus, das bislang nur gelegentlich im lokalen Fensterprogramm mit einem „Telemarkt" Umsatz macht – vor allem zwei Stationen: der Eureka-Kanal, den bundesweit etwa dreieinhalb Millionen Kabel-Haushalte einschalten können, und Sat 1, das – vielerorts auch über Antenne – von gut sieben Millionen Haushalten empfangen wird.

Aufgemacht sind die Fernseh-Shops höchst unterschiedlich. Zwar arbeiten beide Sender mit etablierten Versandunternehmen zusammen. Der Münchner Kanal verhökert im „Telekaufhaus" nahezu alles, was das Fürther Versandhaus Quelle im Katalog hat. In der Urlaubsagentur „Telereisen" wird angeboten, was der Veranstalter Tjaereborg organisiert. Sat 1 blendet die Nummer des Hamburger Otto-Versands ein.

Doch bei Eureka wird das Bildschirm-Angebot zumeist nur schlicht auf bunten Standbildchen mit leiser Hintergrundmusik und drögen Werbeaussagen präsentiert. Im TV-Reisebüro werden Spots von Städten, Stränden und Hotels eingespielt. Die Konkurrenz von Sat 1 dagegen versucht sich an kleinen Verkaufsshows.

Nach US-Vorbild setzen die Mainzer vor allem auf smarte Moderatoren. Um

114

den Umsatz anzukurbeln, kaspert sich Shop-Master Herrmann durch ein halbes Dutzend im Studio ausgestellte Artikel, preist eher züchtige Damenblusen als „aufregend, feminin, rassig und cool", verlost „todschicke vornehme Kaffeemaschinen" unter Zuschauern oder schäkert via Bildschirm: „Mein Engel, bestellen bitte."

Angesprochen fühlen sich vor allem weibliche Zuschauer. Die meisten Anrufer, berichtet Otto-Sprecher Detlef von Livonius, seien „Hausfrauen zwischen 30 und 50 Jahren". Als Verkaufshits gelten Küchengeräte, Kleidung und Modeschmuck in der Preisklasse von 20 bis 500 Mark.

Bislang ist der Umsatz beim Bildschirm-Verkauf allerdings „nicht gerade üppig" (Livonius). Nach jeder Sendung, die als Werbezeit deklariert wird, gehen bei Otto etwa 1000 Bestellungen ein. Dennoch lohnt sich der Tele-Verkauf.

Weil Teleshopping auch im Staatsvertrag der Länder über die Neuen Medien nicht erwähnt ist, sehen Rundfunkrechtsexperten wie der Bremer Micklitz „dringenden Handlungsbedarf". Denn die vorgeschriebene Trennung von Programm und Werbung sei bei den Verkaufsshows nicht mehr gegeben. Micklitz: „Teleshopping hat die alten Grenzen gesprengt."

Obgleich auch manche Aufsichtsbehörden, wie die Hamburgische Anstalt für Neue Medien, „Regelungsdefizite" sehen, haben sie ihre Bedenken vorerst beiseite geschoben und vertrauen auf die Versprechungen der Veranstalter.

„Als seriöses Unternehmen", beteuert Sat-l-Sprecher Rabe, „werden wir doch keine armen Rentner über den Tisch ziehen." ♦

Vor dem Lesen

Fragen

1. Lesen Sie den Untertitel des Artikels: *„Eine umstrittene Programmvariante lockt neuerdings bundesweit Fernsehzuschauern das Geld aus der Tasche: Teleshopping."* Worum geht es in dem Artikel?

2. Es gibt verschiedene Arten einzukaufen. Wieviele fallen Ihnen ein? Wie kaufen Sie am liebsten ein?

3. Gibt es in Ihrem Land auch Teleshopping? Was halten Sie davon?

Kulturelles

das Kabelfernsehen	*hier:* Fernsehstationen, die man nur über einen speziellen (Kabel-) Anschluß empfangen kann
der Mainzer Kommerzkanal Sat-l	der private, nur mit Kabel zu empfangende Fernsehsender Sat 1, der in Mainz sein Hauptstudio hat
Eureka, Sky Channel, RTL	andere private Fernsehsender
Quelle, Otto-Versand	Versandhäuser, wo man Waren in einem Katalog aussuchen und mit der Post bestellen kann
dröge	(norddeutsch) trocken; *hier:* langweilig, reizlos
die Aufsichtsbehörde	ein Gremium, das kontrolliert, ob sich die Fernsehsender an die gesetzlichen Vorschriften halten

Vokabeln

umstritten	zweifelhaft, kritisiert
fesch	schick, elegant
pries (preisen)	lobte
der Rolli	(Abk.) der Rollkragenpullover
die Aufforderung	*hier:* die Einladung
vermeintlich	irrtümlich vermutend
das Schicke	das Modische
ordern	bestellen
animieren	anregen
der Umsatz	die Summe des Geldes, für die Waren verkauft werden
sind am Umsatz beteiligt (beteiligen)	bekommen einen Teil vom Umsatz
aufbegehren	erheben heftigen Widerspruch
das Rechtsgutachten	eine juristische Beurteilung
der Bildschirm-Verkauf	der Verkauf, der über das Fernsehen vermittelt wird
die Hausfrauen-Falle	*hier:* eine Fernsehsendung, die Hausfrauen dazu überreden will, Dinge zu kaufen, die sie eigentlich gar nicht brauchen
drohen uns	*hier:* stehen uns bevor, kommen auf uns zu
verhökert (verhökern)	verkauft
anzukurbeln (ankurbeln)	in Schwung zu bringen
kaspert sich (kaspern)	macht sich albern
züchtig	tugendhaft, sittsam
verlost (verlosen)	*hier:* verteilt kostenlos
schäkert (schäkern)	flirtet
üppig	*hier:* groß
über den Tisch ziehen	*hier:* um ihr Geld betrügen

Nach dem Lesen

Fragen zum Text

1. In dem Artikel heißt es, daß Teleshopping für die Deutschen eine fragwürdige Verkaufsform und Programmvariante ist. Warum?
2. Der Mainzer Kommerzkanal Sat 1 und andere Kabelsender bieten viele Möglichkeiten für Teleshopping. Wodurch unterscheiden sie sich?
3. Von wem werden diese Sendungen kritisiert? Warum?

Sprechen Teleshopping hat die Grenze zwischen Programm und Werbung gesprengt. Diskutieren Sie diese Entwicklung im deutschen Fernsehen. Was halten Sie von der Mischung aus Show und Verkauf?

Gruppenarbeit Ein deutscher Privatsender will Teleshopping jetzt auch in TV-Serien möglich machen. Sie gehören zu einer Gruppe von Drehbuchautoren, die für diesen Privatsender arbeitet. Schreiben Sie den Text für eine Szene in einer Soap-Opera und nennen Sie dabei möglichst viele Verkaufsartikel, ihren Preis und das Versandhaus, bei dem man sie bestellen kann.

Schreiben Sie haben bei der letzten Teleshopping-Sendung eine teure Urlaubsreise in die Karibik gebucht. Eigentlich können Sie diese Reise gar nicht bezahlen — aber als der smarte Shop-Master Herrmann gesagt hat „Mein Engel, bestellen bitte", da konnten Sie einfach nicht widerstehen. Schreiben Sie an Shop-Master Herrmann. Erklären Sie ihm die Situation, und fragen Sie ihn, ob er nicht Lust hat, mit Ihnen zusammen in die Karibik zu fahren und die Hälfte der Reise zu bezahlen.

Zigaretten
Spürt man kaum

Die Tabakbranche erlebt im neuen deutschen Osten eine Überraschung – den Rauchern schmeckt das Westkraut nicht.

Blasmusik tönte übers Firmengelände der Zigarettenfabrik Nortak im thüringischen Nordhausen, es gab Freibier vom Faß und festliche Reden. Aus Berlin kamen Spitzenmanager der Treuhandanstalt zur Gratulation, aus Bonn reiste Wirtschaftsminister Helmut Haussmann an.

Mit Volksfeststimmung und viel Prominenz feierte der Hamburger Tabakkonzern Reemtsma Mitte September die Übernahme des Zigarettenwerks. „Gemeinsam werden wir die Zukunft meistern", rief Reemtsma-Chef Ludger Staby der Belegschaft zu.

Der Aufwand schien dem Anlaß angemessen. Die Nortak, eine von drei Tabakfabriken in der alten DDR, war der erste große volkseigene Industriebetrieb, den die Treuhandanstalt rechtskräftig an ein Westunternehmen verkauft hatte.

Zigarettenkonzerne wie Philip Morris, Reemtsma und Reynolds liefern sich im neudeutschen Osten seit Monaten einen ebenso teuren wie risikoreichen Kampf um sechs Millionen Raucher. Dabei geht es um die Einführung eigener Marken ebenso wie um die Übernahme der DDR-Zigarettenwerke in Dresden, Berlin und Nordhausen, also um Milliarden-Geschäfte.

Reemtsma kam bei Nortak für rund 50 Millionen Mark zum Zuge. Doch nur wenige Wochen nach der fröhlichen Einstandsparty ist die Stimmung der neuen Eigentümer gedrückt. Die Geschäfte mit den im Osten vertrauten Zigarettenmarken „Cabinet", „Juno" und „Duett" gehen längst nicht so gut wie erhofft.

Vor allem die ehemalige Spitzenmarke „Cabinet" ist bei Ostdeutschen kaum mehr gefragt. Ihr Marktanteil lag noch im vergangenen Jahr bei 33 Prozent. Inzwischen greift nicht mal mehr jeder zweite „Cabinet"-Konsument zur alten Stamm-Marke. Im September war der Marktanteil gar auf unter 10 Prozent abgesackt. So schnell hat nie zuvor eine Zigarettensorte ihre Käufer verloren.

Das Geschäft machen aber auch nicht etablierte Westmarken, zu denen die Ostdeutschen jetzt befreit greifen könnten. Spitzensorten wie „Marlboro", „West" oder „HB" sind bislang trotz kräftiger Werbung nur mäßig gefragt. Die „Marlboro" beispielsweise dümpelt bei 4 Prozent Marktanteil, im Westen sind es rund 25 Prozent.

Kurz nach Öffnung der Grenzen boten westliche Tabakfirmen sogar ihre Produkte zum Tausch gegen Ostzigaretten an. Werbeaktionen wirkten eher abschreckend.

„Das Zeug von drüben", urteilt ein „F 6"-Raucher in Schwerin, „spürt man ja kaum richtig im Rachen." Inzwischen kaufen doppelt so viele Raucher wie vor der Wende die „F 6" der Vereinigten Zigarettenfabriken Dresden, die vom Tabakmulti Philip Morris übernommen wurden.

Die alten Ostsorten sind pro Packung bis zu einer Mark billiger als die gängigen Westzigaretten. Vor allem aber ziehen die Raucher der früheren DDR einheimische Produkte vor, weil ihnen das meiste westliche Kraut nicht stark genug ist.

Die Tabake im Osten nämlich werden noch immer auf die gleiche Weise verarbeitet wie vor Jahrzehnten. Nikotin und Kondensate liegen zum Teil mehr als doppelt so hoch wie bei den Westsorten. Nach der von 1993 an gültigen EG-Tabaknorm sind aber so hohe Schadstoff-Werte nicht mehr zulässig.

Zigarettenproduktion in Nordhausen: Die Stimmung ist gedrückt. Wegen des starken Geschmacks werden vertraute Ostsorten vorgezogen

Reemtsma wollte seine „Cabinet"-Raucher deshalb ab sofort an Weststandard gewöhnen. Die Schadstoffe wurden erheblich reduziert, die Tabake nach neuer Rezeptur gemixt – leichter und bekömmlicher sollte die neue „Cabinet" sein. Auch die Packung bekam ein frisches, modernes Outfit.

Doch genau das war der Fehler: Die Kundschaft erkannte ihre alte Marke nicht wieder. Der kratzig-kräftige Geschmack war dahin, die schmale Dosis Nikotin reichte vielen Rauchern nicht mehr. So einfach und vor allem so schnell lassen sich die Bürger der neuen Bundesländer, die doch sonst so auf Westimporte erpicht sind, den Geschmack der neuen Zeit offenbar nicht vorschreiben.

„Man kann die Rauchgewohnheiten nur allmählich verändern", sagt Philip-Morris-Sprecher Ferdi Breitbach. Die Münchner lassen ihre Neuerwerbung „F 6" denn auch vorerst, wie sie immer war – hochgradig in Teer und Nikotin, kratzig im Geschmack.

In Anzeigenkampagnen verbürgte sich Philip Morris gar für die brisante Tabakmischung. „Der Geschmack bleibt", hieß es in der Werbung. Die Raucher nehmen die Giftgarantie offenbar dankbar zur Kenntnis.

Konkurrent Reemtsma dagegen kommt das gescheiterte Experiment in Geschmackserziehung teuer zu stehen.

Vor der Wende wurden beim VEB Tabak Nordhausen Monat für Monat rund 800 Millionen Zigaretten der Marke „Cabinet" gedreht. Im September war die Produktion auf 226 Millionen abgesackt. Ein Großteil davon wurde zudem im Reemtsma-Werk Langenhagen bei Hannover hergestellt – weil es dort schneller geht und die Kapazitäten durch Reemtsmas sinkende Marktanteile im Westen nicht ausgelastet sind.

In Nordhausen wird daher bereits befürchtet, der neue Eigentümer könnte schon bald Mitarbeiter entlassen. Doch Reemtsma kann keineswegs so einfach die Produktion dem Umsatz anpassen – die Hamburger haben für die 850 Mitarbeiter eine Beschäftigungsgarantie bis Ende 1992 übernommen.

Ein Auftrag aus Moskau wird Reemtsma helfen, die Probleme zu lindern: Bis Mitte kommenden Jahres werden in Nordhausen 1,6 Milliarden Zigaretten der Marken „Cabinet" und „West" für die Sowjetunion hergestellt. Was danach wird, ist allerdings offen.

Die Reemtsma-Konkurrenten scheinen mit ihrer Strategie im Osten besser zurechtzukommen. Philip Morris will in Dresden schon bald rund um die Uhr in drei Schichten seine „F 6" produzieren – unter anderem auch für die Russen.

Auch die deutsche Reynolds-Niederlassung hat sich rasch auf die Lage nach der Wende und den Geschmack der ostdeutschen Raucher eingestellt. Reynolds war vor allem an den Rechten für die „Club" interessiert, mit 250 Millionen Zigaretten monatlich und einem Marktanteil von rund 15 Prozent in Ostdeutschland.

Den Plan, die Berliner Zigarettenfabrik GmbH zu kaufen, in der die „Club" gedreht wird, gaben die Reynolds-Manager schnell auf, weil die Eigentumsfrage ungeklärt war. Der deutsche Reynolds-Statthalter Jürgen Freund kaufte schließlich der Treuhand für 13 Millionen Mark nur die Rechte an der „Club" ab. „Ich denke", so ein Reynolds-Manager, „wir haben ein blendendes Geschäft gemacht."

Die Fabrik wird nicht mehr gebraucht. Künftig soll die „Club" zusammen mit der „Camel" in Reynolds-Fabriken für den deutschen Osten produziert werden.

Noch ist der Kampf um den einträglichen Markt in Ostdeutschland nicht entschieden. „Da ist viel Bewegung drin", sagt BAT-Sprecher Hans-Jürgen Raben. Auch BAT kommt mit starkem Tobak, der dem Ostmenschen so wohl tut. Eine Sondermischung der internationalen Marke „Pall Mall" hat inzwischen immerhin einen Marktanteil von drei Prozent erobert.

Der kleinste der fünf deutschen Zigarettenkonzerne gilt in der Branche vorerst als wahrer Sieger im Kampf um den Ostmarkt – mit einer Marke, die es bislang nur in den DDR-Intershops gab. Erst mit Einführung der D-Mark am l. Juli brachte die Bremer Zigarettenfirma Martin Brinkmann („Lord Extra") die „Golden American" in ostdeutsche Tabakläden. Inzwischen ist die Neue nach der „F 6" die meistgerauchte Marke im deutschen Osten.

Im Westen wird die „Golden American" auch künftig kaum zu haben sein. „Bei uns würden wir das Zeug kaum loswerden", sagt ein Brinkmann-Verkäufer. Die „Golden American" sei „hundertprozentig für den Ossi gemacht – würzig, kratzig und ein bißchen Duft von Freiheit". ◆

Vor dem Lesen

Fragen

1. Lesen Sie den Untertitel des Artikels: *„Die Tabakbranche erlebt im neuen deutschen Osten eine Überraschung – den Rauchern schmeckt das Westkraut nicht."* Worum geht es in dem Artikel?

2. Haben Sie Freunde, die rauchen? Was halten Sie vom Rauchen?

3. Was wissen Sie über die Rauchgewohnheiten in Ihrem Land?

Kulturelles

die Treuhandanstalt	*eine Institution, die den staatlichen Besitz der ehemaligen DDR verwaltet*
der volkseigene Industriebetrieb	*ein verstaatlichter Betrieb in der ehemaligen DDR*
von drüben	*aus der ehemaligen DDR*
vor der Wende	*hier: vor der Öffnung der Mauer*

die EG-Tabaknorm	die Gesetze der Europäischen Gemeinschaft über erlaubte Tabakwerte
BAT	*(Abk.)* der größte westdeutsche Zigarettenhersteller
der Ossi	abwertend für Deutsche aus dem ehemaligen Ost-Deutschland

Vokabeln

das Westkraut	*hier:* Zigaretten aus Westdeutschland
die Volksfeststimmung	*hier:* mit Fröhlichkeit, Musik und Bier
die Übernahme	*hier:* der Kauf
die Belegschaft	alle Beschäftigten eines Betriebes
der Aufwand	die Arbeit und die Mühe
der Anlaß	der Grund, die Veranlassung
angemessen	richtig, passend
rechtskräftig	laut einer Gerichtsentscheidung endgültig
sich einen Kampf liefern	kämpfen
zum Zuge kam (kommen)	handeln konnte
die Einstandsparty	*hier:* ein Fest zum ersten Arbeitstag
gedrückt	deprimiert
der Marktanteil	*hier:* die Menge an Zigaretten, die ein Unternehmen verkauft, innerhalb der Gesamtmenge aller verkauften Zigaretten auf dem Markt
die Stamm-Marke	*hier:* die Zigarettenmarke, die man normalerweise raucht
abgesackt (absacken)	gesunken
nur mäßig gefragt	*hier:* nur wenige möchten sie kaufen
dümpelt (dümpeln)	*hier:* liegt
im Rachen	im Hals
gängig	populär, gern gekauft
das Kondensat	die Abkühlungsflüssigkeit im Zigarettenfilter
der Schadstoff	das Gift
zulässig	gesetzlich erlaubt
bekömmlich	gut verträglich
die Kundschaft	die Käufer
kratzig-kräftig	rauh und stark
dahin	*hier:* kaputt
schmal	*hier:* niedrig
erpicht	sehr interessiert, begierig
vorschreiben	verordnen
hochgradig	*hier:* viel, eine hohe Dosis
sich verbürgte (verbürgen)	garantierte
brisant	*hier:* giftig
zur Kenntnis nehmen	merken
gescheitert (scheitern)	mißlungen
teuer zu stehen kommen	*hier:* bereuen, weil es zuviel kostet
nicht ausgelastet	die Arbeitsfähigkeit nicht ausgenutzt
entlassen	kündigen

der Umsatz	alle Verkäufe eines Betriebes in einer bestimmten Zeit
lindern	helfen, mildern
zurechtzukommen (zurechtkommen)	sich ohne Schwierigkeiten anzupassen
rasch auf die Lage eingestellt (einstellen)	sich ohne Schwierigkeiten anpassen
der Statthalter	*hier:* der Vertreter der Regierung
blendend	fantastisch, sehr gut
einträglich	gewinnbringend
erobert (erobern)	gewonnen
das Zeug	*hier:* die Zigaretten
kaum loswerden	nicht verkaufen können
der Duft	der angenehme Geruch

Nach dem Lesen

Fragen zum Text

1. Die Deutschen rauchen viel. Welche Zigarettenmarken, die in Deutschland verkauft werden, werden im Text genannt?
2. Welche Zigarettensorte hat so schnell wie nie zuvor ihre Käufer verloren? Warum?
3. Welche Zigarettenmarke scheint am populärsten zu sein? Gibt es dafür Gründe?

Sprechen

Warum schmeckt den Rauchern in der ehemaligen DDR das „Westkraut" nicht? Diskutieren Sie die Rauchgewohnheiten im Westen und im Osten von Deutschland. Vergleichen Sie Markennamen, Schadstoffe und Eigenschaften der verschiedenen Zigarettenmarken miteinander.

Gruppenarbeit

Sie sind Werbefachleute bei einem großen westdeutschen Tabakkonzern. Weil sich Ihre Zigaretten in der ehemalign DDR so schlecht verkaufen, sollen Sie eine neue Werbekampagne entwickeln. Versuchen Sie, die Raucher im Osten Deutschlands davon zu überzeugen, daß „leichtbekömmliche" Zigaretten besser schmecken als „kratzig-kräftige".

Schreiben

Sie sind Nichtraucher und halten das Rauchen für sehr gesundheitsschädlich. Schreiben Sie einen Leserbrief an den Spiegel und verlangen Sie, daß dort keine Zigarettenwerbung mehr abgedruckt wird, auch nicht für „leichtbekömmliche" Marken. Begründen Sie Ihre Forderung.

FERNSEHEN
Zu intelligent

Der ARD droht der Absturz zur Bedeutungslosigkeit, das Werbefernsehen verbucht dramatische Einnahmeverluste.

Mit großem Aufwand ließ Radio Bremen vorletztes Jahr eine sechsteilige Fernsehserie nach Viktor von Scheffels Roman „Ekkehard" drehen. Der Bestseller des 19. Jahrhunderts, eine mystische Mönchs- und Liebesgeschichte aus dem Mittelalter, schien den Bremern für das Vorabendprogramm der ARD gut geeignet, und die zuständige Programmkommission fand das zunächst auch.

Doch als die Fünf-Stunden-Serie letzten November sendefertig war, blieb der kleine Sender auf seinem großen Werk sitzen. Keine andere ARD-Anstalt übernahm „Ekkehard" in ihr Regionalprogramm, Radio Bremen mußte den teuren, später auch preisgekrönten Sechsteiler allein ausstrahlen und bezahlen – Kosten: 6,5 Millionen Mark.

Der Sinneswandel bei der ARD war leicht zu erklären: Die Programmgestalter hatten ihre Ansicht über die vorabendlichen Rahmensendungen für das Werbefernsehen gründlich geändert.

„Im Augenblick", sagt der Bremer Fernsehdirektor Rüdiger Hoffmann (SPD), „hecheln bei der ARD alle hinter ZDF-Erfolgen wie der ‚Schwarzwaldklinik' und ‚Hotel Paradies' her." Hoffmanns Intendant und Parteifreund Karl-Heinz Klostermeier bekam über „Ekkehard" und frühere Bremer TV-Produktionen zu hören: „Was ihr da macht, ist zu gut."

Ein zu gutes Niveau drücke auf die Einschaltquote, lautet nun die aktuelle Faustformel bei der ARD, und ein sinkender Einschalttrend mindere das Werbeaufkommen. Die TV-Reklame aber ist für die Sender lebenswichtig, denn rund 30 Prozent ihrer Einnahmen von gut 5 Milliarden Mark jährlich verdankt die ARD den bezahlten Werbespots im Hörfunk und Fernsehen.

Letztes Jahr gerieten die Hörfunk-Buchungen bei einigen Anstalten ins Rutschen, und in den laufenden Etats traf es auch das Werbefernsehen. Die fehlenden Millionensummen wurden von den neuen Konkurrenten, voran die

ZDF-Erfolgsserie „Hotel Paradies": „Die ARD hechelt hinterher"

Privatsender RTL plus und Sat 1, in ihre Kanäle umgeleitet.

Der größte Krater klafft in der TV-Werbebilanz des Westdeutschen Rundfunks, der für dieses Jahr rund die Hälfte seiner Reklame-Sendezeit nicht verkaufen konnte; Einnahmeausfall allein des Westdeutschen Werbefernsehens: etwa 60 Millionen Mark. Auf weit über 400 Millionen Mark schätzen Experten den mittelfristigen Rückgang der gesamten ARD-Werbeerträge bis Ende 1993.

Von den Ausfällen sind vor allem die nord- und westdeutschen ARD-Anstalten betroffen. In ihren Sendegebieten werden die privaten Konkurrenzprogramme über weite Flächen drahtlos gefunkt und können über Antenne empfangen werden – anders als im Süden, wo Berge und benachbarte Auslandssender die großflächige Ausstrahlung neuer Programme behindern.

Der große Gewinner im Konkurrenzgerangel ist erst einmal das ZDF. Die Mainzer renommieren mit der „herausragenden Aufmerksamkeit" des Publikums für ihre dienstags und donnerstags laufende Erfolgsserie „Hotel Paradies": Mit einem Zuschaueranteil von 42,1 Prozent (ARD: 29,8 Prozent) seien sie „unangefochtener Marktführer" im Vorabendprogramm.

Doch auch das werde sich noch ändern, prophezeite der Stuttgarter Ministerpräsident und ARD-Intimfeind Lothar Späth (CDU): „Im Kampf gegen die Einschaltquoten der Privaten sind die Öffentlich-Rechtlichen auf lange Sicht ohne Chance."

Kein Wunder, daß bei der ARD allmählich Panik aufkommt. Dem Ersten Programm, jahrzehntelang „unstrittig der Werbeträger Nr. 1", drohe ein schneller „Absturz" zu „relativer Bedeutungslosigkeit", warnt eine bisher geheimgehaltene Studie des Münchner Instituts Infratest über die Lage der ARD und ihres Werbefernsehens ARW.

Bleibe es bei den politisch vorgegebenen Beschränkungen, etwa der werktäglichen Werbezeit von 20 Minuten und dem Werbeverbot nach 20 Uhr, so die Studie (Titel: „ARD/ARW 2000"), sei „keine realistische Planung mit dem Ziel der Zukunftssicherung" möglich.

Die ARD-Verantwortlichen packten zunächst an, was sie selber verändern konnten. So schwenkten sie, wie der Bremer TV-Direktor Hoffmann bestätigt, auf eine „neue Serienphilosophie am Vorabend" um, die „stromlinienförmige, massenattraktive Produktionen" bevorzugt. Gefragt sind vor allem langlaufende Publikumserfolge wie „Praxis Bülowbogen" mit Günter Pfitzmann oder US-Importe wie „Falcon Crest". Denn mit hohen Einschaltquoten, so hoffen die Programm-Gewaltigen, sei auch die Werbewirtschaft zurückzugewinnen.

Bei Radio Bremen versank in der Plätscherwelle gleich ein weiteres anspruchsvolles Projekt, das, wie seinerzeit die „Ekkehard"-Serie, bereits von der ARW-Programmkommission befürwortet worden war. Gekippt wurde vor Drehbeginn eine 20teilige Vorabendserie über eine Kriegsepisode auf der dänischen Insel Samsø, wo die deutschen Besatzer, nach dem Einmarsch in Dänemark vor 50 Jahren, mit den Insulanern einfach Frieden geschlossen hatten.

Die Berliner Common Film, von der Radio Bremen Werbung zunächst mit dem Projekt beauftragt, hatte bereits fast 600 000 Mark für Vorbereitungsarbeiten und fällige Vergütungen ausgegeben. Nun klagt sie auf Schadenersatz.

Intendant Klostermeier verteidigt den plötzlichen Rückzug. Die „sehr teure" Serie habe nicht mehr in die gewandelte Vorabend-Landschaft gepaßt. Radio Bremen, so der Senderchef, hätte wegen der „Vereinheitlichung der Programme" damit rechen müssen, allein auf dem „zu intelligenten, zu riskanten Stoff" sitzenzubleiben wie bei „Ekkehard". Den Bremern droht noch ein weiterer Schadensfall am Vorabend. In allen ARD-Programmen wurden zu Jahresbeginn dienstags und donnerstags „Gemeinschaftsplätze für langlaufende Fremdserien" geschaffen, wie es in einem ARD-Protokoll heißt. Am Montag und Mittwoch sind Eigenproduktionen wie „Der Fahnder" und „Praxis Bülowbogen" eingeplant.

Diese „inhaltliche Harmonisierung" der Regionalprogramme vom Bayerischen bis zum Norddeutschen Rundfunk gilt bisher nur für den ersten Teil der Vorabendzeit, von 17.35 Uhr an. Anfang kommenden Jahres soll auch die zweite Zeitschiene, bis gegen acht, „für 50-Minuten-Serien zur Verfügung stehen". Dann aber gibt es keinen Platz mehr für die erfolgreichste westdeutsche Regionschau: das freche und beliebte Bremer Magazin „Buten & Binnen". Andere gerngesehene Nahsendungen, wie die Berliner „Abendschau" oder „Hier und heute" vom WDR, könnten aus dem Ersten Kanal ins jeweilige Dritte Programm ausweichen, aber Radio Bremen hat keine eigene Dritte Welle.

Plötzlich wird deutlich, wie heftig das komplizierte ARD-Gemeinschaftssystem der neun Landesrundfunkanstalten vom Anprall der neuen Konkurrenz erschüttert wird. Die auf Eigenständigkeit bedachten TV-Bürokraten bieten der Werbewirtschaft bis heute keine zentrale Buchung der Sendespots für alle Regionalprogramme an, obwohl die TV-Werbung überwiegend bundesweit gestreut wird. Zur Änderung dieses Zustands, von 1991 an, gibt es bisher nur eine sogenannte Absichtserklärung.

Ohne Programm- und Werbereform aber werde sich bei der ARD das früher so „positive Bild schnell und dramatisch ändern", warnt die Infratest-Studie: „Bis zum Jahr 2000 würde ohne solche Veränderungen der Marktanteil der ARD-Fernsehwerbung von jetzt über 50 Prozent auf unter 10 Prozent sinken."

Eine „existenzgefährdende Krise", meinen die Infratest-Forscher, sei nur durch „außergewöhnliche Maßnahmen" zu bannen, etwa durch die Aufhebung des abendlichen Werbeverbots und die Verlängerung der durchschnittlichen Werbezeit von 20 auf 25, von 1995 an auf 30 Minuten am Tag. Die Sorge, daß dadurch die Chancen der privaten Neulinge gemindert würden, sei „zweifellos falsch", so die Studie. Für das Privatfernsehen sei ein Werbevolumen von mehr als fünf Milliarden Mark erreichbar; das ZDF kassiert, aus Gebühren und Werbung zusammen, 1,5 Milliarden Mark.

Wie nie zuvor schielen die ARD-Bosse nun nach Einschalterfolgen beim Publikum. WDR-Fernsehdirektor Günter Struve (SPD) polemisierte in einem Zeitungsinterview gegen seine eigene Redaktion: Sie lasse sich, statt „glatte Geschichten" wie beim ZDF zu produzieren, immer „von gesellschaftlich relevanter Themenstellung" leiten – „enzyklopädisch nach ihrem 20bändigen Familien-Brockhaus": „A wie Atom, C wie Chemie, E wie Energieverbrechen, Z wie Zyklon B." ◆

Vor dem Lesen

Fragen

1. Lesen Sie den Untertitel des Artikels: *„Der ARD droht der ‚Absturz zur Bedeutungslosigkeit', das Werbefernsehen verbucht dramatische Einnahmeverluste."* Worum geht es in dem Artikel?

2. Welche Fernsehsendungen sehen Sie sich am liebsten an?

3. Was sehen Sie auf dem Foto? Haben Sie sich schon einmal solche TV-Sendungen in Ihrem Land angesehen? Wie gefallen Sie Ihnen?

Kulturelles

die ARD	*(Abk.)* „Erstes Programm"; die größte Radio- und Fernsehanstalt in der Bundesrepublik Deutschland; sie besteht aus mehreren regionalen Radio- und Fernseh-Stationen
das Werbefernsehen	der Teil des TV-Programms der ARD, der aus Werbung besteht
das ZDF	*(Abk.)* „Zweites Deutsches Fernsehen"; die zweitgrößte Fernsehanstalt
„Hotel Paradies"	eine TV-Soap Opera
Radio Bremen	eine der verschiedenen Radio-Stationen der ARD
„Ekkehard"	eine TV-Serie
die Rahmensendung	eine der Sendungen vor oder nach dem Werbefernsehen
„Schwarzwaldklinik"	eine TV-Soap Opera
der Intendant	der Leiter einer regionalen Radio- und Fernsehstation
die SPD	*(Abk.)* die „Sozialdemokratische Partei Deutschlands"; die zweitgrößte Partei
Privatsender „RTL plus" und „Sat 1"	zwei Fernseh-Stationen, die sich nur durch Werbung finanzieren
die CDU	*(Abk.)* die „Christlich Demokratische Union"; die größte konservative Partei in der Bundesrepublik Deutschland
die Öffentlich-Rechtlichten	ARD und ZDF; sie werden von öffentlichen Institutionen (Parteien, Kirchen, Gewerkschaften) kontrolliert und finanzieren sich durch Werbung und durch Gebühren
die politisch vorgegebenen Beschränkungen	*hier:* wieviel Werbung gesendet werden darf, in welchen Intervallen, zu welchen Tageszeiten
„Praxis Bülowbogen"	eine TV-Soap Opera
„Falcon Crest"	eine TV-Soap Opera
die Gemeinschaftsplätze für Fremdserien	*hier:* wenn die verschiedenen TV-Stationen der ARD zur selben Zeit die gleichen Sendungen zeigen
das Bremer Magazin „Buten und Binnen"	eine regionale politische Nachrichtensendung
der WDR	*(Abk.)* der „Westdeutsche Rundfunk"; eine der verschiedenen TV-Stationen der ARD
der Familien-Brockhaus	eine zwanzigbändige Enzyklopädie

Vokabeln

der Absturz	der Fall in die Tiefe
verbucht (verbuchen)	*hier:* hat
der Einnahmeverlust	der finanzielle Schaden, durch weniger eingenommenes Geld

hechelt hinterher (hecheln)	*hier:* will unbedingt haben
der Aufwand	die Mühe und die Kosten für eine Arbeit
drehen	für das Fernsehen filmen
blieb auf seinem Werk sitzen (sitzenbleiben)	konnte für sein Werk keinen Käufer finden
preisgekrönt	mit einem Preis ausgezeichnet
ausstrahlen	im Fernsehen zeigen
der Sinneswandel	die Änderung der Meinung
die Einschaltquote	die Anzahl der Personen, die eine bestimmte Sendung sehen
die Faustformel	die Regel
das Werbeaufkommen	die Summe der einzelnen Werbebeiträge im Fernsehen oder Radio
gerieten ins Rutschen (geraten)	*hier:* sanken
der Etat	das Budget
klafft (klaffen)	*hier:* befindet sich
der mittelfristige Rückgang	ein Verlust, der nicht innerhalb kurzer Zeit eintritt und nicht erst nach langer Zeit sondern dazwischen
der Ausfall	*hier:* das fehlende Geld
drahtlos gefunkt (funken)	etwas ohne Leitungen, ohne Kabel übermitteln
das Konkurrenzgerangel	der Kampf um
renommieren	um Anerkennung und Lob kämpfen
die herausragende Aufmerksamkeit	die große Konzentration
der Zuschaueranteil	die Prozentzahl der Zuschauer, die eine Sendung gesehen haben
unangefochten	ohne Konkurrenz
unstrittig	unbestritten
packten an (anpacken)	taten
schwenkten sie (schwenken)	veränderten sie die Richtung
stromlinienförmig	an die Umgebung angepaßt
versank in der Plätscherwelle (versinken)	*hier:* hatte keine Chance gegen die TV-Soap Operas
anspruchsvoll	auf einem hohen Niveau
befürwortet (befürworten)	empfohlen, unterstützt
gekippt (kippen)	*hier:* abgelehnt
klagt auf Schadenersatz (klagen)	*hier:* will Geld für nicht erbrachte Leistungen
verteidigt (verteidigen)	nahm in Schutz
der Rückzug	die Rückwärtsbewegung; *hier:* man verzichtet auf anspruchsvolle Sendungen
die Vereinheitlichung	alles einheitlich machen; *hier:* alle deutschen TV-Stationen zeigen ein ähnliches Programm
damit rechnen	erwarten
zur Verfügung stehen	bereit sein
der Anprall	ein heftiger Schlag, Stoß
erschüttert (erschüttern)	*hier:* bezweifelt, in Frage gestellt
auf Eigenständigkeit bedacht	wenn man seine Unabhängigkeit behalten will
die Absichtserklärung	wenn man sagt, daß man etwas tun wird
bannen	*hier:* verhindern

schielen	unbemerkt irgendwohin schauen
polemisierte (polemisieren)	kritisierte
glatte Geschichten	*hier:* leicht zu verstehende TV-Soap Operas
lasse sich leiten (sich leiten lassen)	lasse sich lenken, beeinflussen

Nach dem Lesen

Fragen zum Text

1. Welche Begriffe im Text können Sie nennen, die mit Geld und Werbung zu tun haben?
2. Worin besteht in Deutschland der Unterschied zwischen öffentlich-rechtlichem Fernsehen und Privatfernsehen?
3. Warum gerät die ARD in Panik? Was würde für sie der „Absturz zur Bedeutungslosigkeit" bedeuten?
4. Warum sagt ARD-Intendant Klostermeier: „Was ihr da macht, ist zu gut."?

Sprechen

Haben anspruchsvolle Sendungen im Fernsehen keine Chance mehr? Diskutieren Sie, welchen Einfluß das Privatfernsehen auf die Qualität des ARD-Programms hat.

Gruppenarbeit

Sie sind Autor und Regisseur einer anspruchsvollen TV-Sendung und bereiten sich auf ein Treffen mit Ihrem Intendanten vor. Sammeln Sie Argumente für Ihre Sendung.

Schreiben

Schreiben Sie als Fernsehzuschauer einen Brief an den Intendanten der ARD. Beschweren Sie sich über das Programm. Schreiben Sie ihm, welche Fernsehsendungen Sie sehen wollen.

Gesundheit/Umwelt

SONNE

Besser als bei Aids

Massenhaft reagieren die Bundesbürger auf die Hautkrebskampagne, die vor zu viel Sonne warnt: „Der blasse Typ" ist im Kommen.

Der Patient hatte „seit 20 Jahren" ein dunkles Mal an der Fußsohle, dem er kaum Aufmerksamkeit widmete: „Ich hab's vor sich hin schleifen lassen."

Erst ein Zeitungsartikel veranlaßte ihn zum Besuch der Universitätsklinik Hamburg-Eppendorf. Die Diagnose der seit einiger Zeit auffällig wachsenden, zudem nässenden und juckenden Stelle: ein malignes Melanom, die bösartigste, weil oft tödliche Form von Hautwucherung.

„Durchschnittlich einen solchen Fall pro Tag" registrierten die Hautspezialisten des Krankenhauses früher, inzwischen hat sich diese Zahl verfünffacht. Die seit Anfang Juni bundesweit laufende Aufklärungsaktion zum Thema Hautkrebs bewirke „eine phänomenale Reaktion, besser als bei Aids", sagt Professor Eckhard Breitbart, der als Chef der Deutschen Dermatologischen Gesellschaft die Kampagne leitet.

Von Großaufnahmen schwärender Zellen verunsichert, fahndet die Bevölkerung fast schon hysterisch nach verdächtigen Pusteln. Bedenkenloses Sonnenbaden, hauptverantwortlich für die galoppierenden Mutationen, gerät in Verruf.

Mit Anzeigen („Einmal im Monat, 10 Minuten: Augen auf"), mit publizistischen Breitseiten und 100 000 „Informationspaketen" an die Adresse von Ärzten, Masseuren und anderen körperpflegenden Berufsgruppen wird die Öffentlichkeit vor Hautkrebs und der Zunahme der damit verbundenen Sterberate (jährlich vier Prozent) gewarnt.

Zwar erkranken in der Bundesrepublik pro Jahr erst 7000 Menschen am malignen Melanom, um die Jahrtausendwende jedoch dürfen schwarze Hauttumore statistisch die Brustkarzinome eingeholt haben.

Acht Hautzentren boten Anfang Juni einen „Tag der offenen Tür"; in Flensburg etwa waren Parkplätze und Zufahrten einer Klinik verstopft. 200 Anrufer blockierten das „Informationstelephon" der Firma Beiersdorf („Nivea-Sonne", „Zeozon"), um bei Experten Rat einzuholen. Nach Abschluß der Aktion meldeten sich weitere tausend besorgte Bürger.

Die häßlichen Bilder in Zeitungen und im Fernsehen wirken wie einst die Heringswürmer. Wer mit der Sonnenbräune Geschäfte macht, muß sich auf schwerere Zeiten einstellen.

„Ein typisches Aufputschen der Leute", bemerkt Irmgard Giesen, Leiterin eines Kosmetikstudios. Ihre Kunden seien inzwischen „bei jedem kleinen Punkt auf dem Arm" argwöhnisch und legten sich vor der Schönheitspflege „unter die Lupe".

Noch vor kurzem versprach der Medizinmann Julius Hackethal via „Bild", wer „zweimal im Jahr tiefbraun" sei, der könne „fast nicht mehr krank werden". Doch nun geraten die „paradise people", gegerbte Zeitgenossen, die mit ihrer Hautfarbe Fitness, Gesundheit und den Status von wohlhabenden Fernreisenden signalisieren wollen, zunehmend ins Zwielicht.

Die Reiseleiter des Münchner Veranstalters Jahn Reisen etwa weisen schon beim Empfangscocktail am Urlaubsziel regelmäßig auf Sonnenrisiken hin, und die Kundschaft wendet sich vorsichtig von Grillstationen à la Gran Canaria ab, hin zu Zielen wie La Palma oder Madeira, wo Wander-Alternativen zur öden Brutzelei existieren.

Heidi Hahn vom Starnberger „Studienkreis für Tourismus", der in seinen Reiseanalysen regelmäßig die „Aktivität sich sonnen" und die „Motivation braun werden" ermittelt, erkennt eine Abkehr vom Indianerteint – wenn auch vorerst nur in der Trendsetter-Gruppe der Yuppies. Sie bevorzugen, zumal in Zeiten der Dauerarbeitslosigkeit die Freizeit ihren gesellschaftlichen Stellenwert einbüßt, vornehme Büro-Fahlheit.

Als erste befolgen die smarten Erfolgsmenschen eine Parole, die in den USA schon eine Weile gilt: „Pale is beautiful" (blaß ist schick).

Seit fünf Jahren existiert in den Staaten die „Nationale Hautkrebswoche". Zu-

Sonnenurlauberin: „Der gefährlichste Sport, den es gibt"
Zeichen einer Veränderung des Schönheitsideals?

sätzliche Bekanntheit erhielt dort das Leiden durch prominente Patienten wie Ronald und Nancy Reagan, Richard Nixon und George Bush, die allesamt schon Symptome des (harmloseren) Basalzellkarzinoms behandeln lassen mußten. Selbst der für seine Bräunungsexzesse bekannte Film-Beau George Hamilton hebt inzwischen mahnend den Finger: Sonnenbaden sei „der gefährlichste Sport, den es gibt".

In Australien, dem Land mit der höchsten Hautkrebsrate der Welt, werden die jährlichen Kosten zur Bekämpfung der Krankheit auf 100 Millionen australische Dollar beziffert. Die Regierung verzichtet auf die Verkaufssteuer für Sonnencremes und unterstützt Aktionen wie „Nimm einen Spaten und pflanze etwas Schatten".

Das einheimische Golfidol Greg Norman läßt sich demonstrativ mit der „Akubra", einem breitkrempigen Hut, sehen. Empörte Fernsehzuschauer monierten während der Übertragung des Tennisturniers „Australian Open", daß die Balljungen trotz 45 Grad Hitze keine Kopfbedeckungen trugen.

Solch radikaler Bewußtseinswandel braucht indessen Zeit. Lediglich „ein leichtes Plus im Bereich Stroh" meldet bisher der Kölner „Fachverband Hut und Mütze". Die Hersteller von Sonnenschutzmitteln hingegen reiben sich die Hände. Sie errechneten für 1988 ein üppiges Wachstum von 7,2 Prozent, jede achte verkaufte Lotion hatte einen Lichtschutzfaktor von 10 und höher.

„Dieser Entwicklung", schreibt das Fachblatt „Die Deutsche Drogerie", „liegt eine Veränderung des Schönheitsideals zugrunde", das „zu einer leichten, gepflegten Bräune" tendiere.

„Die Model-Szene ist shon lange auf dem Trip", sagt Ulrike Schütze von der „Hamburger Schule für Gesichtsgestaltung". Seit „drei, vier Jahren" sei sogar Bleichheit „absolut der Trend", denn: „Die Leute sind vernünftiger geworden."

Was bislang der trendbewußte Mensch wußte, dringt nun offenkundig durch die Hautkrebskampagne in tiefe Schichten der Bevölkerung. Die Angst vor dem schwarzen Melanom verursacht vielen Sonnenanbetern zumindest ein schlechtes Gewissen bei ihrer Lieblingsbeschäftigung.

Firmen wie der Bad Sodener Hersteller Tan-Check wittern dadurch Marktchancen. Er wirbt für ein kompaßartiges, 98 Mark teures Gerät, das „innerhalb Sekundenschnelle" den Bräunungsgrad der Haut, den erforderlichen Lichtschutzfaktor sowie die „Dauer ungefährdeter Bräunungszeit" ermittelt.

Die Profiteure der alten Sonnenideologie hingegen sind in den Abwehrkampf geraten. Mindestens 10 000 kommerzielle Sonnenstudios verdienen bisher am Bronze-Look. Jürgen Bock, Geschäftsführer des Stuttgarter „Bundesverband Solarien", scheint die medizinische Auseinandersetzung streng nach den Regeln der Marktwirtschaft ausfechten zu wollen, als ob Sonnenstudiobesitzer und Dermatologen mit gleichem Gewicht auftreten könnten.

Die Zielsetzung der Massenaufklärung, so Bock, sei „zwar gut", die Aktion rieche aber verdächtig „nach Werbung für einen Berufsstand". ♦

Vor dem Lesen

Fragen

1. Lesen Sie den Untertitel des Artikels: *„Massenhaft reagieren die Bundesbürger auf die Hautkrebskampagne, die vor zu viel Sonne warnt: ‚Der blasse Typ' ist im Kommen."* Worum geht es in dem Artikel?

2. Liegen Sie gerne in der Sonne? Gehen Sie manchmal in ein Solarium? Warum?

3. Schauen Sie sich das Foto mit der Sonnenurlauberin an. Welcher Zusammenhang zwischen „Sonne" und „Urlaub" wird auf dem Foto hergestellt?

Kulturelles

die Hautkrebskampagne	ein Werbefeldzug des deutschen Gesundheitsministeriums, um vor den Gefahren des Hautkrebs zu warnen
Flensburg	eine Stadt in Norddeutschland
„Nivea-Sonne", „Zeozon"	Markennamen von Sonnenschutzmitteln
Julius Hackethal	ein deutscher Arzt, der von anderen Ärzten wegen seiner medizinischen Diagnosen stark kritisiert wird

„Bild"	(umg.) „Bild Zeitung"; eine Boulevard-Zeitung und gleichzeitig die Tageszeitung, die in Deutschland am meisten verkauft wird
„paradise people"	Menschen, die gerne in der Sonne liegen und sich bräunen
Gran Canaria, La Palma, Madeira	Ferieninseln vor der nordwestafrikanischen Küste
Starnberg	eine Stadt in Süddeutschland
Bad Soden	eine Stadt in Deutschland

Vokabeln

der Hautkrebs	wuchernde, geschwulstartige Vermehrung von Hautzellen
das Mal	der Fleck
vor sich hin schleifen lassen	*hier:* sich nicht darum gekümmert
veranlaßte (veranlassen)	brachte
nässend	feucht
juckend	prickelnde, brennende Empfindung auf der Haut
maligne	gefährlich, bösartig
das Melanom	die Krebs-Geschwulst
bösartig	*hier:* schwer zu heilen
die Hautwucherung	krankhafte Stelle der Haut, wo sich Krebszellen vermehren
die Aufklärungsaktion	die Informationskampagne
schwärend	eiternd, anschwellend
verunsichert	ängstlich gemacht, aus der Ruhe gebracht
fahndet (fahnden)	sucht
verdächtig	gefährlich erscheinend
die Pustel	der Pickel, das Eiterbläschen
gerät in Verruf (geraten)	bekommt einen schlechten Ruf
die publizistische Breitseite	*hier:* eine große Anzeigenkampagne in Zeitungen und Zeitschriften
das Aufputschen	das Aufhetzen
argwöhnisch	mißtrauisch
legt er sich „unter die Lupe" (legen)	läßt er sich genau prüfen
geraten ins Zwielicht	kommen in eine fragwürdige Situation
gegerbt	*hier:* mit einer Haut so trocken und braun wie Leder
öde	*hier:* langweilig, eintönig
die Brutzelei	(umg.) das Braten; *hier:* das sehr lange in der Sonne liegen
ihren gesellschaftlichen Stellenwert einbüßt	ihre Wichtigkeit verliert
das Basalzellkarzinom	ein Hautkrebs, bei dem die Chance auf Heilung groß ist
empört	wütend
monierten (monieren)	kritisierten
üppig	reichlich
wittern	*hier:* vermuten
sind in den Abwehrkampf geraten	müssen sich verteidigen

ausfechten	*hier:* lösen
der Berufsstand	eine Gruppe von Menschen, die alle den gleichen Beruf haben

Nach dem Lesen

Fragen zum Text

1. Vor kurzem hat Dr. Hackethal jenen Menschen Gesundheit versprochen, die „zweimal im Jahr tiefbraun werden". Warum sind die „paradise people" trotzdem ins Zwielicht geraten?
2. Wie hoch ist die Zahl der Menschen mit malignen Melanomen in der Bundesrepublik Deutschland zur Zeit? Wie hoch wird sie im Jahr 2000 sein?
3. Beschreiben Sie die verschiedenen Phasen der Hautkrebskampagne. Wem nützt diese Aktion, wem schadet sie? Woher kommt das Schlagwort „Besser als bei Aids"?
4. Wie kann man sich dem Artikel nach am besten vor der Sonne schützen?

Sprechen

Wurde die Sonne in Deutschland von einem Tag auf den anderen gefährlich? Diskutieren Sie die starke Reaktion der deutschen Bevölkerung auf die Hautkrebskampagne. Werden mit dieser Kampagne die Leute nur aufgeputscht oder wird damit versucht, ihre Gesundheit zu schützen?

Gruppenarbeit

Sie sind ein Team, das mit Professor Breitbart eine zweite Hautkrebskampagne vorbereitet. Sie wollen das Schönheitsideal der Deutschen verändern. Das Motto Ihrer Aktion heißt deshalb: „Blaß ist schick". Sammeln Sie Ideen und Slogans für Ihre Kampagne.

Schreiben

Sie haben in der Bild-Zeitung ein Interview mit Julius Hackethal gelesen und sich über ihn geärgert, weil der die Gefahr des Hautkrebses verharmlost. Schreiben Sie das in einem Leserbrief an die Zeitung und fordern Sie ein Interview mit einem richtigen Hautkrebs-Experten.

Gastronomie
Auf der Wurstbrühe

Bei gesamtdeutschen Gipfeltreffen suchen ostdeutsche Köche Anschluß an den internationalen Standard

Als die Mauer offen war, erstand Ingeborg Völkel, 57, Hausfrau aus dem Ost-Berliner Stadtteil Mahlsdorf, im Westen erst mal ein Kochbuch.

Seither hat sich im Hause Völkel einiges geändert, berichtet Ehemann Gerhard, 58: „Früher gab's nur Kohl – Weißkohl, Rotkohl, Wirsingkohl und, wenn Se Glück hatten, mal Kohlrabi." Heute kommen auch mal Rouladen auf den Tisch oder Auberginen. Völkel: „Es schmeckt jetzt anders."

Einst lagen Welten zwischen der westlichen Glitzergastronomie und dem küchenkulturellen Steppenland DDR, das mangels Devisen nicht viel mehr als den „Broiler", das Ost-Huhn, oder „Soljanka", die sahnegekrönte russische Restesuppe, auftischen konnte.

Mittlerweile ist die Annäherung unübersehbar: Auf dem Ost-Berliner Alexanderplatz bietet ein „Paulaner-Biergarten" bayerische Brotzeit feil, eine „Crêperie" französische Eierfladen. Die „Mitropa"-Imbißbuden reichen Pizza, und vor dem Neustädter Bahnhof in Dresden gibt's Hamburger Marke „Burger King" aus einem US-Lieferwagen mit texanischem Nummernschild.

Im „1900", einer Szenekneipe im Prenzlauer Berg, wird Champagner ausgeschenkt („Moët & Chandon Brut Imperial"), Chablis und Chardonnay lagern im Keller – neben Württemberger Wein: Endersbacher Sonnenbühl Trollinger trocken.

Schon in diesem Frühjahr witterte der Chefredakteur des Leib- und Magenblattes *Der Feinschmecker,* Horst-Dieter Ebert, nach dem Verzehr von Schneckenravioli und Rotbarschfilet mit englischem Senf in Ost-Berlin „kulinarische Morgenluft"; das „leichte Konservenaroma" zwischendurch spülte er „mit einem sündig-süffigen Meißener Weißen hinunter".

Für Schlemmertrips nach Ostdeutschland, wo die Kundschaft mit Niedriglöhnen und Arbeitslosigkeit zu kämpfen hat, ist es allerdings noch zu früh. Denn insgesamt ist die Ost-Kost bisher nur mäßig modernisiert. Häufige Ost-Gäste wie die West-Berliner Kunsthistorikerin Lisa Steinhauser-Gleinser resümieren: „Die sind über das Niveau des Schweinerückensteaks mit Ananas noch nicht hinausgekommen."

Weil das Angebot in der früheren DDR stets kümmerlich war, kamen auch die Köche nicht über ein vergleichsweise niedriges Niveau hinaus. Rohstoffe aus dem Ausland, die gegen Devisen importiert werden mußten, gab es kaum. Zudem wollte das Regime in der abgeschotteten DDR keine Begehrlichkeiten auf höhere Genüsse fördern.

Als beispielsweise die Köchin Doris Burneleit, 36, Inhaberin des ersten italienischen Lokals („Fioretto") in Ost-Berlin, vor fünf Jahren ihre Gewerbegenehmigung beantragte, wurde sie mit

Ost-Berliner Szenekneipe „1900" am Prenzlauer Berg: „Es schmeckt jetzt anders"

West-Berliner Vorarbeit zum Einheitsfest: „Mülltonne auf, und weg damit."

der Marktanalyse eines SED-Beamten konfrontiert: „In der Hauptstadt der DDR besteht kein Bedarf an Spaghetti. Die will hier kein Mensch essen."

Vereinzelte Versuche, Westniveau zu erreichen, förderten die Einheitssozialisten durch bevorzugte Belieferung der lukrativen Valuta-Hotels. „Die führenden Köche bei uns", sagt deshalb Manfred Schönwolf, 48, Küchenchef im Dresdner Hof, seien keineswegs „auf der Wurstbrühe dahergeschwommen".

DDR-Köche hatten ihre kulinarische Kompetenz vorwiegend hinterm Eisernen Vorhang erworben, bei den böhmischen Knödelköchen in Prag oder den vormals k. u. k. Zuckerbäckern in Budapest – deren Rezepte jetzt wieder westdeutsche Speisekarten bereichern.

Nach der Maueröffnung machten sich Heerscharen von DDR-Köchen auf Bildungsreise. Dresdner kosteten in den Partnerstädten Florenz und Straßburg, die Ost-Berliner Italo-Köchin Burneleit probierte Tortellini in der Toskana.

Internationalen Anschluß suchen die östlichen Küchenmeister nun bei gesamtdeutschen Feinschmecker-Festivals. So rotierten bei dem Ringkochen „Nordische Tafelfreuden" erstmals 77 Köche aus Ost und West durch verschiedene Restaurants.

Burneleit und Schönwolf durften sogar beim ersten gesamtdeutschen Küchengipfel im Frühsommer im Berliner Inter-Conti mitkochen, zusammen mit der Crème de la Crème der West-Wirte, darunter das Dreigestirn Heinz Winkler („Tantris", München), Hans-Peter Wodarz („Ente vom Lehel", Wiesbaden) und Eckart Witzigmann („Aubergine", München).

Allmählich breitet sich die neue Lust am Essen in der vormals abgeschotteten Kochzone östlich der Elbe auch im Volke aus: Ulrich Reinhardt, Chefkoch im Leipziger Hotel Merkur, verkündet seine Rezepte in der Zeitung *Wir in Leipzig,* die DDR-Frauenzeitschrift *Für Dich* brachte ihren Leserinnen mit Unterstützung der Würzmittelfirma Fuchs Fernöstliches wie „Garam masala" nahe.

Der Bedarf nach feiner Kost wächst im gleichen Maße: Der Feinkost-Frischdienst Rungis Express, der allwöchentlich 2500 Restaurants, Delikatessengeschäfte und Kaufhäuser zwischen Sylt und Salzburg mit 600 Tonnen Fein-Fressalien aus Frankreich beliefert, unternimmt jetzt häufiger mal einen Abstecher nach Leipzig oder Magdeburg.

Was die Überflußgesellschaft im neuen Heimatland so alles bietet, erlebten führende Ost-Repräsentanten beim Vereinigungsfestakt am 3. Oktober in der West-Berliner Philharmonie: 120 Köche hatten für 3000 Gäste einen „kulinarischen Streifzug" durch die 16 deutschen Länder auf 20 Büfetts ausgebreitet.

Gut die Hälfte blieb liegen, registrierte ein Mitglied der Küchencrew. Die feinen Sachen – Lachs, Stubenküken, Mousse von weißer Schokolade – gingen den klassischen Weg der westlichen Wegwerfgesellschaft, berichtet der Koch: „Bumms, Mülltonne auf, und weg damit." ◆

Vor dem Lesen

Fragen

1. Lesen Sie den Untertitel des Artikels: *„Bei gesamtdeutschen Gipfeltreffen suchen ostdeutsche Köche Anschluß an den internationalen Standard."* Worum geht es in dem Artikel?

2. Was wissen Sie bereits über die ostdeutsche Küche? Kennen Sie Gerichte oder Getränke, die typisch waren für die Speisekarten der ehemaligen DDR?

3. Schauen Sie sich die beiden Fotos an. Was sehen Sie?

Kulturelles

die Szenekneipe „1900"	ein in Ost-Berlin bekanntes Restaurant
das Einheitsfest, der Vereinigungsfestakt	die offizielle Staatsfeier zur Wiedervereinigung Deutschlands
Se	(berlinerisch) „Sie"
Der Feinschmecker	eine Zeitschrift, die Rezepte enthält und Restaurants testet
der Meißener Weiße	ein Weißwein aus dem Anbaugebiet Meißen der DDR

das Regime	*hier:* die Regierung in der DDR
die Gewerbegenehmigung	die staatliche Erlaubnis, ein Geschäft oder Restaurant zu eröffnen
SED	*(Abk.)* „Sozialistische Einheitspartei Deutschlands"; die Regierungspartei der ehemaligen DDR
der Einheitssozialist	*hier:* ein Mitglied der SED
das Valuta-Hotel	ein Hotel in der ehemaligen DDR, in dem man mit ausländischer Währung bezahlen mußte
hinterm Eisernen Vorhang	in den sozialistischen Ländern Osteuropas
k. u. k.	*(Abk.)* „kaiserlich und königlich"; diesen Titel trugen im ehemaligen Österreich-Ungarn die Lieferanten des Kaisers

Vokabeln

die Wurstbrühe	die Wurstsuppe
das Gipfeltreffen	eine Konferenz mit den führenden Experten auf einem Gebiet
der Anschluß	die Verbindung
die Mülltonne	der Abfallbehälter
erstand (erstehen)	kaufte
mangels Devisen	wegen zu wenig Geld in ausländischen Währungen
die Glitzergastronomie	*hier:* feine und teure Restaurants
die Annäherung	wenn man sich näher kommt, ähnlich wird
unübersehbar	deutlich zu sehen
bietet feil (feilbieten)	bietet an
reichen Pizza	verkaufen Pizza
ausgeschenkt (ausschenken)	*hier:* angeboten
witterte „kulinarische Morgenluft" (wittern)	*hier:* spürte in der DDR-Gastronomie eine neue Zeit anbrechen
das Leib- und Magenblatt	*hier:* die Lieblingszeitung
der Verzehr	das Essen
spülte (spülen)	*hier:* trank
sündig	unmoralisch, verboten
süffig	wohlschmeckend, gut trinkbar
der Schlemmertrip	*hier:* eine Reise, auf der man vor allem gut essen und trinken will
der Niedriglohn	geringes Gehalt
nur mäßig	wenig
resümieren	zusammenfassend sagen
kümmerlich	arm
kamen nicht hinaus (hinauskommen)	*hier:* wurden nicht besser
der Rohstoff	*hier:* Gemüse, Obst, Fleisch, Fisch
abgeschottet	kontaktlos
die Begehrlichkeit	der Wunsch, das Verlangen
besteht kein Bedarf an (bestehen)	*hier:* will niemand
„auf der Wurstbrühe dahergeschwommen" (daherschwimmen)	*hier:* zufällig zu uns gekommen

erworben (erwerben)	*hier:* bekommen
die Heerschar	*hier:* sehr viele
kosteten (kosten)	*hier:* aßen
rotierten (rotieren)	wechselten
das Dreigestirn	*hier:* die drei Personen
allmählich	langsam
breitete sich aus (ausbreiten)	wurde populär
verkündete (verkünden)	*hier:* veröffentlichte
feine Kost	gutes Essen
Fressalien	(*umg.*) Lebensmittel
der Abstecher	ein kurzer Besuch
die Überflußgesellschaft	eine Gesellschaft, in der das Angebot an Waren größer ist als die Nachfrage
der Streifzug	die Erkundung
blieb liegen (liegenbleiben)	*hier:* wurde nicht gegessen
der klassische Weg	*hier:* das typische Ende
die Wegwerfgesellschaft	eine Gesellschaft, die im Wohlstand lebt und viele Dinge wegwirft und neu kauft, die man nochmal verwenden könnte

Nach dem Lesen

Fragen zum Text

1. Warum war die ostdeutsche Küche vor der Wende so „kümmerlich"? Welche Schwierigkeiten hatten die Köche in der ehemaligen DDR, als sie zum Beispiel Spaghetti auf die Speisekarte setzen wollten?

2. Was waren typische Gerichte in der DDR? Haben Sie schon einmal etwas davon gegessen? Wie hat es Ihnen geschmeckt?

3. Seit der Öffnung der Mauer haben viele Restaurants in der ehemaligen DDR eine andere Speisekarte. Was hat sich verändert?

4. Wie würden Sie die westdeutsche Küche beschreiben? Ist mit „Glitzergastronomie" dasselbe gemeint wie mit „Wegwerfgesellschaft"?

Sprechen

Was sind für Sie die Merkmale einer Überflußgesellschaft? Diskutieren Sie den Unterschied zwischen der Küche in der ehemaligen DDR und der Küche in der Bundesrepublik.

Gruppenarbeit

Sie sind eine Gruppe von west- und ostdeutschen Köchen. Gemeinsam sollen Sie den Speiseplan für das Vereinigungsfest zusammenstellen. Ihr Problem ist, daß Sie nicht sehr viel Geld ausgeben dürfen. Was kommt auf Ihre Speisekarte?

Schreiben

Sie sind der Besitzer eines Restaurants in der ehemaligen DDR. Schreiben Sie zwei Speisekarten: Auf der einen geben Sie Ihren Gerichten einfache und auf der anderen exotische Namen. Die erste Speisekarte ist für den SED-Beamten, von dem Sie eine Gewerbegenehmigung brauchen, und die zweite ist für Ihre Gäste.

GASTRONOMIE
Gute Gaben

Ein „Weltfestival der Patisserie" in Hamburg machte deutlich: Desserts werden aufgewertet.

Mit Mais-Blinis und Curry-Sahne fing es noch harmlos an. Dann folgte ein mit Mandelmark gefüllter, von geeistem Cremegugelhupf umhüllter Pfirsich, der mit Himbeeren garniert war. Erste Zeichen von Schwäche zeigten die Tischgäste – nach Pflaumenwein-Törtchen mit Mango – schon bei der „Ananas Consommé mit Passionsfruchtnockerl". Und als schließlich noch „Mohnnudeln mit Rotwein-Zwetschgen" serviert wurden, klebte allen die Zunge schon fest am Gaumen.

Das von viel Champagner begleitete, insgesamt neungängige „Dessert-Menü" war Bestandteil eines sogenannten Weltfestivals der Patisserie, das in neun Tagen in Hamburg zelebriert wurde. Dessertköche und Zuckerbäcker waren von weither angereist, um die Hamburger mit dem „kulinarischen" Süß-Menü und mit einer „Großen Tortenparade" in den Ladenpassagen der City vollzustopfen.

Der gleichsam die Stadt überwölbende Wackelpudding, der da für die Hamburger angerichtet wurde, war in so geballter Form des Süßen vielleicht zuviel. Aber das Ereignis signalisierte, was auch von namhaften Küchenchefs bestätigt wird: Das Dessert, seit der Twiggy-Ära zum verbotenen Rotlichtbezirk der Eßlandschaft erklärt und nur mit schlechtem Gewissen frequentiert, wird in der Spitzengastronomie kräftig aufgewertet.

Bei französischen Drei-Sterne-Köchen zeichnet sich der neue Trend zum Süßen schon länger ab. Bei George Blanc beispielsweise werden – nach vier Menügängen und dem Käse – gleich zwei Dessert-Kreationen auf dem Teller serviert, erst dann folgt der traditionelle „Chariot", der mit Torten, Crèmes, Früchten und Sorbets vollgeladene Nachtisch-Wagen.

Daß mehr und mehr Gäste auf den Käse verzichten und statt dessen beim Dessert ungenierter zuschlagen, hat Heinz Winkler festgestellt, Chef des Drei-Sterne-Restaurants „Tantris" in München. Das etwas abgenutzte Sorbet

Patissier Lafer serviert phantasievolle, süße Tellergerichte: „Akt der Emanzipation"

in der Mitte des Menüs hat Winkler, wie die meisten anderen Spitzen-Chefs, inzwischen weggelassen. Er ersetzt es durch ein Täßchen warmer Brühe, vorzugsweise einen thymian-gewürzten „Borschtsch-Auszug": „Das tut dem Magen wohl." Der so behandelte Magen ist dann auch bei Winkler in der Lage, am Schluß noch zwei Süßspeisen aufzufangen, eine warme und eine kalte. Beim großen Menü im „Tantris" ist dieses Doppel-Finale „standardmäßig", aber manche Gäste, so Winkler, „essen auch drei bis vier Desserts".

Für einen „Akt der Emanzipation" hält es Johann Lafer, Patron des Zwei-Sterne-Restaurants „Val d'Or" in dem Nahe-Dörfchen Guldental, daß die Desserts in Spitzen-Restaurants immer häufiger als phantasievolle Tellergerichte frisch aus der Küche, und nicht mehr nur vom Dessertwagen kommen. Vielen Gästen war auf die Dauer nicht entgangen, daß sich das voluminöse Angebot auf den rollenden Etageren, von der Apfel-Tarte bis zum Gâteau au chocolat, häufig wiederholt. Daß bei den Nachtischen mehr gefordert und mehr geboten wird als früher, hängt nach Ansicht der Dessertkünstler auch mit dem steigenden Standard der Süßwaren-Industrie zusammen. Beliebte Desserts

wie Rote Grütze und Mousse au chocolat bieten bessere Feinkostläden aus eigener Herstellung, aber auch Kettenläden wie Leysieffer oder Süß-Multis wie Schöller-Eiskrem als Fertigware an. „So was wie das Walnußeis von Mövenpick können wir selber eigentlich gar nicht machen", lautet die erstaunliche Feststellung von Johann Lafer, dessen Desserts von vielen für die besten in der Bundesrepublik gehalten werden.

Die Renner unter den handgemachten Nachtischen sind denn auch Mehlspeisenminiaturen wie hauchzarte Strudelchen und winzige Buchteln, dazu frisch aufgeschlagene Champagnersabayons und Mousselines – alles, was viel Arbeit macht und sich, bei aller Technik, kaum auf Vorrat produzieren läßt.

„Grießknödel auf Zwetschgenröster und Mandeleis" serviert Lafer seinen Gästen, oder „Topfengratin von Mango und Ananas", die Hausfrau würde sagen: überbackenen Quark. Als geradezu revolutionären Weg deuten Gastrokritiker, was der in Österreich gebürtige, seit 1981 in Kalifornien wirkende Patissier Gerhard Michler mit dem Dessert anstellt. Michler, der als Zuckerbäcker-Superstar zum Hamburger Festival eingeflogen worden war, verläßt mitunter fast ganz den Zuckerboden, auf dem der Nachtisch traditionellerweise steht. Sein „Salat von Birne und Roter Bete mit Aquavit-Sorbet", den er zum Hamburger Süßspeisen-Menü am vorletzten Sonntag kredenzte, ging ganz in die von ihm gewünschte Richtung – ein kulinarischer Irrweg offenbar, denn das Aquavit-Eis schmeckte nach kaum mehr als nach Zuckerwasser und Kümmel.

Die leicht abwegige Idee, ein ganzes Menü aus Süßspeisen zu komponieren, soll spätestens in zwei Jahren, abermals mit zugereisten Star-Patissiers, wiederholt werden. Das Fachblatt „Zucker Report" sieht sogar einen Trend aus den USA herüberkommen: Bei den New Yorker Yuppies gelte es schon jetzt als schick, „Dessertpartys" zu geben.

Manche Teilnehmer des Hamburger Dessert-Menüs (Gedeckpreis einschließlich Getränke: 190 Mark) ächzten schon nach dem fünften Gang (Baumkuchen, Himbeersorbet und lauwarme Champagnercreme) wollüstig beim Gedanken an Linsen und derb Geräuchertes. Und als zum Kaffee noch Pralinen und Petits fours gereicht wurden, verlangten die meisten ermattet nur noch nach Papierservietten – zum Einwickeln der guten Gaben für die Lieben daheim. ♦

Vor dem Lesen

Fragen

1. Lesen Sie den Untertitel des Artikels: „Ein ‚Weltfestival der Patisserie' in Hamburg machte deutlich: Desserts werden aufgewertet." Worum geht es in dem Artikel?

2. Essen Sie gerne Süßigkeiten? Haben Sie einen Lieblingsnachtisch? Welchen?

3. Viele Länder sind bekannt für bestimmte Desserts. Fallen Ihnen ein paar solcher Spezialitäten ein? Welches Dessert ist für Ihr Land typisch?

Kulturelles

Twiggy	der Name eines sehr dünnen und schlanken Fotomodells der sechziger Jahre
die Twiggy-Ära	die Zeit, in der es eine Mode war, so schlank und dünn zu sein wie Twiggy
Mövenpick	der Name eines Restaurants, das zu einer Kette von Restaurants gehört, die alle derselben Firma gehören

Vokabeln

die Gabe	das Geschenk
werden aufgewertet (aufwerten)	werden wichtiger
umhüllt	umgeben
klebte allen die Zunge fest am Gaumen	*hier:* hatte jeder soviel Klebriges und Süsses gegessen, daß niemand mehr Appetit auf Süssigkeiten hatte
neungängig	wenn ein Menü aus neun Teilen besteht
der Bestandteil	der Teil einer größeren Einheit
vollzustopfen (vollstopfen)	zu füllen
überwölbend	abdeckend
der Rotlichtbezirk	der Teil einer Stadt, wo Prostituierte arbeiten; *hier:* ein Ort, den man nicht betreten darf
der Drei-Sterne-Koch	ein sehr guter Koch
auf etwas verzichten	nicht länger auf etwas bestehen

ungeniert	ungehemmt, ohne Angst
das Drei-Sterne-Restaurant	*hier:* ein sehr gutes und teures Restaurant
abgenutzt	aus der Mode gekommen
häufig	oft
gefordert (fordern)	verlangt
nach Ansicht	nach Meinung
der Feinkostladen	ein Geschäft, wo man ungewöhnliche Speisen oder Lebensmittel von sehr hoher Qualität kaufen kann
der Kettenladen	ein Geschäft von vielen Geschäften, die alle derselben Firma gehören
der Renner	*(umg.)* die beliebteste Sache
auf Vorrat produzieren	in großen Mengen herstellen
kredenzte (kredenzen)	bot an, zeigte
der Kümmel	ein Gewürz
abwegig	ungewöhnlich
gelte es als schick (gelten)	sei es schick
der Gedeckpreis einschließlich Getränke	was man für ein Essen inklusive Getränken bezahlen muß
ächzten (ächzen)	klagten, seufzten, stöhnten
ermattet	müde

Nach dem Lesen

Fragen zum Text

1. Im Text ist von einem neungängigen Menü die Rede, das in Hamburg angeboten wurde. Woraus bestand es?
2. Welche anderen Desserts werden im Text erwähnt?
3. Wie waren die Eßgewohnheiten in den siebziger Jahren, wie sind sie heute? Warum werden in guten Restaurants die Desserts immer wichtiger?

Sprechen

Immer mehr Gäste verzichten auf den Käse und schlagen dafür beim Dessert umso ungenierter zu, hat der Drei-Sterne-Koch Heinz Winkler festgestellt. Ist das ein „Akt der Emanzipation" oder ein Zeichen von Dekadenz? Diskutieren Sie den Trend, daß bei den Nachtischen immer mehr gefordert und immer mehr geboten wird.

Gruppenarbeit

Sie sind eine Gruppe von Köchen, die in einem vegetarischen Restaurant in Hamburg arbeitet. Entwickeln Sie ein neungängiges Menü mit ein oder zwei Nachtischen, das trotzdem gesund ist.

Schreiben

In Hamburg soll das zweite „Weltfestival der Patisserie" stattfinden. Sie wollen dagegen protestieren, weil Sie glauben, daß Desserts ungesund sind und dick machen. Schreiben Sie ein Flugblatt, das Sie an die Teilnehmer des neungängigen Dessert-Menüs verteilen wollen.

Hörschäden
Schlauch im Ohr

Dröhnende Walkmen, laute Diskotheken – Mediziner klagen über die Zunahme von Schwerhörigkeit bei Jugendlichen.

Die ärztlichen Prüfer der West-Berliner Polizei standen vor einem Rätsel. Beim ersten medizinischen Eignungstest hatte der junge Mann noch „das Gras wachsen hören" können. Nun, bei der Nachkontrolle ein halbes Jahr später, war der Kandidat plötzlich halb taub. Prüfer Peter Kaplick: „Aus sechs Metern Entfernung verstand der Junge kein Wort mehr."

Zögernd erklärte der Bewerber den Grund seines Hörverlusts. Wegen einer Wette hatte er sich eine Stunde lang vor seine voll aufgedrehte Hi-Fi-Anlage gesetzt. Die Musiktortur wirkte wie eine Dampframme und verwüstete Tausende von Nervenzellen im Innenohr.

Der Berliner Gehörinvalide ist kein Einzelfall. Immer mehr junge Leute zerstören sich den Gehörsinn mit extremen Phonstärken. Aufgetürmte Boxenwände bei Live-Konzerten, wummernde Radios und dröhnende Walkmen erzeugen Schallwellen bis zur Schmerzgrenze und spannen die Teenager auf die Lärmfolter – für den Branchendienst *audio-telegramm* eine Form der „Selbstverstümmelung", die sich als Freizeit-Vergnügen tarnt.

Seit Jahren warnen Audiologen vor der zerstörerischen Wirkung überlauter Musik, die als Klanglawine aufs Trommelfell drückt. Bei der Walkman-Generation scheint der gesundheitliche Schaden nun durchzuschlagen. 1979 brachte Sony das erste Modell der dudelnden Ohrenkneifer auf den Markt. Seitdem ist die Zahl junger Leute mit Hörproblemen stetig gestiegen.

Hals-Nasen-Ohrenarzt Peter Plath aus Recklinghausen sieht bereits „ein Volk von Schwerhörigen" heranwachsen. Schuld seien aber auch Sylvesterknaller und Diskotheken mit dem Schallpegel „von Hammerwerken". Zwei neuere statistische Untersuchungen bestätigen seine Befürchtung:
▷ Im Aprilheft des *British Journal of Audiology* berichten Forscher der University of Keele in Staffordshire über die „überraschend hohe Zahl von Senken oder Lücken im Gehör von Studenten". Jeder dritte Student wies Schäden am Gehörorgan auf.

Tanzende in einer Diskothek: Versinken in der Schallbrandung

Jugendliche mit Walkmen
Dampframme im Innenohr

▷ Audiologen des norwegischen Militärs untersuchten in einer Langzeitstudie jährlich 30 000 Wehrpflichtige (Alter: 18 Jahre) auf etwaige Hörverluste. Lag die Quote der Geschädigten im Jahr 1981 noch bei etwa 15 Prozent, so hatte sie sich bis Ende 1987 auf über 30 Prozent hochgeschraubt.

Nach jedem Rockkonzert in der Dortmunder Westfalenhalle, erklärt Gehörspezialist Plath, herrsche in seiner Recklinghauser Klinik Hochbetrieb: „Dann sitzen hier im Schnitt drei, vier Leute mit kaputten Ohren im Wartezimmer." Die Verletzungen seien meist „irreparabel".

Besonders empfindlich sind die rund 20 000 Haarzellen tief im Innenohr. Diese Nervenmembranen wandeln Schalldruck in elektrische Impulse um und leiten die Signale ans Gehirn weiter. Plath hat Konzertgänger behandelt, denen bis zu 10 000 Haarzellen abgestorben waren: „Wofür man in der Industrie-Arbeitswelt 20 Jahre braucht, schaffen die an einem Abend."

Rund fünf Prozent aller Jugendlichen werden von den Medizinern als „suchthafte Lauthörer" eingestuft; sie drehen den Lautstärkeregler grundsätzlich bis zum Anschlag. „Wenn das Gerät durchs ganze U-Bahn-Abteil quäkt", erklärt Hartmut Ising vom Bundesgesundheitsamt, „hat der Hörer mindestens 100 Dezibel drauf", vergleichbar dem Lärmpegel eines startenden Düsenjägers.

Der rhythmische Radau hat narkotische Wirkung. Infolge der Reizüberflutung stumpfen die Sinne ab – die Außenwelt verblaßt, der Musikfan versinkt gleichsam in der Schallbrandung. Zugleich wird die Trance von Streßsymptomen begleitet. US-

Wissenschaftler konnten nachweisen, daß überlaute Musik den Blutdruck ansteigen läßt.

Messungen der Physikalisch-Technischen Bundesanstalt ergaben, daß Walkmen Schalldrücke entsprechend 110 Dezibel erreichen. Stereoanlagen kommen sogar auf 120 Dezibel. Durchschnittlich gehen Rockfans pro Jahr 18 Stunden ins Konzert und sitzen 400 Stunden vor der Musikanlage – eine Dauerbeschallung mit schwerwiegenden Folgen.

Lärmbelastungen am Arbeitsplatz sind dagegen streng geregelt. Bereits ab 85 Dezibel müssen Industriearbeiter Ohrenschützer tragen, Kesselbauer etwa oder Holzarbeiter, die mit Kreissägen hantieren. Trotz der Vorsichtsmaßregeln stellten letztes Jahr über 10 000 Personen einen Antrag auf Berufsunfähigkeit wegen schwerer Hörminderung.

Liegt der Schalldruck oberhalb der 85-Dezibel-Marke, steigt die Gefahr einer Vertaubung sprunghaft an. Bereits 95 Dezibel bedeuten (gegenüber 85 Dezibel) real eine Verdoppelung der Lautstärke. Bei einem Lärmpegel von 110 Dezibel reicht bereits eine tägliche Exposition von 15 Minuten, um im Laufe von wenigen Jahren einen Hörschaden zu riskieren.

Solchen Klangorkanen setzen sich viele Musikfans mit unerbittlicher Regelmäßigkeit aus. Schon mit fünf Hits pro Tag, volle Power aus dem Walkman reingepfiffen, ist die gefährliche Schalldosis erreicht. Geht der Betroffene abends noch in die Disco, steigt das Gesundheitsrisiko weiter an.

In den USA wird die Zahl schwerhöriger Musikfans bereits auf 10 Millionen geschätzt. Immer klangstärkere Geräte und tief ins Ohr ragende Stöpsel-Kopfhörer verschlimmern die Gefahr noch. US-Audiologe Thomas Fay verglich den Stöpsel-Hörer mit „der Düse eines Feuerwehrschlauchs, die tief in den Ohrkanal vordringt".

Meist beginnt der Hörverlust im oberen Frequenzbereich. Ist das Innenohr einmal verletzt, wirkt die Behinderung wie ein Schraubstock: Um gewohnte Phonstärken zu vernehmen, dreht der Benutzer den Regler lauter – wobei immer mehr Haarzellen absterben.

Profimusiker treffen vor ihren Auftritten meist schalldämpfende Maßnahmen: Tontechniker verschanzen sich in Glasbunkern, Boxentürme werden so angeordnet, daß die Bühne im toten Winkel liegt. „B 52's"-Sänger Fred Schneider schwört auf Watte im Ohr; Popstar Billy Joel erlaubt seiner kleinen Tochter nur mit dicken Kopfschützern, Papas Konzerten beizuwohnen.

Um dem Radau, zumindest beim Walkman, ein Ende zu setzen, hat Hessens Sozialminister Karl Heinrich Trageser kürzlich an die Hi-Fi-Hersteller appelliert, ihre tragbaren Kassettengeräte auf ein erträgliches Lautstärkelimit zu drosseln. Bayerns Sozialminister Gebhard Glück hofft dagegen auf Einsicht und Läuterung. Sein Ratschlag an die Musikfreunde: „Nicht zu lange und nicht zu laut."

Die Zahl der Schallopfer nimmt derweil zu. Deren Schicksal, weiß Theresia Schmitt vom Hörberatungszentrum in Hamburg, sei immer gleich: „Erst wird das Problem ignoriert", dann wirke die Behinderung wie eine Kontaktsperre zur Außenwelt: „Wer zu uns kommt, ist meist total vereinsamt." ◆

Vor dem Lesen

Fragen

1. Lesen Sie den Untertitel des Artikels: „Dröhnende Walkmen, laute Diskotheken – Mediziner klagen über die Zunahme von Schwerhörigkeit bei Jugendlichen." Worum geht es in dem Artikel?

2. Hören Sie gerne laute Musik? Gehen Sie gerne in Rock-Konzerte? In Diskotheken? Hatten Sie danach schon einmal Probleme mit dem Hören?

3. Schauen Sie sich das untere Foto an. Wieviele Menschen mit einem Walkman sind Ihnen heute schon begegnet? Kennen Sie Jugendliche, die unter Schwerhörigkeit leiden?

Kulturelles

der Walkman	ein kleiner tragbarer Kassettenrecorder mit Kopfhörern
Recklinghausen	eine Stadt in Deutschland
die „B 52's"	eine amerikanische Rockgruppe
Billy Joel	ein amerikanischer Sänger

Vokabeln

der Schlauch	eine biegsame Röhre
dröhnend	vom Lärm erzitternd

die Schallbrandung	*hier:* ein Meer aus Lärm
die Dampframme	eine sehr laute, mit Dampf betriebene Maschine, mit der man Pfähle in den Boden stößt
standen vor einem Rätsel (stehen)	konnten das nicht verstehen
der Eignungstest	eine Prüfung, die zeigen soll, ob man bestimmte Fähigkeiten besitzt und sich für einen bestimmten Beruf eignet
„das Gras wachsen hören"	sehr gut hören
taub	gehörlos
zögernd	unentschlossen
verwüstete (verwüsten)	zerstörte
aufgetürmt	aufeinandergestellt
wummernd	dröhnend
die „Selbstverstümmelung"	die absichtliche Verletzung des eigenen Körpers
sich tarnt (tarnen)	*hier:* sich gibt, verschleiert
der Audiologe	ein Experte, der sich auf das menschliche Gehör spezialisiert hat
das Trommelfell	eine empfindliche Haut im Innenohr von Menschen
der Ohrenkneifer	*hier:* der Walkman
der Sylvesterknaller	ein Sprengkörper, mit dem man Neujahr feiert
der Schallpegel	die gemessene Lautstärke
herrsche Hochbetrieb (herrschen)	sei viel los
irreparabel	nicht zu heilen
suchthaft	abhängig
der Lärmpegel	die gemessene Lautstärke
der Düsenjäger	ein Militärflugzeug mit Strahltriebwerk
der Radau	der Lärm
stumpfen die Sinne ab (abstumpfen)	werden die Sinne gefühllos
der Kesselbauer	ein Arbeiter, der große Gefäße aus Stahl herstellt
die Kreissäge	eine elektrische Säge, die sehr laut ist
der Klangorkan	*hier:* der sehr große Lärm
unerbittlich	unnachgiebig, grausam
reingepfiffen (reinpfeifen)	*(umg.)* angehört
der Stöpsel-Kopfhörer	ein kleiner Kopfhörer, der genau ins Ohr paßt
verschanzen sich (sich verschanzen)	verstecken sich
im toten Winkel liegt	*hier:* so liegt, daß sie der leiseste Ort im Konzertsaal ist
drosseln	reduzieren, verringern

Nach dem Lesen

Fragen zum Text

1. Beschreiben Sie, wie das menschliche Gehör funktioniert. Was passiert, wenn man zu lange und zu laut Musik hört?

2. Vor den Folgen überlauter Musik warnen die Audiologen schon seit Jahren. Warum haben gerade jetzt immer mehr junge Leute Probleme mit dem Hören?

3. Wieviele Dezibel erreicht ein startender Düsenjäger? Eine Stereoanlage? Ein Walkman? Was bedeutet das für das Gehör?

4. Wie sind die Lärmbelastungen am Arbeitsplatz geregelt? Wie schützen sich Profimusiker vor dem Lärm?

Sprechen Die Zahl junger Leute mit Hörproblemen steigt ständig. Diskutieren Sie die Ursachen und die Gefahren für das „suchthafte Lauthören" von vielen Jugendlichen.

Gruppenarbeit Sie sind eine Gruppe von Audiologen. Sie bereiten eine Kampagne vor, mit der Sie Jugendliche vor den Gefahren von zu lauter Musik warnen wollen. Was empfehlen Sie den jugendlichen Musikhörern?

Schreiben Sie sind ein Musik-Fan. Am liebsten hören Sie „Heavy-Metall"-Musik. Bei Konzerten stehen Sie immer ganz vorne bei den Boxentürmen, wo die Musik am lautesten ist. Wie fühlen Sie sich bei einem solchen Konzert? Beschreiben Sie Ihren letzten Konzertbesuch in einem Brief an einen Freund, der auch ein Heavy-Metall-Fan ist.

LEBENSMITTEL

Der reine Wahnsinn

Die Ökowelle schwappt in den Kühlschrank. Die gute alte Milchflasche ist wieder da – zu saftigen Preisen.

Fast zwanzig Jahre lang trieb die Stuttgarter Südmilch AG Etikettenschwindel. Obgleich der größte süddeutsche Molkereikonzern die Milchflasche längst abgeschafft hatte, führte er die nostalgische Buddel nach wie vor im Markenzeichen.

Seit Anfang des Jahres paßt das Firmenemblem wieder, die Milch kommt bei Südmilch tatsächlich aus der Flasche. Rund 150 000 Liter werden täglich in der Stuttgarter Zentrale abgefüllt und in handlichen Sechserträgern auf badenwürttembergische Supermärkte verteilt, teilweise auch nach Hessen und Rheinland-Pfalz exportiert.

Obwohl die Flaschenmilch mit einem Verkaufspreis von 1,50 Mark je Liter (plus 30 Pfennig Pfand) etwa ein Drittel teurer ist als die im Karton oder Plastikschlauch, findet sie reißend Absatz. „Wir fahren in drei Schichten rund um die Uhr", stöhnt Südmilch-Sprecher Klaus Scheck, „doch wir können den Bedarf beim besten Willen nicht decken." Erst vor wenigen Wochen wurde eine weitere Abfüllanlage in Betrieb genommen.

Nicht nur im bundesdeutschen Südwesten verkauft sich die Mehrwegmilch prächtig. Auch in Hamburg, Hannover, Köln, Göttingen oder Berlin sind die begehrten Glasbehälter mitunter schon mittags vergriffen.

Als Pioniere der neuen Milchwelle gelten die Molkerei Bückeburg und die Igemo-Milchwerke in Oldenburg, die das Getränk bereits seit über zwei Jahren in Anderthalb-Liter-Gefäßen offerieren. Weil das Geschäft so gut läuft, wollen die beiden Unternehmen demnächst speziell für Singles eine halbe Portion in der Dreiviertel-Liter-Flasche auf den Markt bringen.

Im Februar vergangenen Jahres nahm auch Deutschlands größte Meierei-Genossenschaft, die Milchversorgung Rheinland (MVR) in Köln, ihre alte Flaschenstraße wieder in Betrieb. Statt der erwarteten drei bis fünf Millionen Liter verkauften die Marktführer im

Verkaufserfolg Flaschenmilch: „Grundlegender Wertewandel"

letzten Jahr – trotz Tschernobyl – auf Anhieb fast elf Millionen Liter. „Es ist", freut sich MVR-Vertriebsleiter Paul Thelen über den Verkaufserfolg, „der reine Wahnsinn."

Weil auch die Kölner „ständig an der Kapazitätsgrenze arbeiten" (Thelen), wollen sie in den nächsten Wochen eine größere Zapfanlage installieren. Auch einige Großabnehmer der MVR, etwa die Hansano Molkerei in Hannover, füllen inzwischen selbst ab. Der Drang zur Flasche überraschte selbst Branchenkenner.

Denn noch Anfang der achtziger Jahre waren Versuche, das Milch-Pfandsystem wiederzubeleben, kläglich gescheitert. Obwohl der damalige Bundesinnenminister Gerhart Baum die Aktion mit umfangreichen Marktuntersuchungen sorgfältig vorbereitet hatte, verschmähten die Kunden das Alternativangebot. „Die Zeit", meint Südmilch-Scheck, „war einfach noch nicht reif."

Um die Käufer zu ködern, machten die Molkereimanager ihr Pfandflaschen-Angebot attraktiver. So wiegen die neuen Glasbehälter nur noch 340 Gramm, halb soviel wie ihre schwergewichtigen Vorgänger. Ein spezieller Sicherheitsverschluß hält den Inhalt auch nach dem Öffnen frisch. Vorzugsmilch mit mindestens 3,7 Prozent Fett sorgt zudem für besseren Geschmack. „Dadurch haben wir Konsumenten dazugewonnen", berichtet Scheck, „die Milch früher nie angerührt haben." Auch Werbung und Marketing wurden der Wunschklientel, dem „grün angehauchten Drei-Personen-Lehrer-Haushalt" (Thelen), angepaßt. „Die Milchflasche ist freundlich zur Umwelt, wertvoll und praktisch im Umgang", preist die Südmilch ihr neuestes Produkt. „Wir haben mit der Milchflasche einfach einem grundlegenden Wertewandel in der Gesellschaft zu mehr Qualitäts- und Umweltbewußtsein Rechnung getragen", erklärt MVR-Mitarbeiter Thelen den Erfolg.

Ganz so umweltfreundlich, wie die Hersteller verkünden, ist die neue Verpackungsvariante allerdings nicht. Die chemischen Laugen, mit denen die Flaschen gereinigt werden, belasten das Wasser. Da die Abfüllorte oft mehrere hundert Kilometer von den Verkaufsstellen entfernt sind, fallen für Hin-und Rücktransport der vollen und leeren Kästen lange Wege an. Zudem landen viele Flaschen nach dem Spülen im Ausschuß, weil sie Macken haben.

Ökologisch konkurrieren mit der Karton- oder Schlauchverpackung kann die Glasflasche denn auch nur, wenn sie mindestens ein dutzendmal rotiert. Doch selbst dann, meint Jürgen Orlich vom Umweltbundesamt in Berlin, „ist die tatsächliche Entlastung der Umwelt gering".

Auch kann, wenn die Milchkästen zu lange in der Sonne stehen, der berüchtigte „Lichtgeschmack" eintreten, ein seifiges Aroma, das durch den Abbau bestimmter Aminosäuren entsteht. Bei diesem Vorgang wird außerdem das für das Wachstum wichtige Vitamin B2 geschädigt.

Kritiker werfen den Molkereigenossen deshalb vor, mit vorgegaukeltem Umweltbewußtsein Profit zu machen. Statt für die Renaissance der Milchflasche sollten sich die Umweltschützer lieber für den Abbau der besonders umweltschädlichen Ex-und-hopp-Dosen oder für die bundesweite Verbreitung der „Stählernen Kuh" einsetzen.

Die automatischen Milch-Zapfcontainer stehen mittlerweile in 147 bayrischen Supermärkten und Lebensmittelgeschäften (SPIEGEL 12/1986). Da der Konsument seine eigene Flasche mitbringt und nach Gebrauch selbst reinigt, entfallen Transport- und Lagerkosten. Außerdem ist die selbstgezapfte Milch zwanzig bis dreißig Pfennig billiger als Karton- oder Schlauchmilch.

Doch bislang weigern sich Molkereigenossenschaften außerhalb Bayerns, die günstigen und umweltschonenden Frischhalteboxen aufzustellen. Das Hin und Her mit der Familienflasche, behaupten Südmilch-Manager, sei vielen Kunden „einfach zu kompliziert".

Sparsame Schwaben, denen die Pfandflasche zu teuer ist, die aber am Nostalgieboom teilhaben wollen, behelfen sich mit einem Trick: Sie kaufen die Mehrwegflasche nur einmal und füllen sie immer wieder mit billiger Schlauchmilch. ♦

Vor dem Lesen

Fragen

1. Lesen Sie den Untertitel des Artikels: *„Die Ökowelle schwappt in den Kühlschrank. Die gute alte Milchflasche ist wieder da – zu saftigen Preisen."* Worum geht es in dem Artikel?

2. Wie wird die Milch in Ihrem Land verkauft? In Tüten? In Flaschen?

3. Trinken Sie viel Milch? In welcher Verpackung kaufen Sie Ihre Milch? Warum?

Kulturelles

die Südmilch AG	der Name einer großen Molkerei in Süddeutschland
die Meierei	ein Betrieb, in dem Milch zu Butter, Käse und Yoghurt verarbeitet wird
die Genossenschaft	eine Vereinigung von mehreren Personen, um gemeinsam einen Betrieb zu führen
Tschernobyl	eine Stadt in der Sowjetunion, wo 1986 der Reaktor eines Kernkraftwerks schmolz—die dabei freigewordene Radioaktivität belastete in ganz Europa die Lebensmittel und vor allem die Milchprodukte

grün angehaucht	im Umweltschutz engagiert
der Schwabe	ein Volksstamm in Süddeutschland, der für seine Sparsamkeit und seinen Fleiß bekannt ist

Vokabeln

der Wahnsinn	die Geisteskrankheit
der reine Wahnsinn	*(umg.)* unglaublich, verrückt
die Ökowelle	der Trend, umweltfreundliche Produkte zu kaufen
saftig	*hier:* hoch
trieb (treiben)	übte aus
das Etikett	die Aufschrift auf der Flasche
abgeschafft hatte (abschaffen)	nicht mehr benutzte
die Buddel	*(umg.)* die Flasche
der Plastikschlauch	ein biegsamer Behälter aus Kunststoff
findet sie reißend Absatz (finden)	wird sie sehr oft verkauft
die Schicht	die tägliche Arbeitszeit (Früh-, Spät- und Nachtschicht)
stöhnt (stöhnen)	*hier:* klagt
der Bedarf	die Nachfrage, die geforderte Menge
prächtig	sehr gut
vergriffen	ausverkauft, nicht mehr zu haben
nahm wieder in Betrieb (nehmen)	benutzte wieder
die Zapfanlage	eine Maschine, die Milchflaschen abfüllt
das Milch-Pfandsystem	*hier:* ein System, bei dem man für jede leere Milchflasche, die man ins Geschäft zurückbringt, Geld bekommt
verschmähten die Kunden (verschmähen)	lehnten die Kunden ab
zu ködern	anzulocken
angerührt (anrühren)	*hier:* getrunken
der Wertewandel	wenn sich die Werte in einer Gesellschaft ändern; hier: wenn es nicht mehr wichtig ist, ob ein Produkt teuer oder billig ist, sondern ob es die Umwelt belastet oder schont
verkünden	*hier:* behaupten
die Lauge	in Wasser gelöste Seife
der Ausschuß	der Abfall
die Macke	*hier:* der Fehler
gering	minimal
berüchtigt	gefürchtet
geschädigt	kaputtgemacht
vorgegaukelt	vorgetäuscht
die Ex-und-hopp-Dose	*hier:* eine Getränkedose die man wegwirft, nachdem man sie leergetrunken hat
stählern	aus Stahl gemacht
die „Stählerne Kuh"	eine Anlage, die in Supermärkten aufgestellt wird, an der sich die Kunden ihre Milch selber in mitgebrachte Flaschen füllen können

Nach dem Lesen

Fragen zum Text

1. In welchen Behältern wird die Milch in die Supermärkte geliefert? Was sind die Vor- und Nachteile der verschiedenen Behälter? Wie wirkt sich die Verpackung auf den Preis der Milch aus?
2. Was macht die neuen Mehrwegflaschen so attraktiv? Welche Kunden kaufen die Milch aus der Flasche?
3. Warum belasten auch die Mehrwegflaschen die Umwelt?
4. Was machen sparsame Schwaben mit der Pfandflasche?

Sprechen

„Die gute alte Milchflasche ist wieder da". Hat sich das ökologische Bewußtsein der Deutschen verändert oder ist der Trend zur Glasflasche nur Nostalgie? Diskutieren Sie, worin der „grundlegende Wertewandel" der Deutschen beim Kauf von Lebensmitteln besteht.

Gruppenarbeit

Sie sind eine Gruppe von Verpackungsexperten. Ein Umweltfreund, dem ein Supermarkt gehört, hat Ihnen einen Auftrag gegeben. Sie sollen überprüfen, welche Verpackungen ökologisch sinnvoll sind. Stellen Sie eine Liste zusammen, wie Lebensmittel in einem umweltfreundlichen Supermarkt verpackt sein sollten.

Schreiben

Wie umweltschonend ist die neue Milchflasche wirklich? Sie sind Mitglied einer Umweltschutzorganisation und wollen diese Frage beantworten. Sammeln Sie alle Fakten zu diesem Thema und schreiben Sie ein Flugblatt, das Sie vor einem Supermarkt verteilen wollen.

Verpackungen
Eleganter Hals

Bayerische Kirchenjugendliche bekämpfen Aluminiumkragen an Bierflaschen – mit Erfolg: Das Brauereigewerbe zeigt Wirkung.

Eigentlich könnten Westdeutschlands Bierbrauer mit Hans Wagner, 25, Sekretär im Landratsamt und Vorsitzender der Evangelischen Landjugend im Kreis Rothenburg ob der Tauber, zufrieden sein. Mit „drei Litern so die Woche" übertrifft der Bayer den Pro-Kopf-Bierkonsum der Deutschen immerhin um 6,8 Prozent.

Doch Wagner ist wählerisch. Wenn der Bierflaschenhals einen Kragen aus silbrig oder gülden glänzendem Aluminium hat, läßt er die Buddel lieber stehen. Mit der Abneigung gegen die Alu-Zier haben der Gruppenleiter und seine Freunde vom „Arbeitskreis Umwelt" des Landjugend-Kreisverbandes „die Brauer ganz schön aufgeschreckt".

Ob ihnen wohl klar sei, hatten die Rothenburger bayerische Bierhersteller in einem Rundbrief frech gefragt, „wieviel Rohstoff- und Energieaufwand erforderlich ist, um ein Kilogramm Aluminium herzustellen?" Benötigt würden, rechneten sie vor, vier Kilo Bauxit, 1,3 Kilo Braunkohle sowie 15 Kilowattstunden Strom. Als Abfall blieben 320 Gramm Kohlenmonoxid, 12 Gramm Schwefeldioxid und 3 Kilo Rotschlamm nach.

Das alles seien, rügten die Umweltschützer, „Stoffe, die unseren Lebensraum zusätzlich belasten". Fazit des Aufrufs: „Wir fordern Sie auf, ab sofort auf jede weitere Verwendung von Aluminium zu verzichten."

Das Echo war zwiespältig. Die „Erste Kulmbacher Aktienbrauerei" etwa will auf den Alu-Schmuck, mit dem Brauer vor allem Edelsorten ausstatten, als „bewährte Verkaufshilfe" nicht ganz verzichten. Und selbstverständlich zeigte sich der „Verband der aluminiumverarbeitenden Industrie" alarmiert.

Alles sei halb so schlimm, verlautbarte die Alu-Lobby: Ein Teil der Folien werde bereits energiesparend aus Schrott geschmolzen. Lediglich 0,085 Prozent des Alu-Verbrauchs entfielen auf den Flaschenschmuck, der keineswegs sinnlos sei: Über Kronkorken und Flaschenhals gestülpt, reduziere die Folie den qualitätsmindernden Lichteinfall.

Doch bei einigen Adressaten fanden die Umweltschützer Gehör. Der fränkische Brauer Karl Wagner („Eschenbacher Wagner-Bräu") räumte ein, „der Kult mit der Flaschenhalsfolie" gehöre endlich „eingedämmt". Die „Privatbrauerei Eder" in Großostheim, die noch 85 Prozent ihrer Flaschen mit Alu ausstaffiert, will auf den Glitzerkragen peu à peu verzichten.

Auch der Bayerische Brauerbund lenkte ein. Er riet seinen Mitgliedern auf Vorschlag der Umweltschützer, statt Alu lieber ein „Brustetikett" aus Papier zu verwenden – Aufdruck: „Der Umwelt zuliebe in der Pfandflasche ohne Aluminiumfolie".

Womöglich kommt den Brauern der Rothenburger Appell gar nicht ganz ungelegen: Wenn beim Alu-Verzicht alle mitzögen, sagt Fritz Ludwig Schmucker, Geschäftsführer des Landes-Brauerbundes, „wäre das für die ganze Branche kostensparend".

Besonders beliebt ist der Alu-Kragen neuerdings, trotz alledem, bei nordrheinwestfälischen Brauern: Viele Betriebe ersetzen zur Zeit die bislang üblichen plumpen Halbliter-Euro-Flaschen durch die schlankere sogenannte NRW-Flasche. Deren „eleganter Hals" schreit laut Verbandsgeschäftsführer und Flaschen-Erfinder Dieter Schweer geradezu nach „schöner Ausstattung" aus Leichtmetallfolie.

Bei manchen NRW-Brauern, etwa bei der Duisburger „König-Brauerei", die früher nur die Drittelliter-Gastronomieflasche mit Folie ausstattete, ist seither praktisch kein Flaschenbier mehr ohne Alu-Dekor zu haben – zur Verärgerung etwa von Bauarbeitern, die ihr Bier am liebsten direkt aus der Flasche schlucken und die Aluminiumfransen am Hals hassen. Nicht allein aus „ökologischen" Gründen, so Geschäftsführer Schweer, sinne die Brauindustrie darüber nach, die Folien wieder „wegzunehmen und durch andere Ausstattungen, vielleicht Kreppapier, zu ersetzen".

Hans Wagner und seine Rothenburger Landjugendlichen erwägen unterdessen, nach den Bierbrauern einer Branche an den Alu-Kragen zu gehen, die Flaschenkrausen noch weitaus großflächiger verklebt: den Sektabfüllern. ♦

Aluminium an Bierflaschen, Gegner Hans Wagner
„Ganz schön aufgeschreckt"

Vor dem Lesen

Fragen

1. Lesen sie den Untertitel des Artikels: *„Bayerische Kirchenjugendliche bekämpfen Aluminiumkragen an Bierflaschen – mit Erfolg: Das Brauereigewerbe zeigt Wirkung."* Worum geht es in dem Artikel?
2. Wie sehen die Bierflaschen in Ihrem Land aus? Welche Farben, welche Formen, welche Etiketten gibt es?
3. Was wissen Sie bereits über ökologisch geprüfte Verpackungen? Wird in Ihrem Land zum Beispiel Bier eher in Flaschen oder eher in Dosen verkauft? Was kaufen Sie am liebsten? Warum?
4. Was geschieht in Ihrem Land mit den leeren Flaschen und Dosen?

Kulturelles

das Landratsamt	*hier:* eine Behörde, ein Amt
der Kreis	*(umg.)* der Landkreis; eine Region, die eine gemeinsame Verwaltung hat
Rothenburg ob der Tauber	eine Stadt in Bayern

Vokabeln

der Kirchenjugendliche	*hier:* ein junger Mensch, der Mitglied in einer kirchlichen Organisation ist
der Aluminiumkragen	ein Etikett aus Aluminium, das den Hals einer Flasche umhüllt
die Buddel	*(umg.)* die Flasche
die Abneigung	der Widerwille
das Alu	*(Abk.)* das „Aluminium"
die Alu-Zier	die Verzierung aus Aluminium
der Rundbrief	ein Brief, der an mehrere Empfänger gleichzeitig geschickt wird
der Bauxit	ein Mineral, das Aluminium enthält
das Kohlenmonoxid, das Schwefelmonoxid	giftige Gase
der Rotschlamm	ein giftiger, rötlicher Schmutz, der bei der Herstellung von Aluminium als Abfall übrig bleibt
rügten (rügen)	bemängelten, kritisierten
das Fazit	das Ergebnis
die Verwendung	der Gebrauch
auf etwas verzichten	etwas aufgeben, vermeiden
zwiespältig	nicht eindeutig
verlautbarte (verlautbaren)	sagte, erklärte
der Schrott	Abfälle aus Metall
der Kronkorken	Flaschenverschluß aus Metall
gestülpt	gezogen
fanden sie Gehör (finden)	wurden sie gehört
eingedämmt (eindämmen)	reduziert

ausstaffiert (ausstaffieren)	ausrüstet, schmückt
peu à peu	nach und nach
lenkte ein (einlenken)	gab nach
die Pfandflasche	eine Flasche, für die man Geld bekommt, wenn man sie dahin zurückbringt, wo man sie gekauft hat
mitzögen (mitziehen)	mitmachen würden
die Ausstattung	die Ausschmückung
sinne darüber nach (nachsinnen)	würde darüber nachdenken
erwägen unterdessen	denken inzwischen darüber nach
die Flaschenkrause	das Etikett am Hals einer Flasche
der Sekt	der Schaumwein
der Abfüller	*hier:* der Hersteller

Nach dem Lesen

Fragen zum Text

1. Durch welche Forderung sind die Bierbrauer von den Kirchenjugendlichen aufgeschreckt worden?
2. Wie haben die verschiedenen Brauereien darauf reagiert? Wie war die Reaktion der Alu-Lobby?
3. Welche Vorteile und welche Nachteile haben die Alu-Kragen?

Sprechen

„Der Umwelt zuliebe in der Pfandflasche ohne Aluminiumfolie" fordern die Umweltschützer. Diskutieren Sie, ob es nötig ist, eine solche Werbekampagne gegen Aluminiumkragen an Bierflaschen zu führen. Wäre es nicht wichtiger, gegen die Produktion und den Verkauf von Getränkedosen zu demonstrieren?

Gruppenarbeit

Sie arbeiten in einer Werbeagentur. Ihre Agentur hat einen Auftrag von einer großen Brauerei bekommen, die bei ihren Bierflaschen auf den Aluminium-Kragen verzichten möchte. Entwickeln Sie gemeinsam mit einigen Kollegen eine Werbekampagne für die umweltfreundliche Bierflasche.

Schreiben

Sie sind ein Bauarbeiter und mögen Bierflaschen mit einem Alu-Kragen nicht besonders. Beschreiben Sie in einem Brief an die Brauerei, die Ihr Lieblingsbier herstellt, welche Probleme Sie mit diesen Bierflaschen haben.

ÖSTERREICH
Auspuff Europas

EG-Protest gegen das Nachtfahrverbot für Lkw. Doch ganze Regionen Österreichs ersticken im Transitverkehr.

„Das Maß ist voll", polterte Hans Aicher, Bürgermeister der Gemeinde Vomp im Unterinntal. „Entweder wir geben unsere Häuser hier auf und ziehen weg, oder wir setzen uns endlich zur Wehr."

Vomp wird von der Inntal-Autobahn in zwei Teile zerschnitten. 3800 Lkw und mehr als viermal so viele Pkw dröhnen Tag und Nacht durch das einst idyllische Dorf. „Wenn nichts gegen diese Transithölle unternommen wird, blockieren wir die Autobahn: mit Feuerwehren, Tiroler Schützen, mit allem, was wir aufbieten können", drohte Aicher.

Im Inntal und im Wipptal ist die Situation besonders schlimm, aber auch die anderen Transitrouten durch Österreich sind seit Jahren hoffnungslos überlastet. „Wir leben am Auspuff Europas", hatten (im März 1988) verzweifelte Salzburger jenen Politikern entgegengebrüllt, die für den weiteren Ausbau der Transitstrecke eintraten.

Jahrelang ignorierten Landes- und Bundespolitiker solche Proteste – bis die konservative Österreichische Volkspartei, die sich stets für den Bau von Autobahnen stark gemacht hatte, bei den Märzwahlen zum Tiroler Landtag Stimmenverluste hinnehmen mußte.

Der Wahlschock fuhr den Politikern mächtig in die Glieder. Der Verkehrsminister wollte daher mit einem Nachtfahrverbot für Lkw ab 7,5 Tonnen, das vom 1. Dezember an auf den Autobahnen durch Tirol und Salzburg gelten soll, die Gemüter beruhigen.

In den betroffenen Regionen ist das gelungen. „Wir haben wieder Hoffnung geschöpft", sagt Bürgermeister Aicher. Erstaunlich moderat fiel das unvermeidliche Klagegeschrei des Transportgewerbes aus.

Um so lauter waren die Reaktionen im Ausland. Der Bonner Verkehrsminister wollte seine EG-Kollegen zu Gegenschritten anstacheln. Mit dieser einseitigen Maßnahme, so der Minister drohend, habe Österreich seine Chance

Österreich erstickt im Transitverkehr
„Wir leben am Auspuff Europas"

auf einen EG-Beitritt „nicht gerade verbessert". Das österreichische Vorgehen sei „ein unfreundlicher Akt".

Noch schriller tönte es aus München. Das Nachtfahrverbot sei ein „schädlicher Schritt" für die gutnachbarlichen Beziehungen klagte der Ministerpräsident in einem Brief an Wiens Bundeskanzler Franz Vranitzky. Die bayrische Staatsregierung drohte „Vergeltungsmaßnahmen" an.

In der Tat hat Österreich in den letzten Jahren in Brüssel immer wieder auf die verheerenden Folgen des Transitverkehrs für Umwelt und Menschen hingewiesen und die EG um Hilfe gebeten, etwa um eine verstärkte Verlagerung des Gütertransports auf die Schiene, nach dem Vorbild der Eidgenossen.

In der Schweiz, wo es schon lange ein Nachtfahrverbot für Lkw und eine Beschränkung auf 28 Tonnen gibt, werden nur noch 15 Prozent der Güter auf der Straße transportiert, in Österreich hingegen 70 Prozent.

Ein Teil des Güterverkehrs könne schon jetzt, ohne größere Investitionen, auf die Bahn verlagert werden, wenn das Transportgewerbe der EG nur wolle, kritisiert Christoph Chorherr, verkehrspolitischer Referent der Wiener Parlamentsfraktion der Grünen.

Doch zahllose unsinnige EG-Verordnungen und Subventionen verleiteten die Transporteure dazu, den Großteil der Güter mit Brummis „von Dänemark nach Italien zu kutschieren" (Chorherr). So werden etwa Kartoffeln aus der Bundesrepublik nach Italien geschafft, dort gewaschen, in Säcke gefüllt und wieder zurückgekarrt – alles per Lkw und über Österreich, versteht sich.

Für mehr Huckepack-Verkehr der Lastwagen auf der umweltfreundlichen Bahn – „Rollende Landstraße" – fehlt es an Verladeeinrichtungen nicht nur in Österreich, sondern auch in EG-Ländern, etwa in Italien. Ein weiteres Hindernis sind die Profile der Bahntunnel auf italienischer Seite mit einer Höhe von nur 3,60 Metern – viel zu niedrig für die immer größeren, immer schwereren Trucks, die von den meisten Fuhrleuten bevorzugt werden.

Das Nachtfahrverbot auf den Autobahnen, so fürchten Landespolitiker, könnte den Transitverkehr nun einfach auf andere Routen abdrängen: Gut ein Drittel des Transitverkehrs, der durch

Österreich rollt, wurde nach der Schätzung von Fachleuten bereits durch die strengen Schweizer Bestimmungen nach Osten gedrückt.

Vorbeugend wird in Österreich deshalb schon eine Ausdehnung des Nachtfahrverbots auf andere Straßen gefordert. In ihrer ersten Sitzung unter dem neuen Landeshauptmann Jörg Haider sprach sich die Kärntner Landesregierung für ein Lkw-Nachtfahrverbot auf allen Kärntner Straßen aus. Ähnliche Stimmen sind aus Vorarlberg, Oberösterreich und der Steiermark zu hören.

Die EG-Verkehrsminister planen einstweilen keine Vergeltungsmaßnahmen – sehr zum Ärger der Bayern. Die scheinen jedoch entschlossen, sich auch ohne Unterstützung der EG mit Wien anzulegen.

So denkt die bayrische Staatsregierung darüber nach, einen 1974 mit Österreich geschlossenen Vertrag zu ändern, der den Landeanflug auf den Salzburger Flughafen über bayrisches Gebiet erlaubt. Zumindest den „massiven An und Abflug über Freilassing mit Chartermaschinen" wollen die lärmempfindlichen Bayern nicht länger dulden.

Für die Festspielstadt Salzburg wäre das ein schwerer Schlag. Der Instrumentenanflug auf den Salzburger Flughafen ist nur über diese Route möglich. ♦

Vor dem Lesen

Fragen

1. Lesen Sie den Untertitel des Artikels: „EG-Protest gegen das Nachtfahrverbot für Lkw. Doch ganze Regionen Österreichs ersticken im Transitverkehr." Worum geht es in dem Artikel?

2. Wie werden in Ihrem Land Lebensmittel und andere Güter transportiert? Mit dem Flugzeug? Mit Lastwagen? Mit der Eisenbahn?

3. Gibt es in Ihrem Land Fahrbeschränkungen für Lastwagen? Warum?

4. Schauen Sie sich das Foto an. Was sehen Sie? Was gibt es da für Probleme?

Kulturelles

die EG	(Abk.) die „Europäische Gemeinschaft"
der Kurier	eine österreichische Zeitung
Vomp im Unterinntal	ein Dorf in Österreich, das am Inn (ein Fluß) liegt
das Wipptal	ein Tal in Österreich, durch das die Wipp (ein Fluß) fließt
Tirol	ein Bundesland von Österreich
der Tiroler Schütze	das Mitglied eines Schützenvereins in Tirol
Salzburg	eine Stadt in Österreich
die Österreichische Volkspartei	der Name einer politischen Partei in Österreich
der Landtag	das Parlament in einem österreichischen Bundesland
das Nachtfahrverbot	ein österreichisches Gesetz, das Lastwagen verbietet, zu bestimmten Zeiten während der Nacht zu fahren
Brüssel	Hauptstadt Belgiens, Tagungsort der EG
die Eidgenossen	die Schweizer

die Grünen	der Name einer politischen Partei in Österreich, zu deren Zielen der Umweltschutz gehört
der Brummi	(umg.) der Lastwagen
Kärnten, Vorarlberg, Oberösterreich, Steiermark	Bundesländer von Österreich
Freilassing	eine Stadt in Bayern
die Festspielstadt	hier: Salzburg, wo jedes Jahr im Sommer eine Reihe von Konzerten, Opern und Theaterstücken aufgeführt wird

Vokabeln

der Auspuff	das Rohr, das bei Autos und Lastwagen die Abgase wegleitet
der Lkw	(Abk.) der „Lastkraftwagen"; ein Lastauto zum Transport von Gütern
„das Maß ist voll"	hier: jetzt haben wir genug davon
polterte (poltern)	schimpfte
setzen uns zur Wehr	verteidigen uns
der Pkw	(Abk.) der „Personenkraftwagen": ein Auto, das nur zum Transport von Personen geeignet ist
dröhnen	hier: fahren mit viel Lärm
die Feuerwehr	ein großes Fahrzeug mit Mannschaft zur Brandbekämpfung
überlastet (überlasten)	überfordert
eintraten (eintreten)	kämpften
sich stark gemacht hatte	hier: dafür kämpfte
der Stimmenverlust	wenn eine Partei Wählerstimmen verliert
der Wahlschock	hier: die Enttäuschung über ein schlechtes Wahlergebnis
mächtig	stark
in die Glieder fuhr (fahren)	hier: erschreckte
die Gemüter beruhigen	die Menschen beruhigen
haben Hoffnung geschöpft (schöpfen)	haben Hoffnung bekommen
fiel das Klagegeschrei aus	war das Klagegeschrei weg
unvermeidlich	etwas, was man nicht verhindern kann
das Transportgewerbe	der Berufszweig, der mit dem Transport von Gütern sein Geld verdient
anstacheln	provozieren
der EG-Beitritt	die Mitgliedschaft in der EG
die Vergeltungsmaßnahme	die Rache, die Strafe
verheerend	schrecklich
auf die Schiene	mit der Eisenbahn
der Huckepack-Verkehr	wenn Lastwagen auf Eisenbahnwagen verladen werden und den größten Teil ihres Weges nicht auf der Straße sondern mit der Bahn fahren
die Verladeeinrichtung	hier: Bahnhöfe, die technisch so ausgerüstet sind, daß man Lkws auf Eisenbahnwagen verladen kann
bevorzugt werden (bevorzugen)	lieber benutzt werden
abdrängen	verlagern, umleiten

vorbeugend	zur Sicherheit, vorsorglich
die Ausdehnung	die Ausweitung
anzulegen (anlegen)	kämpfen, streiten
dulden	erlauben

Nach dem Lesen

Fragen zum Text	1. Warum hat die Österreichische Volkspartei bei den Wahlen zum Tiroler Landtag starke Stimmenverluste hinnehmen müssen?
	2. Warum ist der deutsche Verkehrsminister gegen ein Nachtfahrverbot für Lkw? Womit droht er Österreich?
	3. Warum werden in den meisten europäischen Ländern Güter mit Lastwagen und nicht mit der Bahn transportiert?
Sprechen	Halten Sie das Nachtfahrverbot für eine richtige Maßnahme, um die Verkehrsprobleme in Österreich zu lösen? Diskutieren Sie die Probleme, die der Transitverkehr durch Österreich verursacht und wie man diese Probleme lösen könnte.
Gruppenarbeit	Sie leben in einem kleinen Dorf im Wipptal direkt an der Straße. Tag und Nacht donnern schwere Lkw an Ihrem Haus vorbei. Mit einigen anderen Bürgern Ihres Dorfes wollen Sie sich zur Wehr setzen. Planen Sie Aktionen gegen den Lkw-Verkehr durch Ihr Dorf.
Schreiben	Sie sind ein Transportunternehmer, der seine Lkw gerne auf die Bahn verladen würde. Aber das ist nicht so einfach. Beschreiben Sie in einem Brief an den Verkehrsminister Ihres Landes, welche Schwierigkeiten es beim sogenannten Huckepack-Verkehr gibt.

Giftmüll
Dämme eingerissen

In Niedersachsen wurde zum erstenmal eine deutsche Behörde wegen Schlampereien beim Umweltschutz zu Schadensersatz verurteilt.

Das Urteil des Oberlandesgerichts Celle machte den sonst stets wortgewandten niedersächsischen Umweltminister Werner Remmers, 59, sprachlos. „Wir halten uns da mit Stellungnahmen ganz bedeckt", ließ er knapp mitteilen.

Die Zurückhaltung hat Gründe: Der Spruch der Juristen könnte die amtlichen Umweltschützer in Niedersachsen – und möglicherweise nicht nur dort – teuer zu stehen kommen. Denn zum erstenmal hat ein Gericht eine Behörde verurteilt, für Schlampereien beim Umweltschutz Schadensersatz zu zahlen.

Geklagt hatte die unweit der niedersächsischen Grenze gelegene nordrheinwestfälische Gemeinde Petershagen. Die Stadtväter ließen in ihrer Kommune Boden und Wasser untersuchen, nachdem 1985 auf der nur 20 Kilometer entfernten Sondermülldeponie Münchehagen im benachbarten Niedersachsen das Seveso-Gift Dioxin in hoher Konzentration gefunden worden war. Die 112 555,90 Mark für die Gutachten plus Zinsen wollen die Petershagener jetzt vom Landkreis Nienburg, in dem Münchehagen liegt, oder vom Umweltministerium in Hannover zurückhaben.

Das Gericht hielt die Forderung – ohne über die Höhe zu entscheiden – für berechtigt. „Wenn öffentlich-rechtliche Körperschaften nach den Wassergesetzen und den Abfallgesetzen zur Verhinderung von Gefahren verpflichtet" seien, schrieben die Celler ins Urteil, dann müßten die Behörden „bei Amtspflichtverletzungen" auch die Aufwendungen ersetzen, die zur Verhinderung von Schäden anfielen.

Daß im Fall Münchehagen besonders die zuständigen Aufseher im Kreis Nienburg, aber auch deren Kontrolleure in Hannover, ihre Amtspflichten „eklatant" verletzt haben, daran lassen die Richter keinen Zweifel: „Im Ergebnis handelt es sich um eine endlose Kette von Versäumnissen und Nachlässigkeiten, von denen jede für sich allein den Vorwurf des Verschuldens rechtfertigt."

Proteste gegen Sondermüllkippe Münchehagen: „Unangemessen hektische Reaktionen"

Tatsächlich haben niedersächsische Behörden jahrelang beschönigt, was da bis 1983 an Teufelszeug in der inzwischen stillgelegten Deponie abgeladen wurde: Asbeststaub und Arsenkalk, Bleikrätze und Abfälle aus Sonderverbrennungsanlagen, die so hoch giftig waren, daß sie nicht einmal die Müll-Schlucker im mecklenburgischen Schönberg mehr abnehmen wollten. Insgesamt fast 500 000 Kubikmeter hochbrisanter Dreck, dessen genaue Zusammensetzung niemand kennt.

Die Schönfärberei hörte auch nicht auf, als 1985 auf dem Deponiegelände das Seveso-Gift Dioxin in einer in Europa noch nie dagewesenen Konzentration gemessen wurde. Der bis 1986 für Umweltschutz in Niedersachsen zuständige Landwirtschaftsminister Gerhard Glup (CDU) wollte damals bei einem Besuch in Münchehagen aufgebrachte Gemüter mit der Bemerkung beruhigen, er könne „hier kein Dioxin riechen". Ministerpräsident Ernst Albrecht setzte noch einen drauf. Weil das Dioxin in Münchehagen in einer Öllache entdeckt wurde, wiegelte er ab: „Wer trinkt schon eine größere Menge Öl?"

Das 1986 neu geschaffene Umweltministerium führte die Tradition der Bürger-Veralberung nahtlos weiter. Als Experten des Landesamtes für Bodenforschung Anfang 1988 wiederum Dioxin in den Wäldern rings um Münchehagen fanden, urteilte das Ministerium lässig, es bestehe kein Anlaß zu „unangemessen hektischen Reaktionen".

Kein Wunder, daß die Kommunalbeamten von Petershagen ihre eigenen Wasser- und Bodenrecherchen vor Gericht auch damit begründeten, sie hätten in die Behörden kein Vertrauen gehabt. Diese Einschätzung, fanden die Celler Richter, erscheine „begründet": „In Anbetracht des Umstandes, daß ... über Jahre hinweg systematisch die bestehenden gesetzlichen Vorschriften mißachtet worden waren, kann nach Überzeugung des Senats nicht die Rede davon sein, daß die Klägerin auf eigene Untersuchungen verzichten durfte."

Das Urteil wird nicht ohne Folgen bleiben. Eine Schadensersatzklage über mehrere hunderttausend Mark der Stadt Rehburg-Loccum, zu der Münchehagen gehört, bereitet der Berliner Umweltanwalt Reiner Geulen bereits vor. Andere werden vermutlich folgen, denn, so Geulen, „der Kreis der potentiellen Kläger ist sehr weit".

Das fürchtet auch Peter Brieber, Rechtsdezernent des Landkreises Nienburg. Das Urteil, klagt er, habe „Dämme eingerissen". ♦

Vor dem Lesen

Fragen

1. Lesen Sie den Untertitel des Artikels: „*In Niedersachsen wurde zum ersten Mal eine deutsche Behörde wegen Schlampereien beim Umweltschutz zu Schadensersatz verurteilt.*" Worum geht es in dem Artikel?
2. Schauen Sie sich das Foto an. Haben Sie schon solche Protestplakate in der Nähe von Müllkippen oder anderswo in Ihrem Land gesehen?
3. Was wissen Sie bereits über das Gift Dioxin?

Kulturelles

der Schadensersatz	Geld, das man für einen angerichteten Schaden zahlen muß
das Oberlandesgericht	das höchste Gericht in einem Bundesland
die öffentlich-rechtliche Körperschaft	ein rechtsfähiger Verband zur Wahrnehmung staatlicher Aufgaben
die Amtspflichtsverletzung	ein Verstoß gegen die Verantwortung des Amts
der Rechtsdezernent	ein Sachbearbeiter, der bei einer öffentlichen Einrichtung arbeitet und über eine Sache entscheidet

Vokabeln

der Damm	der Deich; eine Mauer, die gegen hohes Wasser gebaut ist
eingerissen (einreißen)	einen Riß gemacht, zerstört
Dämme eingerissen	*hier:* Angst vor vielen weiteren Klagen
der Giftmüll	der giftige Abfall
die Behörde	die zuständige Stelle in der Verwaltung
die Schlamperei	etwas, was sehr unordentlich getan wird
der Umweltschutz	Hilfe und Schutz für die Natur
stets	immer
wortgewandt	geschickt mit Worten, kann gut sprechen
halten uns mit Stellungnahmen ganz bedeckt	äußern uns nicht klar
der Spruch	das Urteil des Gerichts
geklagt (klagen)	sich vor Gericht beschwert
die Sondermülldeponie	ein Ort, wo giftiger Abfall hingebracht wird
das Gutachten	ein schriftlicher Report
die Aufwendung	die finanziellen Ausgaben
eklatant	in grober, skandalöser Weise
an etwas keinen Zweifel haben	über etwas absolut sicher sein
die Kette von Versäumnissen	wenn man viele Male untätig geblieben ist
der Vorwurf des Verschuldens	wenn man sagt, daß der andere Schuld hat
beschönigt (beschönigen)	tut so, als ob alles in bester Ordnung ist
das Teufelswerk	*hier:* die schrecklichen Substanzen

der Müllschlucker	die große Mülltonne, der Abfallbehälter
hochbrisanter Dreck	sehr giftiger Abfall
die Schönfärberei	eine optimistische Schilderung, die die wirklichen Probleme nicht beachtet
aufgebrachte Gemüter beruhigen	beunruhigten Leuten versichern, daß alles in Ordnung sei
die Öllache	die Ölpfütze, das verschüttete Öl
wiegelte er ab (abwiegeln)	beruhigte, beschwichtigte er
die Bürger-Veralberung	wenn man die Menschen zum Narren hält, sie nicht ernst nimmt
lässig	leicht, gleichgültig
unangemessen hektisch	übertrieben schnell
in Anbetracht des Umstandes	mit Rücksicht auf die Lage
gesetzliche Vorschriften mißachten	gegen das Gesetz handeln

Nach dem Lesen

Fragen zum Text

1. Warum hatte die Gemeinde Petershagen kein Vertrauen mehr in die deutschen Behörden? Wann hat sie mit ihren eigenen Boden- und Wasser-Untersuchungen angefangen?
2. Welche giftigen Abfälle und Schadstoffe wurden in der Münchehagener Mülldeponie gelagert?
3. Warum könnte es für das Umweltministerium in Hannover oder für den Landkreis Nienburg teuer werden?
4. Es heißt im Text: „Der Kreis der potentiellen Kläger ist sehr weit." Glauben Sie, daß es noch mehr Klagen geben wird?

Sprechen

Regierungsbeamte behaupten, es bestehe kein Anlaß zu „unangemessen hektischen Reaktionen". Diskutieren Sie die Beseitigung von Giftmüll und welche Folgen das für die Umwelt hat.

Gruppenarbeit

Sie sind Staatsanwalt bei einem deutschen Gericht. Ihr nächster Fall ist ein Umweltskandal. Sie plädieren für die Zahlung von Schadensersatz wegen unordentlichem Vorgehen beim Umweltschutz. Sammeln Sie gemeinsam mit ein paar Kollegen Argumente für Ihr Plädoyer.

Schreiben

Schreiben Sie einen Leserbrief an den SPIEGEL. Nehmen Sie Stellung zum Urteil des Oberlandesgerichts Celle und sagen Sie Ihre Meinung über das Umweltschutz-Problem und das Verhalten des Umweltministers.

TOURISMUS
Flatternde Pumphosen

Eine Art zu reisen, die sich sanfter Tourismus nennt, gewinnt zusehends an Anziehungskraft. Vorerst aber fehlt es an geeigneten Zielgebieten.

Vertraulich wendet sich die Frankfurter Lehrerin einer Kollegin zu. „Finden Sie es nicht auch ein bißchen primitiv hier?" flüstert sie.

Die Angesprochene, eine Dame aus Siegen, ist da anderer Auffassung. Schon in der Frühe hat sie sich ins friedlich schaukelnde Gewässer plumpsen lassen, um in respektvollem Abstand einer Entenschar hinterherzuschwimmen. „Der schönste Platz der Welt", jauchzt sie nun am Frühstücksbüfett – „herrlich, himmlisch, ganz einmalig."

Im „Club Natura Oliva" an den Ufern des Bafasees in der Türkei preisen deutsche Urlauber allem voran, was ihnen *nicht* zur Verfügung steht. Erleichternd wirkt, daß es weder einen Swimmingpool noch Tennisplätze oder Minigolfanlagen gibt; die Nerven schont, daß nirgendwo eine Diskothek lärmt oder sich ein Souvenirladen aufdrängt.

Zimmerservice ist verpönt, und kein Animateur hält die üblichen Unterhaltungsprogramme bereit. Doch auf solche Extras verzichten die Feriengäste gern, bietet ihnen die Anlage 160 Kilometer südlich von Izmir doch vieles, was sie andernorts oft vermissen: sauberes Wasser und Ruhe unter Olivenbäumen, die versammelten Kulturgüter zwischen Ephesus und Bodrum, viel Kontakt zu den Einheimischen.

Daß das Domizil, das überschlägig 100 Urlaubern Raum gibt, in allem als betont umweltfreundlich gilt, freut die aufgeklärten Pauschalreisenden besonders. „Geradezu vorbildlich für die Verwirklichung von sanftem Tourismus" sei dieser Ort, belehrt ein Gast die leicht nörgelnde Frankfurterin – und die nickt schließlich ergeben.

„Sanfter Tourismus", eine Losung, die sich Anfang der achtziger Jahre der Zukunftsforscher Robert Jungk einfallen ließ, um sie dem zerstörerischen Reiserummel entgegenzustellen, ist längst kein Schlagwort mehr. Rücksichtsvoll gegen Land und Leute, verträgt sich diese neue Art, die Welt kennenzulernen, nicht mit aufwendigen Hotelanlagen oder einem Verhalten, das den Zielort seiner Eigenheiten beraubt.

Natura-Oliva-Klubunterkunft: „Herrlich, himmlisch, ganz einmalig"
„Alles Germanische vergessen"

Und schon gar nicht in der Türkei, wo im Tourismusgeschäft Zuwachsraten von jährlich nahezu 50 Prozent registriert werden, sich folglich alle Mängel einschleichen, wie sie seit Jahren etwa aus Spanien bekannt sind. Da hat das „Club Natura"-Projekt, eine Erfindung des deutschen Reiseunternehmers Nikolaus Koch aus Malsch bei Karlsruhe, nach Ansicht von Branchenkennern fast schon Pilotfunktion.

Für seine Klubanlage, die sich in einen 3,5 Hektar großen Olivenhain schmiegt, ließ der Erbauer keinen der Hunderte von Bäumen fällen. Die gestreßten Stadtmenschen wohnen in kleinen, ziegelgedeckten Häusern, die mit Holzmöbeln spärlich ausgestattet sind.

Pestizide und Plastikflaschen verbannte Koch von seinem Grundstück. Ein großer Gemüsegarten, Gänse- und Hühnerställe, in denen die Essensreste verfüttert werden, und eine Klärgrube, um die Abwässer aufzufangen, vervollständigen das Bild einer ökologisch orientierten Ferienidylle.

Knapp 2000 Mark zahlte die Siegener Lehrerin für ihren 14tägigen Aufenthalt inklusive Ausflüge in die Umgebung – „total angemessen", wie sie findet. „Viel schöner noch als im Prospekt", lobt ein Steuerberater aus Dortmund den Naturklub, und ein schwäbisches Ehepaar schwärmt vor Neuankömmlingen: Zum erstenmal mache es „Urlaub ohne schlechtes Gewissen".

Während Reiseveranstalter wie der TUI-Manager Hubert Geppert skeptisch bleiben – selbst in Ländern der Dritten Welt erwarte der Normalverbraucher „mindestens den Komfort, den er zu Hause hat" –, sieht sich „Club Natura" – Chef Koch in seinem Konzept von einschlägigen Umfragen bestätigt.

So ermittelte der Starnberger Studienkreis für Tourismus in einer Untersuchung über verändertes Urlaubsverhalten „ein Potential von zehn Millionen Bundesbürgern", die an „umwelt- und sozialverträglichen" Tourismusangeboten stark interessiert sind und auf überflüssigen Luxus verzichten würden.

Nicht etwa strenge Konsumasketen stellen den neuen Reisetypus dar, sondern „umweltbewußte Hedonisten", wie der Sprecher des Studienkreises, Herbert Hamele, erklärt. Repräsentiert wird dieser Globetrotter von dem überdurchschnittlich gut verdienenden Akademiker, der einen Wagen mit Drei-Wege-Katalysator fährt, beim Einkauf auf Qualität achtet und Umweltgruppen wie Greenpeace unterstützt.

Hamele, der sich auch als Mitglied der 1986 gegründeten internationalen Arbeitsgemeinschaft „Tourismus mit Einsicht" für sanftes Reisen einsetzt, prophezeit für die neunziger Jahre ein deutliches Anwachsen dieser Gruppe. Nur leider, fügt der Betriebswirt hinzu, fehle es „an passenden Offerten".

Viele Anbieter nämlich, weiß Hamele, wollten auf der Bio-Reisewelle nur mitschwimmen und betreiben „mit pseudo-umweltfreundlicher" Werbung regelrechten Etikettenschwindel. Als Pioniere des Ökotourismus verstehen sich so zum Beispiel „Spezialreiseveranstalter", die mit naturkundlichen Fahrten locken. Sie setzen auf kleine Gruppen (5 bis 25 Teilnehmer), die Vogelreservate oder Nationalparks durchstreifen und Pinguinen in Südamerika dabei ebenso auf den Leib rücken wie balzenden Kranichen in Schweden.

Der Bremerhavener Landespfleger Jörn Kreib kommt in einer Untersuchung solcher Naturstudienreisen zu dem Ergebnis, daß der „massenhafte Ansturm auf ökologische Highlights" diese zum Teil existentiell gefährde. Bestätigt wird die alte These des Schriftstellers Hans Magnus Enzensberger, daß selbst die, die bewahren wollen, zerstören, indem sie finden, was sie suchen.

Treffen Umfragen der Starnberger Tourismus-Experten zu, sah sich im vergangenen Jahr nahezu jeder zweite bundesdeutsche Urlauber von der wachsenden Umweltmisere beeinträchtigt – eine gewaltige Steigerung etwa gegenüber 1985, als sich erst 22 Prozent von Naturschäden belästigt fühlten.

Und es sieht so aus, daß nun selbst die als eher dickfellig geltenden Manager und Makler des Massentourismus davon alarmiert worden sind. Ungezügelter Bauboom, Robbensterben und Algenpest, klagt der Präsident des Deutschen Reisebüro-Verbandes, Otto Schneider, zeigten drastisch auf, „wohin unsere Welt geraten ist". Unternähmen da nicht „alle Beteiligten" gemeinsame Anstrengungen, bekräftigen seine Kollegen vom Bundesverband mittelständischer Reiseunternehmen, werde „die größte Katastrophe in der Entwicklung unserer Branche unvermeidlich sein".

Nur wie das geschehen soll, bleibt umstritten. Kann die sich anbahnende verstärkte Zusammenarbeit von Naturschutzorganisationen und „sanften" Touristikunternehmen – etwa der Plan des World Wide Fund for Nature in Frankfurt, in Kooperation mit dem Chef der „Duma Reisen", Dieter Müller, einen Kriterienkatalog zu erstellen – die Wende bewirken?

Immerhin scheint der Druck nun schon so stark zu sein, daß der Bonner Umweltminister Klaus Töpfer Sachverständige des alternativen Reisens zu einem Hearing gebeten hat. Andererseits spottet die Berliner Journalistin und Branchenkritikerin, Ludmilla Tüting, die große Masse werde sich auch in Zukunft ihre Ferien „nach dem Motto Sonne, Sand, Sex und Saufen" kaum nehmen lassen.

Am meisten halten sich diese Softtouristen aus Deutschland darauf zugute, „alles Germanische" zu vergessen, und kippen statt dessen nicht selten ins andere Extrem. Schon nach einer Woche tragen die meisten flatternde Pumphosen oder wickeln sich Kopftücher ins Haar und tanzen hingebungsvoll zu den einheimischen Weisen.

„Ein bißchen mehr Remmidemmi in einem richtig schicken Klub" wünscht sich angesichts solcher Metamorphose der 13jährige Filius eines Ehepaars aus Berlin. ♦

Vor dem Lesen

Fragen

1. Lesen Sie den Untertitel des Artikels: *„Eine Art zu reisen, die sich sanfter Tourismus nennt, gewinnt zusehends an Anziehungskraft. Vorerst aber fehlt es an geeigneten Zielgebieten."* Worum geht es in dem Artikel?

2. Was wissen Sie bereits über die deutschen Touristen im Ausland? Wie verhalten sich die Deutschen, wenn sie Ihr Land besuchen?

3. Wie machen Sie am liebsten Urlaub? Wo fahren Sie gerne hin? Was erwarten Sie vom Essen, von der Unterbringung, von den Sportangeboten?

Kulturelles

Frankfurt, Siegen, Dortmund	Städte in Deutschland
der Bafasee	ein See in der Türkei
der Pauschalreisende	jemand, der Fahrt, Hotel und Essen einer Reise zusammen bucht und bezahlt
schwäbisch	aus Schwaben: eine Region in Süddeutschland
die TUI	*(Abk.)* die „Touristik Union International"; ein Reiseunternehmen, das sich auf Pauschalreisen spezialisiert hat

Vokabeln

flatternd	*hier:* vom Wind bewegt
die Pumphose	eine leichte, weite Hose, wie sie oft in arabischen Ländern getragen wird
zusehends	immer mehr
die Anziehungskraft	die Attraktivität
geeignet	passend
das Zielgebiet	*hier:* die Gegend, wo man hinreisen will
vertraulich	diskret
ist anderer Auffassung	hat eine andere Meinung
schaukelnd	sich leicht hin und her bewegend
plumpsen	laut und schwer ins Wasser fallen
steht zur Verfügung (stehen)	ist bereit
verpönt (verpönen)	man tut es nicht, es ist nicht gern gesehen
der Animateur	ein Angestellter eines Reiseunternehmens, der für die Unterhaltung sorgt
verzichten	aufgeben
der Einheimische	jemand, der in einem Land oder einer Gegend zuhause ist
überschlägig	ungefähr
nörgelnd	unzufrieden
ergeben	fügsam, demütig
der Reiserummel	*hier:* die vielen Reisenden
rücksichtsvoll	taktvoll
aufwendig	teuer
die Zuwachsrate	*hier:* die Zunahme
schmiegt (sich schmiegen)	*hier:* in der Nähe liegt
der Steuerberater	jemand, der mit Steuersachen hilft
einschlägig	zutreffend
der Konsumasket	jemand, der kaum Geld ausgibt und mit wenig Besitz zufrieden ist
darstellen	*hier:* sind
der Hedonist	jemand, der das Leben genießen will
die Arbeitsgemeinschaft	eine Gruppe, die auf einem Gebiet zusammenarbeitet
betrieben (betreiben)	*hier:* machen
regelrecht	tatsächlich
der Etikettenschwindel	betrügerische Verwendung bekannter Markennamen
auf den Leib rücken	*hier:* stören
balzend	um Geschlechtspartner werbend
dickfellig	nicht empfindlich
der Makler	jemand, der ein Geschäft vermittelt
ungezügelt	unbeherrscht
geraten ist (sein)	gekommen ist
unvermeidlich	nicht zu verhindern
kippen	*hier:* fallen
das Remmidemmi	*(umg.)* das laute, bunte Treiben

Nach dem Lesen

Fragen zum Text

1. Warum ist Tourismus ein Problem? Was bringt er und was zerstört er in Ländern wie etwa der Türkei?
2. Was bedeutet „sanfter Tourismus" oder „Tourismus mit Einsicht"? Wodurch unterscheidet er sich vom normalen Tourismus?
3. Wer ist für und wer ist gegen den „sanften Tourismus"? Mit welchen Argumenten streiten sich die beiden Gruppen?

Sprechen

Wie sanft ist der „sanfte Tourismus" wirklich? Diskutieren Sie die These von Hans Magnus Enzensberger, „daß selbst die, die bewahren wollen, zerstören, indem sie finden, was sie suchen."

Gruppenarbeit

Sie sind Mitglieder der Arbeitsgemeinschaft „Tourismus mit Einsicht". Sie haben einen Auftrag von einem alternativen Reiseunternehmen bekommen, das in der Türkei mehrere Hotels bauen will. Entwickeln Sie ein Konzept zum Schutz von Natur und Kultur des Zielgebietes.

Schreiben

Letzte Nacht hatten Sie einen fürchterlichen Alptraum: Sie saßen zuhause in Ihrem Garten, als auf einmal ein Bus mit hundert Touristen ankam und Ihren Garten mit einer türkischen Insel, Ihr Haus mit einem Hotel und Sie mit einem Hotelangestellten verwechselte. Schreiben Sie Ihren Traum in Ihr Tagebuch.